Silberminiaturen

Victor Houart

Feines Kunsthandwerk **Silberminiaturen**
Modelle und Spielzeug als Sammelobjekte

Verlag Neue Zürcher Zeitung

Hinweis zur Benützung des Buches

Die Marken der in diesem Buch behandelten Gold- und Silberschmiede erscheinen gewöhnlich im inneren Rand der Seiten, auf denen von ihnen die Rede ist. Im äußeren Rand wird auf sie mit dem Zeichen Ⓜ verwiesen.

Die Übersetzung aus dem Französischen besorgte Ursula Lindlau

Titel der französischen Originalausgabe:
L'argenterie miniature
© 1980 by Office du Livre Fribourg
© 1982 der deutschsprachigen Ausgabe:
Verlag Georg D.W. Callwey München und
Office du Livre Fribourg
Vertrieb für die deutschsprachige Schweiz:
Verlag Neue Zürcher Zeitung, Zürich

Satz: Febel AG, Basel
Photolithos: Atesa Argraf SA, Genf
Druck: Grafische Betriebe NZZ Fretz AG, Zürich
Buchbinderische Verarbeitung: Burkhardt AG, Zürich
Fotodokumentation: Ingrid de Kalbermatten
Herstellung und Gestaltung: Claude Chevalley

Alle Rechte vorbehalten
ISBN 3-85823-066-9
Printed in Switzerland

Inhaltsverzeichnis

Dank 6

Einführung 7

Die Figuren der Silberschiffe 10

Das Silberspielzeug französischer Prinzen 15

Miniatursilber in Frankreich, Deutschland,
   Rußland, den USA und anderen Ländern 23
   Frankreich 24
   Deutschland 26
   Rußland 30
   USA 36
   Silberspielzeug als Andenken für Touristen . . . 37

Niederlande 41
   Amsterdam 41
      Das goldene Zeitalter des Amsterdamer
      Miniatursilbers 48
      Die Zeit nach dem großen Jahrhundert 72

   Die friesischen Städte 75
   Groningen 91
   Rotterdam 93
   Den Haag 97
   Hoorn 105
   Schoonhoven 113
   Weitere holländische Städte 125

Großbritannien 141
   London 141
      Das Miniatursilber im ausgehenden 17. und
      im 18. Jahrhundert 149
   Birmingham 185
   Sheffield 193
   Weitere britische Städte 198

Ausgewählte Bibliographie 207

Abbildungsnachweis 208

Markennachweis 209

Register 210

Dank

Mein Dank für großzügige Hilfe und zahlreiche Ratschläge, die meine Nachforschungen erleichtert und das vorliegende Buch erst möglich gemacht haben, richtet sich im besonderen an:

Dr. Walter Lehnert und Helmut Rischert, Stadtarchiv Nürnberg; Herrn van Boxel, Firma Niekert, Schoonhoven; L. E. du Cloux und A. Krekel, Nederlands Goud-, Zilver- en Klokkenmuseum, Schoonhoven; Frau M. Kamp-Heering, Historisch Museum, Rotterdam; A. Pruiksma, Archivar der Stadt Sneek; F. A. C. Maughan, Direktor des Assay Office, Birmingham; Eleanor Thompson, Sotheby's, London; H. W. Saaltink, Westfries Museum, Hoorn; Colette Gilles, Musée du Jouet, Poissy; Polly Pearce, Sheffield City Museum, Sheffield; R. Moss, Manchester City Art Gallery, Manchester; Sheenah Smith, Norfolk Museum Service; Hans Stößlein, Museum der Stadt Kulmbach; P. H. Nj. Domela Nieuwenhuis, Museum Mr. S. van Gijn, Dordrecht; Captain W. H. Bulwer-Long, Besitzer des Ann Sharp Baby House, Norfolk; Jean Favier, Archives de France, Paris; K. Ticher, Dublin; Dr. Hannelore Müller, Städtische Kunstsammlungen, Augsburg; John Cooper, Metal Department, Victoria and Albert Museum, London.

Ich möchte mich zudem herzlich bei Frau G. de Coninck-van Gerven, Musées Royaux d'Art et d'Histoire, Brüssel, bedanken für ihre große Geduld, ihre Freundlichkeit und die wertvolle Hilfe, die sie mir zukommen ließ.

Victor Houart
Mai 1980

Einführung

Es ist nicht leicht zu erklären, weshalb Erwachsene seit jeher eine besondere Zuneigung, man möchte fast sagen, intuitive Zärtlichkeit, entwickeln, wenn sie sich Miniaturwiedergaben von Gegenständen und Figuren aus dem Alltag gegenübergestellt sehen. Seien es nun chinesische Porzellanfiguren, Stubenmöbel, Kristallvasen oder ein Buch von der Größe einer Briefmarke – das Entzücken ist dasselbe. Im Grunde genommen sind diese Verkleinerungen nicht etwa schöner als ihre größeren Vorbilder, aber sie besitzen den Reiz, einer anderen Welt anzugehören, einem verzauberten Liliputreich.

Eigentümlicherweise waren Künstler und Kunsthandwerker immer versucht, Gegenstände *en miniature* wiederzugeben; ein Glasbläser etwa fertigte am Ende eines Arbeitstages ein 2 cm hohes Gläschen an, um es mit nach Hause zu nehmen, oder ein Schreiner stellte zum Zeitvertreib ein so kleines Schreibpult her, daß es niemals benützt werden könnte, und tat dies mit mehr Liebe und Geduld, als er zur Anfertigung eines gewöhnlichen Möbels aufgebracht hätte. Im Mittelalter schufen Mönche winzige Stundenbücher, und seither fanden sich immer wieder Verleger für solche Miniaturausgaben, die kleiner als eine Streichholzschachtel und deren Texte ohne Lupe nicht zu entziffern sind. Benvenuto Cellini, der berühmte Goldschmied, soll zum Vergnügen einen Titanenkampf auf einem Degenknauf dargestellt haben.

Erwachsene aller Alters- und Berufsklassen können oft eher noch als Kinder ein altes Puppenhaus stundenlang bewundern und jedesmal in Entzücken ausbrechen, wenn sie einen Gegenstand entdecken, den sie noch nie zuvor in Miniaturausführung gesehen haben, etwa eine 5 cm hohe Nähmaschine, ein handbemaltes Kaffeeservice mit winzigen Tassen oder eine Kaminstanduhr von der Größe eines Fingerhutes, die jedoch die genaue Zeit angibt. Die Erwachsenen, die sich von diesen Miniaturen so leicht verzaubern lassen, entrinnen auf diese Weise für einige Augenblicke dem Alltag und betreten, ohne es zu bemerken, eine unbeschwerte Märchenwelt.

Die Silberminiaturen bilden da keine Ausnahme. Jemand, der vielleicht die schönste Kaffeekanne aus dem 18. Jahrhundert gleichgültig betrachten würde, wird sich von ihrer Miniaturausgabe bezaubern lassen. Ebenso leicht begeistert er sich für einen Leuchter von der Höhe eines Streichholzes, einen Kerzenhalter, der so klein ist, daß man keine dazu passenden Kerzen finden kann, oder eine Mausefalle, in die höchstens ein Marienkäfer paßt. In England, Amerika, Deutschland und vor allem in Holland ist man, zweifellos dank einer langen Tradition, mehr als in anderen Ländern von der unvergleichlichen Anmut solcher Miniaturen angetan, und die umfangreichsten Sammlungen von Silberspielzeug befinden sich in eben diesen Ländern.

Die Briten, vor allem die Engländer, kennen lediglich einen Ausdruck – *silver toys* –, um die verschiedenen Arten von Silberminiaturen zu bezeichnen, die kaum alle in einem Inventar zu erfassen wären: Möbel, Geräte, Geschirr, für eine kleine Traumwelt geschaffen. In Deutschland nennt man diese Miniaturen einfach *Silberspielzeug*, und im Französischen gibt es weder einen spezifischen Sammelbegriff noch einzelne Bezeichnungen für die verschiedenen Kategorien von Gegenständen, die in den Bereich des Miniatursilbers gehören – eine sprachliche Unzulänglichkeit, die wahrscheinlich einem Mangel an Interesse zuzuschreiben ist.

Die Holländer dagegen, seit dem 17. Jahrhundert und auch heute noch die wichtigsten Hersteller von Silberminiaturen, haben treffendere Begriffe gefunden. Der holländische Ausdruck *zilver speelgoed* entspricht dem englischen *silver toy* und wird ganz allgemein für Miniatursilber gebraucht, während die Bezeichnung *poppengoed* (Puppengegenstand) meistens nur für etwas größere Objekte gilt. Solche wurden für kleine Mädchen geschaffen, damit sie, ihrer Mutter gleich, Hausdame spielen konnten. Ein weiterer Ausdruck, *etagere zilver*, bezeichnet vor allem, aber nicht immer, all die winzigen Figuren, Männer, Frauen und Kinder, an der Arbeit oder beim Spiel, die fast ausschließlich von den Holländern hergestellt wurden.

Es gibt also – die Holländer sind sich dessen wohl bewußt – verschiedene Arten von Silberspielzeug. Erstens einmal die Militärfiguren, zu Fuß oder zu Pferd, mit dazugehörenden Waffen wie Kanonen oder anderen Kriegsmaschinen. Es ist dies die älteste Kategorie, von der heute kaum noch Beispiele erhalten sind. Vom 18. Jahrhundert an wurden die Goldschmiede, die zu hohen Selbstkosten solches Kriegsspielzeug hergestellt hatten, immer seltener, zumal dieses im Bleisoldaten einen ernsthaften Konkurrenten erhalten hatte.

An zweiter Stelle ist die umfangreichste Gruppe zu nennen, zu der das Geschirr und eine große Anzahl von Gegenständen gehören, wie man sie in normaler Größe in fast jedem Haushalt findet. Diese Kategorie muß, je nach Größe der Gegenstände, in zwei weitere Gruppen unterteilt werden. Die erste umfaßt diejenigen Artikel, die für Puppenhäuser bestimmt waren und nur selten größer als 4 cm sind. Unter die zweite, kleinere Gruppe fallen zwar dieselben Gegenstände, aber in wesentlich größerer Ausführung. Es sind die *poppengoeden*, für kleine Mädchen bestimmte Spielsachen, die manchmal bis ein Drittel der Originalgröße erreichen können. Eine dritte Kategorie vereint die Möbel: Stühle, Sessel, Kommoden, Schränke, Truhen, Betten, Stuben- und Eßtische und vieles andere mehr, die bisher von vielen Sammlern und Liebhabern vernachlässigt wurden. Eine vierte und letzte Kategorie bilden die *objets de vitrine*, kleine, für Schaukästen bestimmte Standbilder. Es handelt sich um die bekannten Holländer Figuren, völlig unnütze, aber sehr zierliche Nippsachen mit winzigen Gestalten.

Die holländischen Goldschmiede hatten sich als erste diesem Zweig der Goldschmiedekunst zugewandt und unzählige Silberminiaturen geschaffen, während die Engländer und andere eigentlich nur Geschirr, Bestecke, Haushaltgeräte und seltener auch Möbel herstellten.

Die Silberminiaturen gehören in ein sehr wenig erforschtes Gebiet, auf dem noch viele Entdeckungen zu machen sind. Bis vor kurzem waren sich selbst Museumskonservatoren, Experten und Kunsthistoriker der Bedeutung dieser silbernen Ziergegenstände und Spielsachen nicht bewußt. Neuerdings hat aber dieses Kunsthandwerk allgemeine Anerkennung und damit seinen Platz in weltbekannten Museen gefunden, wie dem Victoria and Albert Museum in London oder dem Metropolitan Museum of Art in New York. Die Museen erwerben heute ganze Sammlungen solcher Miniaturen, und der Kreis der privaten Liebhaber erweitert sich ständig. Dieses plötzlich aufgekommene Interesse erklärt die hohen Preise, die alte Silberminiaturen, deren Echtheit anerkannt ist, heutzutage auf Auktionen erzielen. Dies ist ihnen durchaus angemessen, denn es waren äußerst gewandte Goldschmiede, die im 17. und 18. Jahrhundert solche Miniaturen in leidenschaftlicher Bemühung um treueste Wiedergabe nach Originalen geschaffen haben. Besonders die getriebenen Arbeiten verdienen Beachtung, denn in kleinem Format sind sie sehr schwierig herzustellen. Bei jedem einzelnen Stück handelt es sich folglich, sowohl in technischer als auch in künstlerischer Hinsicht, um ein echtes Meisterwerk.

So sind alle in diesem Band genannten Goldschmiede hervorragende Kunsthandwerker gewesen. Selbst die bescheidensten, deren Silberminiaturen zwar erhalten, doch deren Namen uns unbekannt geblieben sind, haben ein Anrecht darauf, der Nachwelt in Erinnerung gerufen zu werden. Während ihre Zeitgenossen für den hohen Adel, die reichen Handelsleute, für Kirchen und Kathedralen tätig waren, zogen sie es vor, für die Kinder zu arbeiten. So haben sie im Laufe der Zeit, wahrscheinlich ohne sich dessen bewußt zu sein, unzählige Kinder mit ihren Werken entzückt.

Die Figuren der Silberschiffe

Die wenigen Autoren, die sich bisher mit Silberminiaturen befaßt haben, sind sich in einem Punkt einig: Das erste europäische Silberspielzeug – Soldaten oder kleine Kanonen und anderes Kriegsgerät – war martialisch bestimmt. Im allgemeinen wird diese Behauptung jedoch weder durch konkrete Beispiele noch durch schriftliche Zeugnisse belegt. Offensichtlich wurden aber seit dem Hochmittelalter Silberfiguren, vor allem Militärfiguren, von meist anonymen Meistern geschaffen. Dies war in Deutschland, Italien und Frankreich ebenso der Fall wie in den Niederlanden oder anderswo.

In allen Ländern und zu allen Zeiten haben Goldschmiede kleine Silberfiguren hergestellt. So schufen berühmte Künstler der Gotik wie Nikolaus von Verdun, Reynier und Godefroid de Huy herrliche Statuetten zur Verzierung der Reliquienschreine. Man denke auch an die bewundernswerten Figuren, die die Werke eines Ugolino di Vieri oder eines Leonardo Ser Giovanni schmücken, um nur zwei berühmte italienische Goldschmiede des 14. Jahrhunderts zu nennen. Solche oft winzigen Figuren findet man auf unzähligen Silberarbeiten in fast allen Museen und Kirchenschätzen der Welt. Sie schmücken Reliquiare, Heiligenschreine, Schalen und Becher, Leuchter und sogar silberne Löffel.

Aber die schönsten und zweifellos auch frühesten Militärfiguren dienten zur Ausstattung jener Silber- und Goldschiffe, die während des Mittelalters und der Renaissance mit großer Sorgfalt angefertigt wurden. Eine stattliche Anzahl von Schiffsmodellen ist erhalten geblieben. Auf Deck befanden sich jeweils hübsche Silberfiguren, Soldaten und Seeleute, die die Mannschaft bildeten. Meist waren die Schiffe auch mit kleinen Kanonen bestückt. Im Laufe der Zeit gingen allerdings viele Figuren verloren, in Silber getriebene Ritter in Kostümen des 14., 15. oder 16. Jahrhunderts, die nicht höher als 3 bis 4 cm waren, Soldaten mit Lanzen oder Armbrüsten, Offiziere mit dem Schwert in der Hand.

Unbekannt ist, wann die Goldschmiede mit der Herstellung solcher Schiffe begonnen haben. Vermutlich war dies bereits im 12. Jahrhundert der Fall. Möglicherweise bildete das Schiff des hl. Ludwig, oder, genauer gesagt, seiner Gemahlin Marguerite de Provence, den Anfang. Wir hätten wahrscheinlich niemals von

1 Puppenhaus von Jan Bisschop, eines der schönsten holländischen Beispiele solcher Häuser aus dem beginnenden 18. Jh. Historisch Museum, Rotterdam

2 Wohnraum des Puppenhauses von Jan Bisschop. Dieses Haus besitzt eine ungemein reichhaltige Ausstattung an Möbeln und sonstigen Geräten von hohem künstlerischem Wert. Historisch Museum, Rotterdam

3

4

3 Teilansicht des *Burghley*-Schiffes, das vom Pariser Goldschmied Pierre le Flamand, dem Sohne von Jean le Flamand, Goldschmied des Herzogs von Burgund, geschaffen wurde. Es stammt aus dem Jahre 1492. Die Soldatenfiguren und die Kanonen sind deutlich zu erkennen. Die Figuren sind im Stil des ausgehenden 14. Jh. gekleidet, was darauf hindeutet, daß für ihre Anfertigung wahrscheinlich bedeutend ältere Formen benützt wurden. Victoria and Albert Museum, London

4 Teilansicht des berühmten Schiffes von Schlüsselfeld, Nürnberg. Um 1503. Man erkennt gut die Figuren der Besatzung – Seeleute und Soldaten – sowie die auf dem Vorschiff angebrachten Kanonen. Germanisches Nationalmuseum, Nürnberg

seinem Vorhandensein erfahren, wenn nicht Jean de Joinville, der Chronist Ludwigs IX., es in seinen Erinnerungen erwähnt hätte.

Im Jahre 1254, als Ludwig mit Marguerite de Provence und ihren drei Kindern aus Palästina zurückkehrte, wurde das Schiff, auf dem sich die königliche Familie befand, von einem schrecklichen Sturm überrascht. Es handelte sich zweifellos um ein ähnliches Schiff wie jene, die man auf zahlreichen Gemälden früher flämischer Meister sehen kann. Marguerite, die sehr fromm gewesen sein soll, war durch die Heftigkeit des Sturmes dermaßen erschrocken, daß sie das Gelübde ablegte, der Jungfrau Maria ein Kunstwerk zu stiften, sollte ihre Familie dem Unwetter entrinnen. Als sie wohlbehalten Frankreich wieder betreten hatte, erinnerte sie sich ihres Versprechens. So konnte Joinville festhalten: «Als die Königin (Gott behüte sie!) nach Frankreich zurückgekehrt war, ließ sie in Paris ein Silberschiff anfertigen. Darauf befanden sich der König, die Königin und ihre drei Kinder, alle aus Silber; Matrosen, Masten, Ruder und Taue waren aus Silber, und die Segel waren mit Silberdraht genäht. Und die Königin sagte mir, die Arbeit habe 100 Pfund gekostet.» Dieses Silberschiff wurde der Kirche St. Nicolas de Port bei Vrangeville in Lothringen geschenkt. Im 17. Jahrhundert ist es aus dem Kirchenschatz verschwunden.

Viele alte Schriftstücke beweisen, daß es im 13. Jahrhundert eine große Anzahl ähnlicher Schiffe gegeben haben muß. Da sie alle Mannschaften aufwiesen, kann man mit Bestimmtheit sagen, daß damals Tausende von kleinen Soldaten, Seeleuten und Kanonen aus Silber hergestellt wurden. Im Inventar des Silberschatzes von König Karl V. aus dem Jahre 1380 steht zu lesen: «Das große Schiff des Königs, das ihm von der Stadt Paris geschenkt worden war, wiegt VI XX V Goldmark.» Dies war nicht das einzige Schiff im Besitze des Königs, denn im selben Schriftstück ist des weiteren vermerkt: «Item, das große Salzfaß in Form eines Schiffes, das 15 Mark, 6 Unzen Gold wiegt.»

Im 14. Jahrhundert sind noch weit mehr Schiffe entstanden, doch ist es unmöglich, sie alle aufzuzählen. Die Königin Philippa de Hainaut besaß eines im Jahre 1346; König Heinrich IV. von England nahm 1399 zwei seinem Vorgänger Richard II. ab. Im Jahre 1395 beauftragte Louis d'Orléans seinen Silberschmied Aubertin mit der Anfertigung eines Schiffes, auf dem die emaillierten Figuren der zwölf Apostel sowie auf dem Achterdeck weitere Figuren, darunter ein Kaiser, ein König in Rüstung und ein Engel in Rüstung, stehen sollten.

Das Victoria and Albert Museum in London besitzt ein Schiff, das *Burghley* genannt wird und im Jahre 1492 durch den Goldschmied Pierre le Flamand geschaffen worden war. Dieser Meister war gegen Ende des 15. Jahrhunderts in Paris tätig, aber sein Name verrät seine Herkunft. Das außergewöhnlich schöne Schiff weist – im Gegensatz zu vielen anderen – die Meistermarke auf, «eine gekrönte Lilie über zwei Bannern, die ein Andreaskreuz bilden». Glücklicherweise ist die gesamte Besatzung von mit Lanzen und Musketen bewaffneten Soldaten und Seeleuten erhalten geblieben.

Im Schatz der Kathedrale von Reims befindet sich ein berühmtes Schiff aus dem 15. Jahrhundert, ein Werk von Pierre Rousseau, der Goldschmied in Tours war. Es trägt heute nur noch ein Besatzungsmitglied, einen Seemann in Rüstung, dessen Gefährten schon seit langem verschwunden sind. Auf dem Deck stehen jedoch noch die Figuren der hl. Ursula und ihrer zehn Begleiterinnen.

Das Schiff der Antonius-Basilika in Padua ist mit köstlichen silbernen Militärfiguren geschmückt; man kann unter anderem einen Matrosen, der dabei ist, sich auszuruhen, einen von Kopf bis Fuß bewaffneten Ritter mit seinem Edelknaben sowie weitere Soldaten, zum Teil an den Fenstern des Schiffshauses, erkennen.
4 Es gibt sogar Schiffe, die geharnischte Pferde mitführen. In Deutschland wurde die Produktion solcher Schiffsmodelle bis ins frühe 17. Jahrhundert weitergeführt. Ein prachtvolles Beispiel aus dieser späten Zeit mit einer vollständigen Besatzung befindet sich heute in den Musées Royaux d'Art et d'Histoire in Brüssel.

Vermutlich wurden die Figuren von vielen Goldschmieden serienweise nachgegossen und einzeln verkauft. Die meisten dürften schließlich in Kinderhände gelangt sein. So blieben die aus massivem Silber gegossenen und bewundernswert getriebenen Figuren eines Tages irgendwo liegen und gingen verloren. Die hübschen kleinen Soldaten mit ihren Lanzen und Hellebarden, die Seeleute mit ihren Äxten und Musketen, die winzigen, genau nachgebildeten Kanonen und die geharnischten Kriegspferde – sie stellen zweifellos das früheste europäische Silberspielzeug dar.

Das Silberspielzeug französischer Prinzen

Es wird sich kaum jemals mit Sicherheit feststellen lassen, ob die ersten Silberminiaturen in Frankreich oder in Deutschland entstanden sind. Man weiß jedoch, daß im Jahre 1404 dem damals einjährigen König Karl VII. ein Beißring aus vergoldetem Silber sowie «ein Geschirr aus Weißsilber mit eingraviertem Wappen zu seinem persönlichen Gebrauch» geschenkt wurde. Viel später, im Jahre 1571, bestellte Claude de France, Tochter Heinrichs II. und Herzogin von Lothringen, beim Goldschmied Hottman ein kleines silbernes Tafelservice. Es sollte ein Geschenk sein für das Kind der Herzogin von Bayern, ein kleines Service «mit Töpfchen, Tassen, Tellern und anderen Gegenständen, wie man sie in Paris herstellt». Folglich scheint es sich bei diesem Auftrag nicht um eine Neuheit auf dem Gebiet der Goldschmiedekunst zu handeln, sondern um Gegenstände, deren Herstellung gegen Ende des 16. Jahrhunderts in Paris üblich war. Diese französischen Spielsachen aus dem 16. Jahrhundert sind alle verschollen, so auch das silberne und mit Diamanten besetzte Puppengeschirr der Jeanne d'Albret, der Mutter Heinrichs IV., das im Inventar ihres Silberschatzes vermerkt ist.

Vor der Mitte des 17. Jahrhunderts scheint nur wenig Silberspielzeug von europäischen Silberschmieden geschaffen worden zu sein. Die vereinzelten früheren Spielsachen, die man aus Dokumenten kennt, wurden auf Bestellung und ausschließlich für die Kinder des Hochadels angefertigt.

So bekam der junge Ludwig XIII. (1601–1643) zahlreiche Silberspielsachen geschenkt, von denen einige durch Erbschaft Ludwig XIV. zufielen. Dem Tagebuch Hérouards, des Physikers des Königs, zufolge befanden sich seit 1604 im Besitze Ludwigs XIII. zwei Armbrüste, Sporen und ein Schachspiel aus Silber. Ein Jahr darauf erhielt er ein kleines Tafelservice und einen Brunnen aus Silber, mit dem er häufig spielte. Es muß sich um einen ähnlichen Brunnen gehandelt haben wie jenen französischer Herkunft, der sich heute in den Musées Royaux d'Art et d'Histoire in Brüssel befindet und wahrscheinlich aus dem 17. Jahrhundert stammt; die Marke des Pariser Goldschmieds konnte nie identifiziert werden.

Im Jahre 1606 erhielt der Prinz eine Miniaturuhr von seiner Mutter, Maria de' Medici, und der Herzog von Sully überreichte ihm eine kleine Silberkanne. Maria schenkte ihm auch eine Armee von 300 Soldatenfiguren, deren Herstellung dem Goldschmied Nicolas Rogier anvertraut wurde. Dieser war zwischen 1609 und 1610 Goldschmied des Dauphin, anschließend arbeitete er für Madame Henriette, die zukünftige Gemahlin Karls I. von England. Es ist nicht weiter erstaunlich, daß man die Herstellung der kleinen Armee gerade diesem Meister anvertraute, denn Nicolas Rogier war außerdem bis 1626 Kammerdiener der Königin. Sein Bruder Corneille, ebenfalls ein Goldschmied, erscheint zwischen 1619 und 1620 in den Rechnungsbüchern des Königs. Er soll mit Diamanten besetzte Porträtschachteln, die für verschiedene ausländische Persönlichkeiten bestimmt waren, geliefert haben. Die Gebrüder Rogier stellten zusammen auch das Mobiliar von Madame, der Schwester des Königs, her und erhielten für diese Arbeit am 10. März 1625 die Erlaubnis, 100 Goldmark und 2000 spanische Real zu schmelzen.

Im Jahre 1607 erhielt Ludwig XIII. verschiedenes Silberspielzeug, unter anderem zwei Messer, einen Rechaud und einen Napf. Ein Jahr darauf kamen eine Schale aus vergoldetem Silber, ein Silbertopf, Waagen und verschiedene andere ebenso wertvolle Spielsachen dazu. Noch im selben Jahr (1608) sandte ihm Marguerite de Valois, die Königin Margot, «ein kleines, vergoldetes Silberschiff auf Rädern, das luvwärts ging, wie die holländischen Schiffe». Man denkt dabei unwillkürlich an jene berühmten frühen Schiffe, die vor dem 17. Jahrhundert hergestellt wurden.

Die bemerkenswerteste Armee von Silbersoldaten wurde jedoch zweifellos im Jahre 1650 für den damals zwölfjährigen Ludwig XIV. geschaffen. Er sollte damit die Kunst erlernen, Truppen zu manövrieren. Dieses umfangreiche Werk stammt von zwei begabten Künstlern, die in Frankreich nur wenig Anerkennung fanden. Die Vorlagen zu den Soldaten, Reitern und Infanteristen wurden vom Bildhauer Charles Chassel aus Lothringen geschaffen. Dieser bemerkenswerte Künstler, von dem eine Venus im Herzogspalast zu Nancy erhalten blieb, wurde zu einem unbekannten Zeitpunkt in Rambervillers geboren und starb 1685 in Nancy. Mit der Ausführung der von Chassel geschaffenen Vorlagen wurde Thomas Merlin, seit 1647 Goldschmied am königlichen Hof, beauftragt. Dieser Meister, dessen Geburtsort und -datum unbekannt sind, starb 1697 in Paris.

Die Truppen sollen zahlreiche Schachteln gefüllt und die sagenhafte Summe von 50000 Talern gekostet haben. Laut den Erinnerungen von Jean Loménie de Brienne besaß Ludwig XIV. neben diesen außergewöhnlichen Figuren noch eine kleine, von einer Laus gezogene Kanone aus Gold. Wenn man die von Ludwig XIII. geerbten Silbersoldaten hinzuzählt, scheint er über eine bemerkenswerte Sammlung an Militärfiguren verfügt zu haben. Bedauerlicherweise sind sie alle restlos verschollen.

Die Silberfiguren erbte der Sohn Ludwigs XIV., in dessen Geburtsjahr (1661) der vorsorgliche Colbert – damals Oberaufseher des Bauwesens – in Deutschland das außergewöhnlichste Kriegsspielzeug bestellte, das man sich denken konnte. Der berühmte französische Militärarchitekt Sébastien le Prestre de Vauban begab sich persönlich nach Nürnberg, um dort zwei Kunsthandwerker, deren Namen über Deutschlands Grenzen hinaus bekannt waren, aufzusuchen und ihnen die Vorlagen zu überbringen. Es ist bereits viel über dieses Spielzeug geschrieben worden, seine Geschichte ist jedoch bei weitem nicht abgeklärt.

Man hat sich lange Zeit auf ein Gedicht von Perdon de Subligny aus dessen Werk *Muse de Cour* gestützt, in der Annahme, es habe sich um einen Automaten gehandelt. Der Verfasser gibt uns eine recht ausführliche und eindeutige Beschreibung:

Man spricht in Paris
nur von einer kostbaren Maschine,
die, so heißt es, aus Deutschland komme.
Man sagt, daß sie mit Hilfe einer gewissen Feder
eine Landschaft sehen lasse,
Linien, Gräben, eine Burg,
eine Armee im Kampfe oder beim Parademarsch,
vielfältige Manöver von verschiedenen Soldaten ausgeführt,
und dieselbe Ordnung und dieselben Verwicklungen,
wie man sie in einer Schlacht sieht.
Alle Soldaten sind aus reinem Silber,
der eine auf einem schönen Pferd, das sich störrisch gibt,
ein anderer auf einem trabenden oder sich bäumenden Roß,
mit Anmut eine Pistole oder einen Säbel
in der Hand haltend;
sie scheinen von Leben erfüllt.
Ihr werdet nirgends ein größeres Vergnügen finden,
heißt es, seit sich
diese schönen Soldaten am Hofe befinden,
als an ihren Kriegsübungen.
Alle Höflinge sind bezaubert
von der Ordnung, die bereits in Eurer Vorstellung entsteht,
um die Soldaten in den bevorstehenden Kampf zu schicken.

Dieses Gedicht entwirft ein schönes und genaues Bild jener Armee, mit der Colbert die beiden Nürnberger Meister beauftragt hatte. Die Anfertigung dieses märchenhaften Automaten dauerte jedoch vier Jahre. Colbert schrieb in seiner Ungeduld seinem Bruder, dem damaligen Intendanten des Elsasses, Charles Colbert, folgende Zeilen:

«Ich beschwöre Sie, sich der kleinen Kriegsausrüstungen, wie Geschütze, Soldatenfiguren und Pferde, zu erinnern, die ich Sie gebeten habe, bei den gewandtesten Augsburger und Nürnberger Meistern anfertigen zu lassen. Sie sind zum Vergnügen Ihrer Hoheit, des Dauphin, gedacht. Dabei, scheint mir, könnte man noch ein hübsches, erfindungsreiches Angriffsmanöver von tadelloser Ausführung hinzufügen. M. de Louvat, der sich nach Philippsburg begeben wird, sowie mein Vetter werden sich dieser Angelegenheit annehmen.»

Dieser Brief vom 18. August 1662 *(Correspondances,* Bd. 5, S. 2) scheint anzudeuten, daß Colbert nicht persönlich über das Vorangehen dieser Arbeit unterrichtet war.

Seit langem war Süddeutschland, namentlich Nürnberg und Augsburg, für seine durch ein Uhrwerk in Gang gesetzten Automaten berühmt. Solche Automaten wurden in dieser Gegend seit Anfang des 16. Jahrhunderts hergestellt. Kunstschlosser, wie Hans Bullmann und Caspar Werner aus Nürnberg, hatten ganz ungewöhnliche Automaten erfunden. Der 1545 verstorbene Caspar Werner konstruierte ein Schiff auf Rädern, das über die Tische fahren konnte, während an Bord eine Frau mit Zimbeln schlug und ein Kind ununterbrochen Kopf und Arme bewegte. Am Heck befand sich außerdem ein mit einem Bogen bewaffneter Cupido, der Pfeile abschoß. Joachim Fries und Isaak Albrecht stammten beide aus Augsburg und schufen ebenfalls herrliche Automaten. Das British Museum besitzt ein Werk Albrechts, eine astronomische Uhr mit automatischen Figuren. Auch von Hans Schlottheim, einem weiteren Augsburger Meister, sind einige Automaten bekannt.

Die Soldaten der kleinen, selbsttätigen Armee des Dauphin wurden in Nürnberg durch den Goldschmied Johann Jacob Wolrab geschaffen. Dieser Meister, am 30. Juni 1633 in Regensburg geboren, machte seine Lehre bei Pieter Brauns, bei dem er während sechs Jahren tätig war. Anschließend findet man seine Spur in Augsburg wieder. In Nürnberg ließ er sich endgültig im Jahre 1660 nieder. Zu jenem Zeitpunkt erhielt er auch sein Bürgerrecht und wurde in die örtliche Zunft aufgenommen. Für den Dauphin stellte er etwa 100 Silberfiguren her, Soldaten zu Fuß oder zu Pferde, Feldwachen, Musketiere, alle durchschnittlich an die drei Finger hoch, d.h. etwa 75 mm. Johann Jacob Wolrab bekam daneben viele andere Aufträge, beispielsweise im Jahre 1670 eine Reihe von Paukenschlägern, die für Friedrich Wilhelm von Brandenburg bestimmt waren, oder 1688 eine weitere Gruppe für Johann Georg IV. von Sachsen. Da er jedoch selber kein Schlosser war, vertraute er die Figuren einem anderen Meister an, der sich mit der Ausführung des Automaten befaßte.

Gottfried Hautsch, einer der berühmten Nürnberger Kunstschlosser, übernahm die Fertigstellung der Armee des Dauphin. Am 21. April 1634 in Nürnberg als Sohn eines weiteren bekannten Kunstschlossers, Hans Hautsch, geboren, war er ein wahrer Meister seines Fachs. Seine Lebensgeschichte ist nur teilweise bekannt. So weiß man zum Beispiel, daß er nach der Lehre in der Werkstatt seines Vaters die «Tiroler Berge überquert» und einige Jahre im Ausland verbracht hatte, bevor er nach Nürnberg zurückkehrte und mit der Herstellung von Automaten begann.

Der Vater Hans Hautsch hatte viele komplizierte Uhrwerke gebaut, die dazu bestimmt waren, Automaten in Bewegung zu setzen. So schuf er um 1650 mit seinen Söhnen eine außergewöhnliche Maschine, die ein Haus darstellte, dessen Erdgeschoß mit Figuren aus der Bibel geschmückt war, während sich im ersten Stockwerk die Figuren von 72 verschiedenen Handwerkern befanden und im darüberliegenden Stockwerk ein Brunnen. Wenn das Werk eingeschaltet wurde, füllte sich das ganze Haus mit Leben. Die kleinen Figuren setzten sich in Bewegung, und das Brunnenwasser begann zu fließen. Das Haus wurde laut den Nürnberger Chroniken an eine bedeutende Persönlichkeit in Dänemark geliefert, deren Name nicht bekannt ist. Leider hat man heute jede Spur von ihm verloren. Ein ähnliches Haus war dem Großherzog der Toskana, einem Bewunderer der Arbeiten der Familie Hautsch, geliefert worden.

Bisher war unbekannt, daß Gottfried Hautsch einen ähnlichen Automaten, der «kleine Welt» genannt wurde, für den königlichen Hof Frankreichs hergestellt hatte. Zudem lieferte Johann Jacob Wolrab dem Großherzog der Toskana – wahrscheinlich Ferdinand II. de' Medici (1621–1670) – eine ähnliche Armee von Silberfiguren, wie jene, die Colbert für den französischen Dauphin herstellen ließ. Nur waren hier die Soldaten etwas größer. Gottfried Hautsch baute somit ein Uhrwerk, dem die Soldaten Wolrabs angepaßt wurden.

Die Armee des Dauphin konnte richtige Militärübungen durchführen. Die Silbersoldaten defilierten in eng aufgeschlossenen Reihen oder stellten sich in Kampfordnung auf. Die Pferde bäumten sich, und die Soldaten präsentierten ihre Waffen oder legten sie ab. Es heißt, daß sie sogar zum Schein Schüsse abgaben. Dieses Werk erregte großes Aufsehen. In Nürnberg wurde es in Gegenwart zahlreicher Persönlichkeiten dem Großen und dem Kleinen Rat der Stadt vorgeführt, bevor es nach Frankreich ging.

Der Dauphin wurde offensichtlich von seinem Vater, dem *roi soleil*, sehr verwöhnt. Im Register des königlichen Schatzes (Bibliothèque Richelieu, Ms. Colbert, Nr. 19, folio 46) für das Jahr 1669 kann man folgenden Eintrag lesen: «An Pierre Couturier, genannt Montargis, 305 Pfund zur Bezahlung der Tage, die er gebraucht hat, um die Maschine der kleinen Armee des Dauphin (Ludwig von Frankreich, geboren am 1. November 1661) zu überwachen und zu betätigen, während der vier letzten Monate des Jahres, zu 50 s. pro Tag.»

Montargis war dazumal ein in Paris sehr angesehener Goldschmied. Er ist vor allem dafür bekannt, Ludwig XIV. eine Reihe außergewöhnlicher Knöpfe geliefert zu haben, die mit wertvollen Diamanten verziert waren. Er kümmerte sich also in Versailles um die von Gottfried Hautsch geschaffene Maschine. Der Dauphin war damals wahrscheinlich noch nicht in der Lage, sich eigenhändig dieses königlichen Spielzeugs zu bedienen.

Leider ist heute von diesem prunkvollen Silberspielzeug nichts mehr erhalten. Die Kriege des Sonnenkönigs verschlangen viel Geld, und unzählige Silbergegenstände wurden eingeschmolzen. Was aus den königlichen Militärfiguren geworden ist, zeigt das «Inventar des Silberschatzes von Versailles, Vincennes und des Garde-Meuble. Nicht inbegriffene und nicht ins Gesamtinventar aufgenommene, bisher in keinem privaten Schriftstück nachgewiesene Gegenstände, die in die Pariser Münze gebracht worden sind» (15. Juli 1690, O^1 3664).

Es handelte sich dabei um die Armee von Silberfiguren der königlichen Kinder, die Soldaten, die von Nicolas Rogier, Thomas Merlin und Johann Jacob Wolrab geschaffen worden waren. Wolrab selber hatte, wie wir wissen, nur an die 100 Figuren ausgeführt. Man brachte jedoch 462 Silberfiguren zum Schmelzen, wie ein Schriftstück in den Archives de France beweist. Das Protokoll der Zerstörung dieser Soldaten auf der Pariser Münze läßt darüber keinen Zweifel: «Von Versailles angekommen und am 4. März 1690 zur Münze gebracht: die kleine Armee Ihrer Hoheit, des Dauphin, aus 462 teilweise reitenden Figuren bestehend, Offiziere wie Soldaten, Musketiere, Feldwachen, Artilleristen, Trompeter, Trommler usw., alle aus deutschem Silber, von einem Gesamtgewicht von 89 M. 2 U.».

Einige Silberspielsachen wurden vorübergehend vor der Katastrophe gerettet, denn im königlichen Möbelinventar des Jahres 1696 findet man noch die Beschreibung von Silberspielzeug, das höchstwahrscheinlich ebenfalls dem Dauphin gehört hatte. Es handelt sich um folgende Gegenstände: einen kleinen, achteckigen

Ofen und ein achteckiges, geflochtenes Körbchen; vier kleine, zwei Finger hohe Leuchter und ein Spinnrad; fünf Stühle, einen Sessel und einen achteckigen Tisch; vier kleine Schnecken und zwei Eierbecher; ferner zehn geflochtene Körbchen von unterschiedlicher Form.

Manche Autoren behaupten außerdem, ohne jedoch ihre Quellen anzugeben, der Papst (?) habe den Kindern von Jan Sobieski, König von Polen (1624–1696), Silberspielzeug, darunter vier kleine Kutschen, geschickt. Dies ist durchaus möglich, denn damals war Silberspielzeug bereits sehr geläufig.

Wie dem auch sei, die Silberfiguren des französischen Hofes sind jedenfalls alle verschollen. Die französischen Könige des 18. Jahrhunderts, Ludwig XV. und Ludwig XVI., ließen sich nie zu derart großen Ausgaben für die Anschaffung von Silberspielzeug hinreißen.

5, 6 Im Jahre 1814 erhielt Napoleon II., der König von Rom, drei kleine Kanonen – zwei aus Silber und eine aus Gold – geschenkt, die von elfenbeinernen Pferden gezogen wurden. Diese Stücke befinden sich heute im Bois Préau, einem Nebengebäude des Musée National du Château de Malmaison. Die Kanonen weisen das französische Königswappen auf, was darauf hinzuweisen scheint, daß sie vor der Französischen Revolution entstanden sind und für die Königskinder bestimmt waren. Schließlich bestellte 1823 der spätere Karl X. für seinen dreijährigen Enkel

7 einen berühmten goldenen Miniaturwagen, der sich heute immer noch in ausgezeichnetem Zustand im Musée Carnavalet in Paris befindet.

5 Goldene, mit zwei Rubinen und einem Amethyst besetzte Kanone, die von zwei elfenbeinernen Pferden gezogen wird. Sie soll, laut Überlieferung, zu Beginn des Jahres 1814 dem König von Rom geschenkt worden sein. Die Kanone weist das eingravierte Wappen Frankreichs auf, was die Annahme erlaubt, daß sie schon vor der Französischen Revolution entstanden ist. Musée National du Château de Malmaison

6 Silberne Kanone, Geschenk des Königs von Rom an Madame Marchand. Deren Nachkomme, Graf Demazières-Marchand, vermachte 1924 dem Museum von Malmaison. L: 95 mm, H: 32 mm. Musée National du Château de Malmaison

7 Im Jahre 1823, ein Jahr, bevor er Frankreichs Thron bestieg, beauftragte Karl X. Alphonse Giroux mit der Anfertigung dieses kleinen Reisewagens. Er war für seinen dreijährigen Enkel, den Herzog von Bordeaux, bestimmt. Die Berline wird von vier perlmutternen Pferden gezogen; sie ist, wie das Pferdegeschirr, in Gold gearbeitet und mißt 15,5 cm. Musée Carnavalet, Paris

5

6

7

8

8

9

10

11

Miniatursilber in Frankreich, Deutschland, Rußland, den USA und anderen Ländern

8 Brunnen mit nicht-identifizierter Pariser Marke. Wahrscheinlich 17. Jh. H: 93 mm. Auf der Marke ist nur der Buchstabe C zu erkennen. Musée de Bellevue, Brüssel

9 Wasserkanne mit Schale, französisches Silberspielzeug aus dem Ende des 16. Jh. Die Mitte des Beckens ist mit einer Blume in blauem Email geschmückt. Auf dem Boden sind der Name Jacques Verier und das Datum 1583 eingraviert. Keine Meistermarke. H der Kanne: 31 mm, D der Schale: 65 mm. Christie's, London

10 Zwei Leuchter. Ohne Marken. Wahrscheinlich um 1750. Ihre Herkunft ist schwer zu bestimmen; möglicherweise wurden sie von einem in England ansässigen hugenottischen Goldschmied geschaffen. Victoria and Albert Museum, London

11 Französische Kaffeekanne von Antoine Boullier, Paris. Datiert 1777–1778. H: 90 mm. The Metropolitan Museum of Art, New York (Bequest of Catherine D. Wentworth)

In vielen Ländern wurden Silberminiaturen hergestellt, jedoch nirgends in so großem Ausmaß wie in Holland und in Großbritannien. Vereinzelt gab es natürlich immer wieder und überall Goldschmiede, die eines Tages mit Liebe und Sorgfalt irgend einen Gegenstand *en miniature* anfertigten, ohne dabei den Wunsch zu hegen, sich auf die Herstellung solcher Feinarbeiten zu spezialisieren. Für viele Handwerker, auch in Holland oder in England, bedeutete das Schaffen von Miniaturgegenständen nichts anderes als einen Zeitvertreib, die Lust, ihre Geschicklichkeit auf die Probe zu stellen.

Die Nachfrage für Silberminiaturen entwickelte sich im Laufe des 17. Jahrhunderts vorwiegend in Holland und in England und hielt in diesen beiden Ländern während des ganzen 18. Jahrhunderts an. Es wurde eine richtige Mode daraus, die sich jedoch anderswo nie mit demselben Nachdruck verbreiten konnte. Heute ist es kaum mehr möglich, die Gründe für die geographische Begrenzung dieses Phänomens festzustellen. Sie kann nicht ausschließlich durch die wirtschaftlichen Bedingungen der Zeit verursacht sein. Möglicherweise war die Entwicklung der Puppenhäuser ausschlaggebend. In keinem anderen Lande der Welt hat man, wie in Holland und in England, Puppenhäuser für Erwachsene, nicht für Kinder, hergestellt, prachtvolle und kostspielige Häuser, die mit Gegenständen aller Art, manchmal sogar mit Kunstwerken *en miniature,* ausgestattet waren. Die Herstellung von Silberminiaturen läuft mit der Entwicklung der Puppenhäuser parallel, die zuerst in Holland und etwa 50 Jahre später in England aufkamen.

In anderen Ländern waren Puppenhäuser immer nur für Kinder bestimmt. Es war deshalb nicht erforderlich, sie mit Silbergegenständen zu versehen, die neben den einfachen Möbeln zu kostbar gewesen wären. Die deutschen Puppenhäuser zum Beispiel, die so alt sind wie die holländischen, sind mit Möbeln und Gegenständen ohne großen künstlerischen Wert ausgestattet. Die Geräte sind aus Kupfer oder Zinn, aber niemals aus Silber. So können die deutschen Puppenhäuser, die vor allem dazu dienten, die kleinen Mädchen mit den Haushaltsarbeiten vertraut zu machen, kaum mit den kostspieligen holländischen Häusern verglichen werden. Diese waren nur zum Zeitvertreib der Gattinnen reicher Kaufleute bestimmt, wie etwa heutzutage elektrische Eisenbahnen zur Freizeitbeschäftigung vieler Männer geworden sind. Im übrigen braucht man kein Gelehrter zu sein, um festzustellen, daß damals nur Vertreter höchst privilegierter Kreise es sich leisten konnten, ihren Kindern Spielzeug aus Silber zu schenken.

Gerade in Holland und England, den damals mächtigsten Seehandelsnationen der Welt, gab es im 17. und 18. Jahrhundert zahlreiche wohlhabende Aristokraten und Kaufleute. In anderen wirtschaftlich weniger begünstigten Ländern ließ man das Silberzeug oft einschmelzen, um die meist leeren Staatskassen zu füllen. Wie hätte ein französischer Goldschmied im 17. Jahrhundert Silberspielzeug verkaufen können, wenn selbst Ludwig XIV. die wenigen Silberspielsachen seiner eigenen Kinder in der Pariser Münze einschmelzen ließ?

FRANKREICH

In Frankreich, wo man seit dem späten Mittelalter, wenn nicht bereits früher, Silberfiguren und Miniaturgeschirr herstellte, waren diese Nippsachen fast ausschließlich für Kinder von Königen und Fürsten bestimmt. Die modische Vorliebe für Puppenhäuser als Spielzeug für Erwachsene fand hier dagegen nie Anklang. Im 17. und 18. Jahrhundert kannte das Land große, meist durch endlose Kriege hervorgerufene finanzielle Schwierigkeiten. Es ist daher nicht leicht, französische Meister der Zeit ausfindig zu machen, die, wie die Goldschmiede des Königs, Nicolas Rogier und Thomas Merlin, Silberspielzeug herstellten. Man entdeckt höchstens noch vereinzelte Namen in Protokollen von Hausdurchsuchungen, die Stellvertreter der Zünfte oder die Polizei in Werkstätten von Goldschmieden durchführen ließen.

So weiß man mit Bestimmtheit, daß Claude de Louan, seit 1668 Meister in Paris, Silberspielzeug anfertigte. Bei einer Durchsuchung seiner Werkstatt am 2. April 1700 wurden kleine, in Filigran gearbeitete Kanonen gefunden, die jedoch nicht punziert waren. Dieser wenig bekannte Meister hatte 1668 seine erste Marke einschlagen lassen, sie aber anscheinend nie benützt. Im Jahre 1680 ließ er eine zweite Marke herstellen, die aus einer gekrönten Lilie über einem senkrechten Strich, zwischen einem C und einem D, darüber ein L, daneben die beiden vorgeschriebenen Gräne, bestand.

Henry-René d'Allemagne weist in seiner Geschichte des Spielzeugs (1903) darauf hin, daß man bei einer Beschlagnahmung in der Werkstatt des Goldschmieds Lenormand, 34, rue du Sentier, in Paris, am 25. Messidor des Jahres II (1793) verschiedene mit Wappen versehene Silberminiaturen fand. Es handelte sich um einen Wasserkessel, zwei Töpfchen, eine Seifendose, eine Schwammschachtel, einen Rasierteller und einen Becher mit Henkeln. Die Polizeiurkunde vermerkt, es sei zu beachten, daß all diese Nippsachen nur die Form der aufgezählten Gegenstände besäßen, daß sie aber kaum einen halben Daumen hoch seien. Die bei Lenormand beschlagnahmten Gegenstände wurden von Pierre Neveu, einem Mitglied des Überwachungskomitees, in die Pariser Münze zum Einschmelzen gebracht. Diese Maßnahme war von den Revolutionären getroffen worden, weil die Arbeiten eingravierte Wappen aufwiesen.

Zweifellos schufen auch andere Pariser Goldschmiede Miniaturen. Als Beispiel sei der kleine Silberbrunnen genannt, der sich heute im Musée de Bellevue in Brüssel befindet. Er weist die typische Marke eines Pariser Meisters des ausgehenden 17. oder beginnenden 18. Jahrhunderts auf: die Anfangsbuchstaben, CD oder CB oder auch CR, darüber eine gekrönte Lilie und auf beiden Seiten je ein Gran. Wegen der Unleserlichkeit des zweiten Buchstabens ist es bisher nicht gelungen, den Goldschmied zu identifizieren. Auch eine Pariser Marke, deren Umriß der erwähnten entspräche, ist unbekannt.

Möglicherweise schuf auch der in Paris tätige Goldschmied Claude Dargent, Meister seit 1722, einige Silberminiaturen. Sein Zeichen, eine gekrönte Lilie, die durch einen Vollmond getrennten Buchstaben CD, mit den beiden Gränen, befindet sich auf einem zierlichen, 38 mm hohen Tintenfaß, das 1972 in London versteigert wurde. An derselben Auktion erschien auch ein äußerst seltener Gegenstand französischer Herkunft, ein ovales Wasserbecken, das keine Marke, aber den in den Boden des Gefäßes gravierten Namen Jacques Verier und das Datum 1583 aufweist. Die dazugehörige Wasserkanne ist 31 mm hoch und hat einen Durchmesser von 65 mm.

Antoine Boullier, der am 16. Dezember 1775 seinen Meisterbrief erhielt und damals, wie viele andere Pariser Meister, am Pont au Change wohnte, schuf ebenfalls hervorragendes Silberspielzeug. Von ihm stammt eine prachtvolle, 90 mm hohe Kaffeekanne, heute in der Sammlung des Metropolitan Museum of Art in New York. Diese kleine französische Kaffeekanne übertrifft an Qualität alles, was im 18. Jahrhundert in London oder in Amsterdam entstanden ist. Birnenförmig, mit einem knospenartigen Deckel, einem Ausgußschnabel mit Blattwerk und einem Henkel aus gedrehtem Ebenholz, der im rechten Winkel zur Schnabelneigung steht, ist sie ein wahres Meisterwerk. Es ist zu hoffen, daß noch weitere Miniaturen von Boullier existieren. Bisher war er vor allem für sein Silbergeschirr in normaler Größe bekannt.

Antoine Boullier ließ seine erste Marke am 20. Dezember 1775 einschlagen. Sie bestand aus einer gekrönten Lilie zwischen zwei Gränen und den durch einen Turm getrennten Anfangsbuchstaben AB. Boullier arbeitete bis 1786 am Pont au Change. Als diese Häuser abgerissen wurden, zog er an die Rue Saint-Honoré. Zu seinen Lebzeiten genoß er großes Ansehen. Im *Journal de Paris* vom 3. Januar 1779 konnte man etwa lesen: «Herr Boullier, Goldschmied am Pont au Change, an der Justice, ehemaliger Schüler der gebührenfreien Zeichenschulen, wo er sein Meisterrecht erlangte, hat dem Verwaltungsbüro einen Teil eines Silbergeschirrs unterbreitet, dessen Herstellung ihn seit zwei Jahren beschäftigt. Die bemerkenswertesten Stücke darunter sind *olla*-Töpfe von antiker Form mit den dazugehörenden Plateaus sowie Wandleuchter. Diese Arbeiten haben allgemeinen Beifall gefunden und geben vom Geschmack und der Begabung dieses jungen Künstlers ein sehr vorteilhaftes Bild.»

Dargent, Claude (Paris)
(tätig 1722–nach 1771)

Boullier, Antoine (Paris)
(Ende 18. Jh.)

Im Laufe des 19. Jahrhunderts scheinen nur wenige Silberminiaturen geschaffen worden zu sein. Die vereinzelten untersuchten Gegenstände weisen alle nur die berühmte Marke mit dem Wildschweinkopf auf, die seit dem 10. Mai 1838 und auch heute noch für Kleinarbeiten benützt wird. Die Identifizierung eines Goldschmieds und eine auch nur annähernde Datierung sind damit ausgeschlossen.

Einige weitere Gegenstände tragen einen kleinen zweiköpfigen Amboß, eine Beschaumarke, die von 1819 bis 1838 Anwendung fand. Nur wenige Meistermarken sind auf Silberminiaturen des 19. und des 20. Jahrhunderts zu entdecken. Gelegentlich taucht ein in einen Rhombus gefaßtes Zeichen auf. Dies ist nicht ungewöhnlich, denn seit 1797 besteht die in Frankreich gebräuchlichste Meistermarke aus zwei Anfangsbuchstaben in einem Rhombus. Auf Silberminiaturen punziert, mißt diese Marke im allgemeinen nur etwa 3 mm, was das Entziffern der Initialen beinahe unmöglich macht. Da es in Frankreich zudem kein Werk gibt, das mit den holländischen *Meestertekens* zu vergleichen wäre, d. h. ein Verzeichnis der Meistermarken des 19. und 20. Jahrhunderts, ist jeder Versuch, diese Zeichen zu identifizieren, zum Scheitern verurteilt. Dennoch sind auf dem Liebhabermarkt oft sehr hübsche französische Arbeiten anzutreffen; Kaffeeservice, Geschirrstücke, Geräte, Leuchter, Kerzenhalter und sogar holländische Segelschiffe.

15 Das Londoner Auktionshaus Christie's versteigerte im Jahre 1972 ein prachtvolles Tee- und Kaffeeservice im Empirestil. Diese einmalige Arbeit besteht aus einer Kaffeekanne (63 mm), einer Teekanne (35 mm), einem Milchkrug und einer Zuckerdose auf einem ovalen Tablett von 110 mm Durchmesser; hinzu kommen sechs Tassen mit sechs Untertellern. Jedes Stück wurde mit der Marke ET sowie dem Entlastungszeichen punziert. Das Werk ist um 1815 zu datieren, was recht merkwürdig erscheinen mag, denn im Jahre 1815 gab es in Frankreich kein Entlastungszeichen. Außerdem wurde die französische Marke ET (vielleicht nicht dieselbe, die man auf dem erwähnten Service fand) erst zwischen dem 1. Juni 1864 und dem 30. Mai 1893 benützt, und zwar bei Stücken ausländischer Herkunft, bei Gegenständen aus Auktionen, wenn sie einem Erben zugesprochen wurden, und bei Arbeiten von besonderem künstlerischem Wert oder großer Seltenheit. Sie stellte gewissermaßen die Erlaubnis dar, den Gegenstand in Umlauf zu setzen. Zeichnete der Goldschmied, der das Service schuf, tatsächlich mit den Initialen ET? Oder handelt es sich einfach um die französische Marke, die anzeigt, daß dieses kostbare Geschirr aus dem Ausland eingeführt worden war? Dieses Beispiel zeigt einmal mehr, wie schwierig es bei einigen französischen Silberminiaturen ist, die Herkunft festzustellen.

Wie dem auch sei, man hat in Frankreich, wo nur wenig Miniatursilber hergestellt wurde und es keine dafür spezialisierten Meister gab, diese kleinen Nippsachen immer mit offener Herablassung behandelt. Selbst der Katalog der Anwendungsstellen der französischen Marken übergeht die Silberminiaturen, als hätte es nie welche gegeben. Auch im Verzeichnis der von Kontrollmarken befreiten Gegenstände werden sie nicht erwähnt. Französische Museen haben sich nie für Silberminiaturen interessiert, und das Spielzeugmuseum von Poissy besitzt kein einziges Exemplar aus diesem Bereich.

12 Tintenfaß aus einer Pariser Werkstatt. 1757. L: 32 mm. Sotheby Parke Bernet, New York

13 Scherenetui französischer Herkunft. Ende 17. Jh. Sotheby Parke Bernet, New York

14 Körbchen französischer Herkunft. 19. Jh. Marke mit dem Wildschweinkopf. L: 21 mm, H: 19 mm. Privatsammlung

15 Außergewöhnliches französisches Tee- und Kaffeeservice. Um 1815. Die acht Löffel sind silbervergoldet. H der Kaffeekanne: 63 mm, H der Teekanne: 35 mm, L des Tabletts: 110 mm. Christie's, London

16 Tintenfaß mit der Marke des Goldschmieds Claude Dargent. Datiert 1752. H: 38 mm. Christie's, London

17 Deckelpokal, der die französische Marke mit dem Wildschweinkopf aufweist. 19. Jh. H: 23 mm. Privatsammlung

Deutschland

In Deutschland ist die Lage ähnlich, obwohl Nürnberg und Augsburg eine umfangreiche Produktion an Kleinarbeiten kannten. Tatsächlich findet man in

13

12

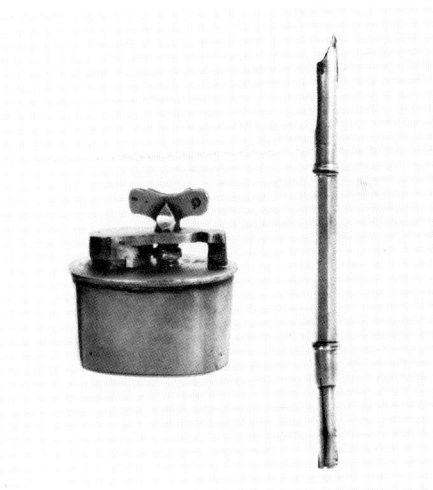

14

16

15

17

18

19

20

21

22

23

18–23 Eine Reihe von Silberminiaturen, die in Süddeutschland, möglicherweise in Nürnberg, hergestellt wurden. Keiner dieser Gegenstände ist gestempelt worden, was jegliche Zuschreibung unmöglich macht. Sie weisen aber die Stilmerkmale der deutschen Silberminiaturen des ausgehenden 17. Jh. auf. The Metropolitan Museum of Art, New York (Schenkung Mrs. Morris Falman)

Privatsammlungen wie in Museen nur sehr wenig deutsches Silberspielzeug. Auch an Auktionen werden nur sehr selten Silberminiaturen deutscher Herkunft angeboten. Dies scheint die Annahme zu stützen, daß auch in Deutschland nur wenig Miniatursilber hergestellt wurde. Meistens werden einige Filigranarbeiten genannt, die sich im Metropolitan Museum of Art in New York befinden. Als Herkunft wird allgemein Süddeutschland angegeben, doch stammen sie mit Bestimmtheit aus dem 17. Jahrhundert. All diesen Angaben mangelt es an Genauigkeit. Was diese geographische Zuordnung wahrscheinlich erscheinen läßt, ist der überschwengliche Stil und die für diese Arbeiten angewandte Technik, die in Holland und England nie üblich waren.

Der Ruhm Nürnbergs und Augsburgs, was Miniatursilber betrifft, dürfte übertrieben sein. Man findet in den Archiven beider Städte keinen Hinweis auf ansässige Goldschmiede, die im 17. oder im 18. Jahrhundert Silberspielzeug angefertigt hätten.

Nachforschungen in den letzten Jahren haben die Namen zweier deutscher Goldschmiede zutage gefördert: Thomas Stoer der Jüngere aus Nürnberg und Ludwig Schneider aus Augsburg. Vom Nürnberger Meister ist eine winzige vergoldete Schale, datiert 1650, verkauft worden, von Ludwig Schneider eine kleine, ebenfalls vergoldete Schüssel mit der Augsburger Marke für die Jahre 1720–1722. Diese Arbeiten machen aus den beiden Meistern noch keine Spezialisten in der Herstellung von Silberminiaturen. Es ist jedoch anzunehmen, daß früher oder später weitere Kleinarbeiten dieser Handwerker im Kunsthandel auftauchen werden.

Mehrere Autoren erwähnen noch einen anderen bekannten Augsburger Goldschmied, Peter Winter, der 1670 seinen Meisterbrief erhielt. Er war bis zum Ende des 17. Jahrhunderts in Augsburg tätig und starb im Jahre 1702. Man hat jedoch bisher keine einzige Silberminiatur dieses Künstlers gefunden, weder in Deutschland noch anderswo. Auch die Archive seiner Heimatstadt, die im übrigen reiche Auskunft geben über seine Tätigkeit und auch seine Streitigkeiten mit Berufskollegen, vor allem mit Georg Fleischhacker, bleiben stumm in bezug auf die mögliche Herstellung von Silberspielzeug. Dagegen findet man seine Marke mit den Anfangsbuchstaben PW innerhalb eines Rechtecks auf vielen Gegenständen in normaler Größe.

Hannelore Müller von der Verwaltung der Nürnberger Museen hat unseren allgemeinen Eindruck bestätigt, indem sie uns mitteilte, daß zwar viele in Filigran gearbeitete Silberminiaturen von Handwerkern der Stadt hergestellt worden seien, daß man diese jedoch unmöglich einem bestimmten Meister zuschreiben könne. Sie wies außerdem darauf hin, daß Paul von Stetten in seiner 1779 erschienenen *Kunst- und Handwerksgeschichte* nur einen einzigen Goldschmied nennt, der im Laufe des 18. Jahrhunderts Silberspielzeug schuf. Es handelt sich um Franz Georg Müller, der ausschließlich und mit größter Geschicklichkeit Kleinarbeiten hergestellt haben soll, darunter Jagdszenen, Schäferspiele, Landschaften in Nußschalen und «Bergwerke».

Während der zweiten Hälfte des 19. Jahrhunderts entstanden in Deutschland zahlreiche Silberminiaturen von oft ausgezeichneter Qualität. Es handelt sich dabei jedoch um Nachahmungen von Werken aus dem 18. Jahrhundert, die mit falschen Marken oder solchen im alten Stil gekennzeichnet wurden, darunter einige sehr

Stoer, Thomas, der Jüngere (Nürnberg)
(tätig 1629–1660)

Schneider, Ludwig (Augsburg)
(tätig 1685–1719)

Winter, Peter (Augsburg)
(tätig 1651–1702)

ungeschickte Imitationen von alten Augsburger Marken. Weitere im 19. und im 20. Jahrhundert entstandene Arbeiten sind für uns hier ohne Bedeutung, denn sie weisen nur entweder die Marke 800 auf, die den Feingehalt garantiert, oder die Garantiemarke und das deutsche Zeichen mit Krone und Mondsichel, das seit 1888 benützt wurde. Es gibt nicht sehr viele solche Gegenstände, kleine Möbel, Geschirr, Geräte, Schlitten, holländische Figuren usw., und sie werden wohl kaum jemals Zugang zu den bedeutenden Sammlungen finden. Man begegnet ihnen im übrigen auch ziemlich selten.

Ebenso selten findet man eine andere Kategorie von Silberminiaturen, über die kaum gesprochen wird, die sich jedoch einer recht großen Beliebtheit erfreut. Diese Gegenstände stammen aus Deutschland; zumindest sind die einzigen bisher entdeckten Exemplare deutscher Herkunft. Gemeint sind erotische Darstellungen von Paaren. Keine Miniatur dieser Art ist je in Holland oder in England gefunden worden, was nicht etwa beweist, daß es dort keine gäbe.

Die deutschen Goldschmiede waren also von der Beschäftigung mit Silberminiaturen nicht sonderlich angetan. Diese Feststellung wird durch die Tatsache bekräftigt, daß die besten Kunden zeitgenössischer holländischer Miniatursilber-Hersteller gerade die Deutschen sind.

Ähnlich sieht es auch in Italien aus, wo alle bisherigen Nachforschungen erfolglos geblieben sind. Dennoch weist ein kleines, 74 mm hohes Weihrauchgefäß italienischer Herkunft im Musée de Bellevue in Brüssel darauf hin, daß noch weitere solche Arbeiten jenseits der Alpen entstanden sein müßten. Dieses Weihrauchgefäß aus dem 18. Jahrhundert trägt zwar keine Meistermarke, doch das Zeichen von Neapel.

29

RUSSLAND

Das russische Silber aus der Zeit vor der Oktoberrevolution ist in Osteuropa fast völlig unbekannt. Dabei entstand in Rußland eine große Anzahl von Meisterwerken, die man heute in den Museen von Moskau und Leningrad bewundern kann. Die zahlreichen russischen Goldschmiede, deren Verzeichnis noch bei weitem nicht vollständig ist, zeigten aber nur wenig Interesse für die Herstellung von Miniaturen, selbst jene Zeitgenossen von Carl Fabergé, die am Ende des 19. Jahrhunderts eine reiche Tätigkeit entfalteten. Diesbezügliche Nachforschungen in der Sowjetunion haben außer drei kleinen Silberkutschen aus der Mitte des 19. Jahrhunderts, heute in der Eremitage in Leningrad, nichts ergeben. Eine der drei Kutschen, vom Typus *droschki,* ist, Deichsel inbegriffen, 160 mm lang und 35 mm breit; die beiden anderen, vom Typus *koljaska,* weisen die Marke der Stadt Moskau mit dem hl. Georg auf, zudem die Beschaumarke eines nicht identifizierten Prüfers aus Moskau mit den Anfangsbuchstaben PC in kyrillischer Schrift über dem Datum 1850. Die beiden anderen Kutschen sind nicht gekennzeichnet, eine ungewöhnliche Tatsache für Rußland, wo das Silber im allgemeinen alle vorschriftsgemäßen Marken aufweist: Stadtmarke, Beschaumarke, Patentmarke und Garantiezeichen für den Feingehalt. Bei Arbeiten aus der Zeit nach 1896 wurde die Stadt-

30–32

24 Schale aus Achat und Silber deutscher Herkunft, die mit den Initialen eines nicht-identifizierten Goldschmieds, IS, gekennzeichnet ist. Ende 17.–Anfang 18. Jh. H: 50 mm. The Metropolitan Museum of Art, New York (Sammlung Joseph M. und Aimée Loeb May)

25 Deutscher Salznapf im Stil des 18. Jh., der jedoch Ende des 19. Jh. entstanden ist. Falsche alte Marken. Der Fälscher konnte nicht identifiziert werden. H: 47 mm. Privatsammlung

26 Tee- und Kaffeeservice deutscher Herkunft, das mit falschen Marken versehen ist. Die Marken täuschen vor, es handle sich um eine Ende des 18. Jh. in Augsburg entstandene Arbeit. Tatsächlich stammt das Service vom Ende des 19. Jh. Die linke Marke ahmt die Zirbelnuß von Augsburg nach; die mittlere Marke zeigt Ähnlichkeit mit jener, die auf dem Salznapf der Abb. 25 gefunden wurde. H des Wasserkessels mit Untersatz: 76 mm, H der Kaffeekanne: 51 mm, L des Tabletts: 142 mm. Privatsammlung

27 Leuchter, von einem Paar, deutscher oder italienischer Herkunft. 18. Jh. Der silbervergoldete Leuchter ist mit Blumen und Glasgehänge geschmückt und war zweifellos für ein Puppenhaus bestimmt. H: 21 cm. The Metropolitan Museum of Art, New York (Sammlung Joseph M. und Aimée Loeb May)

28 Silberbecher mit vergoldeter Innenauskleidung. Ohne Marke. Die Herkunft dieses seltenen Stücks ist schwierig zu bestimmen. Wahrscheinlich wurde es um die Mitte des 17. Jh. in Skandinavien geschaffen. Zahlreiche ähnliche Becher, jedoch in normaler Größe, sind seit 1650 in Elsinore, Bergen, auf der Insel Strømø und in Stockholm hergestellt worden. The Metropolitan Museum of Art, New York (Sammlung Joseph M. und Aimée Loeb May)

29 Weihrauchgefäß mit der Marke von Neapel. Wahrscheinlich 18. Jh. H des Gefäßes (ohne Kette): 74 mm. Musée de Bellevue, Brüssel

30 Russische Kutsche vom Typus *droschki,* aus der Werkstatt eines unbekannten Moskauer Goldschmieds. Mitte 19. Jh. L (mit Deichsel): 160 mm, B: 35 mm. Eremitage, Leningrad

31 Russische Kutsche vom Typus *koljaska,* von einem unbekannten Moskauer Meister. Sie trägt die Beschaumarke eines Prüfers mit den Initialen PC in kyrillischer Schrift, d. h. RS, sowie das Datum 1850. L (mit Deichsel): 125 mm, B: 35 mm. Eremitage, Leningrad

32 Russische Kutsche vom Typus *koljaska* in winziger Ausführung, von einem unbekannten Moskauer Goldschmied. Mitte 19. Jh. L: 75 mm, B: 30 mm. Eremitage, Leningrad

24

25

26

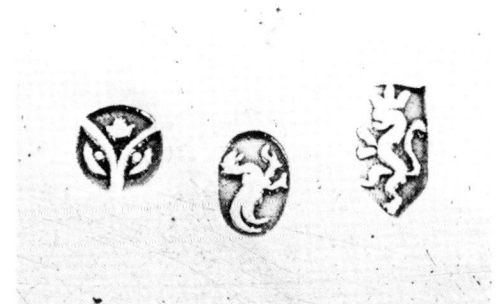

25

26

27

28

29

30

31

32

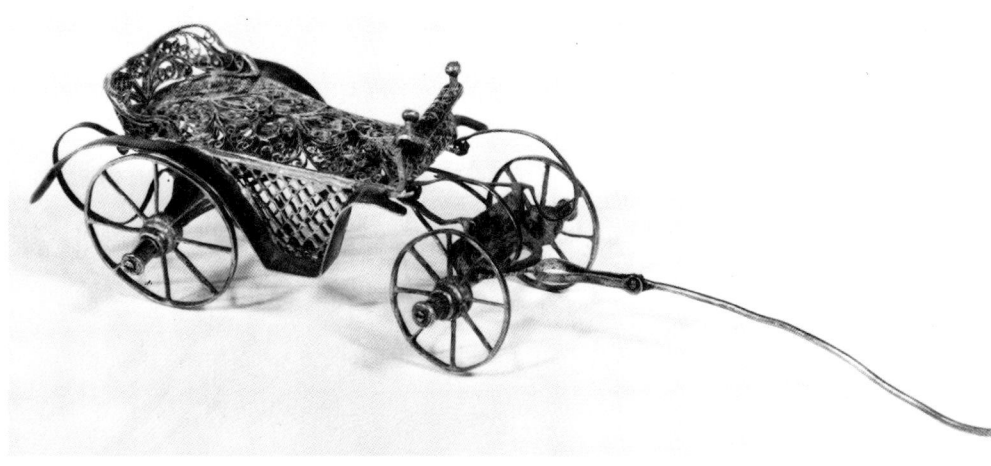

33

34

35

36

37

33 Silbervergoldeter Vogelkäfig von Carl Fabergé. Der Vogel ist aus Chalzedon, rosa Diamanten bilden die Augen, die Krallen sind aus Gold. H: 95 mm. Sammlung Ihrer Majestät der Königin Elisabeth II. von England

34 Goldene Bonbonniere in Form eines Miniaturtisches, Platte aus Lapislazuli und Unterseite in gelbem Email. Diese Arbeit wurde von Michael Perchin, einem Werkmeister Fabergés, ausgeführt und signiert. H: 88 mm. Privatsammlung

35 Silbervergoldete Kanne mit Emailverzierungen im altrussischen Stil. Marke LT in kyrillischer Schrift. St. Petersburg. 1880–1890. H: 26 mm. Privatsammlung

36 Silbervergoldeter Kelch mit altrussischen Emailverzierungen. Marke LT in kyrillischer Schrift. St. Petersburg. 1880–1890. H: 20 mm. Privatsammlung

37 Silbervergoldeter Milchkrug mit Emailverzierungen im altrussischen Stil. Marke eines nichtidentifizierten Meisters LT in kyrillischer Schrift. St. Petersburg. 1880–1890. H: 15 mm. Privatsammlung

um 1890

Fabergé, Carl (1846–1920)

Perchin, Michael (St. Petersburg) (1860–1903)

Klingert, Gustav (Moskau) (1865–1916)

marke durch den berühmten nach links (1896–1908) oder nach rechts (1908–1917) gedrehten Frauenkopf ersetzt, den man vertraulich *kokoschnik* nennt.

Man findet somit wenige Silberminiaturen im zaristischen Rußland, obwohl dieses große Land das schönste Gold- und Silberspielzeug der ganzen Welt hervorgebracht hat. Man denke an die außergewöhnlichen Kleinarbeiten der Firma Carl Fabergé, die den kaiserlichen Hof belieferte und die ihr Ansehen einer Reihe von Ostereiern verdankt, die sie für die Gemahlinnen von Alexander III. und Nikolaus II. anfertigte. Carl Fabergé produzierte in sehr großem Rahmen und beschäftigte bis zu 500 Arbeiter in seinen Werkstätten. Er schuf außerdem für seine wohlhabende Kundschaft eine Reihe erstaunlicher Miniaturen, die hier unbedingt erwähnt werden müssen. Mancher Sammler würde seine Seele dem Teufel verkaufen, könnte er dadurch in den Besitz eines winzigen goldenen Samowars oder Bechers gelangen, die aus den Moskauer oder St. Petersburger Werkstätten dieser Firma kamen. Prachtvoll ist auch der vergoldete Käfig, der nur 95 mm hoch ist und einen Vogel aus Chalzedon mit diamantenen Augen enthält (heute im Besitz Ihrer Majestät der Königin von England). Unter den «Spielsachen» Carl Fabergés findet man silberne oder goldene Klaviere von nur 110 mm Höhe sowie eine große Anzahl von Miniaturmöbeln im Louis-XV- oder Louis-XVI-Stil. Die meisten stammen von Perchin, einem der berühmtesten Werkmeister Fabergés. Erwähnt seien runde oder rechteckige Tische mit Goldfassung und einer Tischplatte aus Nephrit, Achat oder Elfenbein; Tintenfäßchen im Louis-XVI-Stil, in Gold gefaßt und mit Türkisplättchen verziert; aufklappbare Schreibpulte im Louis-XV-Stil, ebenfalls mit Goldfassung; eine 70 mm hohe Sänfte aus Gold und Email mit Fenstern aus Bergkristall; ferner 100 mm hohe goldene Louis-XVI-Stühle mit eingelegten Rubinen oder winzigen Perlen und mit Schmelzarbeiten verziert.

Einige Zeitgenossen Fabergés, wie Gustav Klingert, Pawel Owtschinnikow und andere mehr, hatten sich der panslawistischen Bewegung der Mitte des 19. Jahrhunderts angeschlossen und Werke im sogenannten altrussischen Stil geschaffen. So entstanden unzählige Arbeiten, die in Zellenschmelztechnik ausgeführt wurden und heute auf der ganzen Welt sehr gesucht sind. Manchmal stellten diese Künstler auch Miniaturstücke her. Vor kurzem sind einige kleine Becher aus emailliertem Silber von Klingert im Kunsthandel erschienen.

Mehrere andere Goldschmiede, nicht nur in Moskau und St. Petersburg, sondern auch in Kostroma, Welikij-Ustjug und anderen russischen Städten, schufen gelegentlich kleine Gegenstände aus mit Niello ausgelegtem Silber. Es handelt sich dabei um eine typisch russische Technik. Meistens sind es Döschen, die zu klein sind, als daß es sich um Schnupftabakdosen handeln könnte, oder kleine Schalen, 3–10 cm lange Dolche mit geschwungener Klinge und einer Scheide aus nielliertem Silber, die kaum als Spielzeug betrachtet werden können. Diese kleinen Dolche weisen oft die Marke von Kostroma auf.

Ebensowenig kann man die vielen 3 bis 10 cm hohen Miniatur-Ikonen als Silberspielzeug auffassen, obwohl einige darunter den Weg in die Puppenhäuser gefunden haben. In Wirklichkeit handelt es sich dabei um kleine Reise-Ikonen.

Insgesamt scheint somit die russische Goldschmiedekunst kaum Silberminiaturen hervorgebracht zu haben, was den Seltenheitswert der vorhandenen Arbeiten noch erhöht.

USA

Dasselbe gilt auch von der Goldschmiedekunst der USA. Die Sammlungen der bedeutendsten amerikanischen Museen setzen sich vorwiegend aus englischen und holländischen Stücken zusammen. Man könnte ohne große Mühe ein vollständiges Inventar der bisher bekannten amerikanischen Silberminiaturen aufstellen, denn es ist unwahrscheinlich, daß Stücke aus den USA in Europa entdeckt werden.

Gegenüber den europäischen Ländern hatten die Vereinigten Staaten in diesem Bereich offensichtlich von Anfang an eine große Verspätung. Die ersten Goldschmiede traten erst Ende des 17. Jahrhunderts auf. Die Amerikaner setzen John Hull, einen eingewanderten Engländer, an den Anfang. Er wurde im Jahre 1652 zum ersten Direktor der Bostoner Münze ernannt. Man muß sich zudem darüber im klaren sein, daß die rauhen Pioniere von Neu-England und von Neu-Amsterdam nicht gerade die ideale Kundschaft für Goldschmiede darstellten. Die ersten Goldschmiedearbeiten in Amerika wurden von aus Europa eingewanderten Handwerkern geschaffen, wobei es sich im allgemeinen um mehr oder weniger genaue Kopien europäischer Werke handelte. Deshalb waren die ersten in Neu-Amsterdam entstandenen Stücke von holländischem Charakter, während sie in Neu-England unter englischem Einfluß standen.

John Coney (1655–1722), einer der frühen bedeutenden Meister, scheint als erster auf den Gedanken gekommen zu sein, eine Silberminiatur anzufertigen, eine 32 mm hohe Schale, die heute im Museum of Fine Arts in Boston aufbewahrt wird. Coney wurde am 5. Januar 1655 in Boston geboren und war seit 1676 tätig. Es wird heute angenommen, daß dieser Meister die Platten für die ersten amerikanischen Banknoten graviert hat. Sein Lehrling war Apollo Rivoire, ein Hugenotte aus Frankreich, der Vater des berühmten Goldschmieds Paul Revere. Wollte Rivoire seinen Lehrmeister nachahmen? Jedenfalls besitzt das Bostoner Museum eine kleine Schale, die nur wenig höher ist als jene von Coney und die Rivoires Marke trägt. Eine dritte Schale gleicher Art, die von einem weiteren Bostoner Meister, John Edwards (1671–1746), stammt, ergänzt die kleine Sammlung. Dasselbe Museum in Boston besitzt außerdem eine Reihe von sechs Miniaturlöffeln, die Richard Richardson aus Philadelphia geschaffen hat. Dieser Goldschmied war Ende des 18. Jahrhunderts tätig und ist nicht mit dem bekannten Meister Richard Richardson aus Chester in England, der ebenfalls während der zweiten Hälfte des 18. Jahrhunderts aktiv war, zu verwechseln.

Es ist nicht weiter erstaunlich, daß die meisten Goldschmiede, die Miniaturen schufen, aus Boston stammen. Lange Zeit hindurch war Boston dank seines regen Handels mit England und den Antillen das eigentliche Handelszentrum des Landes. In Boston häufte sich damals mehr Reichtum als in irgendeiner anderen Stadt, was die Entwicklung und Verbreitung der Goldschmiedekunst wesentlich förderte.

Dennoch haben sich nur wenige amerikanische Handwerker für die Herstellung von Silberminiaturen interessiert. Das Minneapolis Institute of Arts besitzt ein 50 mm hohes Körbchen, das Ende des 18. Jahrhunderts in der Werkstatt von Zachariah Brigden entstanden ist. Es sind außerdem einige kleine Silberbecher von John S. Hutton (Mitte 17. Jahrhundert) aus New York, ein Humpen mit Deckel

Coney, John (Boston) (1655–1722)

Revere oder Rivoire, Paul, Sr. (Boston) (1702–1754)

Edwards, John (Boston) (1700)

Brigden, Zachariah (Boston) (1734–1787)

Hutton, John (New York) (1720)

von Samuel Edwards (1705–1762) aus Boston sowie einige weitere kleine Gefäße von Ebenezer Moulton, ebenfalls aus Boston, bekannt. Dagegen fand man kaum Miniaturgeschirr aus Silber, abgesehen von dem dreiteiligen Teeservice, das die Marke von Edward Lang (1742–1830) aus Salem aufweist und 1953 von Parke Bernet in New York verkauft wurde. Im selben Auktionslokal wechselte 1941 eine ovale Teekanne aus den letzten Jahren des 18. Jahrhunderts von Robert Evans (1768–1812) aus Boston den Besitzer. Die Yale University Art Gallery besitzt eine dritte Miniaturkanne aus dem 18. Jahrhundert, die die Marke des Bostoner Meisters Samuel Bartlett (1750–1821) trägt. Noch seltener als Tee- sind Kaffeekannen. Bisher ist ein einziges Exemplar gefunden worden, das von Caleb Sheilds aus Baltimore stammt. Dieses seltene Stück ist 63 mm hoch, besitzt einen Henkel, der im rechten Winkel zum Ausgußschnabel ansetzt, und ist um 1780 entstanden. Die Kanne wurde 1972 gleichzeitig mit einem zylinderförmigen, 35 mm hohen Becher von der Hand desselben Meisters durch Christie's in London verkauft.

Um ein Gesamtbild der älteren amerikanischen Miniatursilber-Herstellung zu erhalten, kann man dieser mageren Bestandesaufnahme noch einige Löffel-Serien beifügen, die sich in verschiedenen Museen des Landes befinden und dort unter «Miniaturen» eingeordnet sind.

Silberspielzeug als Andenken für Touristen

Seit der zweiten Hälfte des 19. Jahrhunderts werden fast überall für Touristen bestimmte Nippsachen aus Silber hergestellt: 3 bis 4 cm hohe Eiffeltürmchen, winzige Silbergehäuse mit ausziehbaren Fotografien des Ortes, wie man sie in den meisten Puppenhäusern findet, Zehntausende von Standbildern der Jungfrau Maria aus allen möglichen Pilgerorten und viele andere Silbergegenstände, die man heute noch gelegentlich in Andenkenläden vielbesuchter Orte findet.

So gibt es in den meisten holländischen Städten, vielerorts in Deutschland und sogar in Londoner Geschäften holländische Silberminiaturen, die zum größten Teil in Schoonhoven nach alten Vorbildern hergestellt werden. Aber nicht nur die Holländer betreiben eine Reiseandenkenindustrie. Auch in Griechenland, das jährlich Millionen Touristen anlockt und dessen Goldschmiedekunst in Westeuropa nur sehr wenig bekannt ist, werden Miniaturgegenstände aus Gold und Silber produziert. Es handelt sich um in Filigran gearbeitete Kaffeeservice, verkleinerte Wiedergaben von Vasen aus Ausgrabungen wie den Funden von Mykene, kleine Silbervasen mit Schmelzverzierung, Miniaturrahmen aus Gold oder Silber, die zum Teil mit emaillierten Ikonen geschmückt sind. In den Läden der Plaka in Athen sowie in den Andenkengeschäften der meisten Städte und Inseln des Ägäischen Meers findet man diese Gegenstände massenweise. Die griechischen Silberminiaturen tragen keine Marken. Sie werden hauptsächlich von Werkstätten in Ioannina, einer Stadt auf dem griechischen Festland, oder von Handwerkern auf Rhodos hergestellt.

Drei lateinamerikanische Länder kennen ebenfalls die Produktion von Silberminiaturen. Einige Beispiele davon sind inzwischen, wahrscheinlich als Mit-

Edwards, Samuel (Boston) (1705–1762)

Moulton, Ebenezer (Boston) (1796)

Lang, Edward (Salem) (1742–1830)

Evans, Robert (Boston) (1768–1812)

Bartlett, Samuel (Boston) (1750–1821)

Sheilds, Caleb (Baltimore) (1773)

bringsel von Reisenden, in Europa aufgetaucht. Das erste dieser Länder ist Mexiko, der größte Silbererzeuger der Welt. Die Läden der Silberschmiede von Taxco, einer Stadt, die ihrer Bedeutung nach mit Schoonhoven in Holland zu vergleichen ist, sind angefüllt mit einer großen Auswahl verschiedenster Miniaturen. In Chile, dem zweiten Land, sind es die Silberschmiede von Santiago, die Miniatursilber herstellen, unter anderem winzige Kaffeeservice, während die Indianer im Süden des Landes heute noch prachtvollen Silberschmuck anfertigen. Diesen chilenischen Arbeiten wird keine Marke, sondern nur das Wort «Chile» aufgeprägt. Schließlich sind in Europa verschiedene Silberminiaturen peruanischer Herkunft bekannt, darunter schöne Kaffeeservice. Dies scheint darauf hinzudeuten, daß auch in Lima mit Miniatursilber Gewerbe getrieben wird.

Von Zeit zu Zeit begegnet man Silberminiaturen aus China, manchmal sogar in Antiquitätengeschäften. Auch diese Arbeiten sind nie punziert, wodurch jegliche Datierung ausgeschlossen ist. Die chinesischen Miniaturen sind leicht zu erkennen. Es handelt sich nie um Geschirr oder andere Gegenstände des täglichen Gebrauchs, sondern um Gruppen von Chinesenfiguren, etwa in der Art der berühmten holländischen Figuren. Man wird jedoch kaum einen Chinesen mit einem Holländer oder einen Palankin mit einem holländischen Karren verwechseln. Die chinesischen Silberminiaturen, denen ein gewisser Charme nicht abzusprechen ist, sind in keiner Sammlung vertreten und für die europäischen Liebhaber ohne Belang.

Ob nun die Touristenandenken aus Holland, Griechenland, Mexiko oder China stammen, sie sind für uns kaum von Bedeutung, obwohl auch sie in den Bereich der Silberminiaturen gehören. Vielleicht würden sich weniger begüterte Liebhaber für sie interessieren, wenn sie wenigstens gekennzeichnet wären, was bisher nie der Fall war.

38 Zwei seltene amerikanische Miniaturen von Caleb Sheilds, Baltimore. Um 1780. Die Kaffeekanne trägt nur die Meistermarke. H der Kaffeekanne: 63 mm, H des Bechers: 35 mm. Christie's, London

39 Silberspielzeug vom Ende des 17. Jh., aus dem Besitz von Bethiah Shrimpton (1681–1713) aus Boston. Ob die Miniaturen amerikanischer oder englischer Herkunft sind, ist unbekannt; sie tragen keine Marken. Der Streuer ist 1681 datiert. Auf ihm sowie auf dem Deckelhumpen und der zweihenkligen Schale *(caudle cup)* sind die Initialen BS der ursprünglichen Besitzerin eingraviert. Im Vordergrund eine Lichtputzschere mit Untersatz. H des Streuers: 51 mm, H der Schale: 22 mm, H des Humpens: 51 mm. Yale University Art Gallery, New Haven (Sammlung Mabel Brady Garvan)

38

39

40

41

42

43

44

Niederlande

Amsterdam

40 Zwei in Amsterdam geschaffene Miniaturen. *Links:* Weinprobierschale von Arnoldus van Geffen, Amsterdam. 1764. D (mit Henkeln): 68 mm. *Rechts:* Salznapf im Renaissancestil von Jan Bravert, Amsterdam. Um 1700 oder früher. H: 68 mm. S. J. Phillips Ltd., London

41 Holländischer Handleuchter mit der Marke von Jan Breda, Amsterdam (der Buchstabe B innerhalb eines Quadrates mit leicht abgerundeten Ecken). L: 88 mm. Victoria and Albert Museum, London

42 Holländische Schale aus vergoldetem Silber vom Typus *Hansje in de kelder*. 17. Jh. Ein kleiner Schwan schmückt das Gefäßinnere. Wie so oft trägt auch dieses seltene Stück keine Marke. Victoria and Albert Museum, London

43 Teekanne, nach einem in Holland bis ins 19. Jh. häufig wiederholten Modell, von Pieter I. van Somerwil. H: 30 mm. Victoria and Albert Museum, London

44 Miniaturbügeleisen mit der Marke von Pieter I. van Somerwil für die Zeit zwischen 1710 und 1734. Privatsammlung

Es wird sich kaum je herausfinden lassen, ob es die Goldschmiede von Friesland oder jene von Amsterdam waren, die in Holland als erste Silberminiaturen schufen. Anhand der bisherigen Forschungen dürften beide Gruppen etwa zur selben Zeit, um die Mitte des 17. Jahrhunderts, damit begonnen haben. Das widerlegt die Legende, sie hätten seit dem 16. Jahrhundert Kriegsspielzeug hergestellt. Einige Autoren behaupten sogar, ohne dafür Beweise zu erbringen, dies sei bereits im 15. Jahrhundert der Fall gewesen. Unwiderlegbar ist, daß seit dem Mittelalter Militärfiguren aus Silber angefertigt wurden. Die holländischen Meister bauten, wie viele Goldschmiede anderer Länder Europas, zweifellos Silberschiffe und benötigten für sie Mannschaften. Daneben gab es all die aus Silber gegossenen Figuren, die zur Verzierung anderer Arbeiten gebraucht wurden. Es handelt sich dabei aber nicht um eigentliche Silberminiaturen, denn nichts beweist, daß diese Figuren einzeln verkauft wurden und für Kinder bestimmt waren.

Das erste holländische Silberspielzeug ist in der zweiten Hälfte des 17. Jahrhunderts entstanden und stammt zum größten Teil aus den Werkstätten der Amsterdamer Gold- und Silberschmiede. Gleichzeitig erschienen auch die ersten holländischen Puppenhäuser. Möglicherweise handelt es sich dabei um Zufall; man ist jedoch geneigt, eine Verbindung zwischen den beiden Tatsachen zu sehen. Mindestens zwei solcher Puppenhäuser befinden sich im Rijksmuseum in Amsterdam, wo sie seit jeher mit Rembrandts *Nachtwache* um die Gunst der Besucher wetteifern. Es sind wahre Meisterwerke, die man eigentlich nicht als Spielzeug betrachten kann. Sie wurden nicht für Kinder geschaffen, sondern zum Vergnügen Erwachsener, die auf diese Weise auch ihre Sammlerleidenschaft befriedigten. Die schönsten dieser Puppenhäuser geben uns heute eine wirklichkeitsnahe Vorstellung davon, wie im Holland des 17. Jahrhunderts ein bürgerliches Interieur aussah.

Das älteste Exemplar im Rijksmuseum füllt einen mehr als 2 m hohen Schaukasten und stammt aus dem letzten Viertel des 17. Jahrhunderts. Es war damals im Besitz von Margaretha de Ruyter, der Tochter des berühmten holländischen Admirals. Im Inventar von Margarethas Besitztümern, das 1689 nach ihrem Tode aufgenommen wurde, wird ein «Puppenhaus aus Nußbaumholz» erwähnt, und die Sachverständigen des Museums vermuten, daß das Haus kurz vor 1676 gebaut worden ist.

Im Rijksmuseum befindet sich noch ein zweites, ähnliches Puppenhaus, von dem oft, wohl zu Unrecht, behauptet wird, es sei im Auftrag Peters des Großen hergestellt worden. Nachforschungen haben ergeben, daß es eher für Petronella Oortman, deren Hochzeit 1686 stattfand, gebaut worden war. Dieses reizende Puppenhaus, das geradezu vollgestopft ist mit kleinen Meisterwerken, stammt ebenfalls aus dem letzten Viertel des 17. Jahrhunderts. Es ist mit winzigen Bildern von Jacob Appel, Wandmalereien von Nicolaas Piemont und einem Deckengemälde von Jan Voorhout geschmückt.

Die beiden Puppenhäuser sind wahrscheinlich nicht die ersten, die in Holland geschaffen wurden. Vermutlich hatte sich diese Leidenschaft der reichen Holländer bereits um die Mitte des 17. Jahrhunderts verbreitet, etwa zur selben Zeit, als die Amsterdamer Goldschmiede ihr erstes Silberspielzeug herstellten. Diese Miniaturen waren kaum für die Ausstattung der Puppenhäuser allein bestimmt. Die Amsterdamer Produktion auf diesem Gebiet ging bereits im Laufe des 17. Jahrhunderts weit über den Bedarf der Puppenhausbesitzer hinaus. Es gab weit weniger von diesen Häusern, als man heute manchmal behauptet. Daß in Amsterdam von Anfang an in der Herstellung von Silberminiaturen spezialisierte Meister anzutreffen sind, die ihre Erzeugnisse schon sehr früh ins Ausland, vor allem nach Großbritannien, absetzten, deutet darauf hin, daß es sich hauptsächlich um Spielsachen für Kinder wohlhabender Bürger gehandelt haben muß. Einige Stücke wurden jedoch sehr bald von Liebhabern gesammelt und somit zu *etagere zilver*, wie sie die Holländer nennen, d.h. Gegenstände, die in Vitrinen ausgestellt werden. Es ist nicht erstaunlich, daß sich die Hafenstadt Amsterdam bald in das größte Herstellungszentrum von Silberspielzeug verwandelte. In der Kunstgeschichte sind nur wenige Epochen bekannt, die so viele Künstler hervorgebracht und sich auf so verschiedenen Gebieten ausgezeichnet haben, wie das holländische 17. Jahrhundert. Holland genoß damals großes politisches Ansehen und erlebte einen unvergleichlichen wirtschaftlichen Aufschwung, der in einer Zeit innenpolitischer Ausgeglichenheit eine kulturelle Entfaltung nur begünstigen konnte.

Entgegen einer weitverbreiteten Annahme gab es in Amsterdam verhältnismäßig wenig Goldschmiede vor der Mitte des 17. Jahrhunderts. Es waren im Jahre 1585 höchstens deren zwanzig. 1631 jedoch, als in dieser Stadt, die für lange Zeit das Weltzentrum des Miniatursilbers bleiben sollte, das erste Silberspielzeug hergestellt wurde, war ihre Zahl bereits auf 150 angestiegen.

Das Punzieren der Arbeiten aus Edelmetall wurde in Amsterdam wie auch in den anderen holländischen Städten zuerst durch eine Verordnung Erzherzog Maximilians geregelt. Im Jahre 1503 erließ Philipp der Schöne, Herzog von Burgund, ein Gesetz, das bestimmte, daß die Goldschmiede ihren Arbeiten eine persönliche Marke und die Marke der Stadt, in der sie ansässig waren, aufprägen mußten. Die

S. 41 Marke Amsterdams – eine der berühmtesten, die es gibt – hat im Laufe der Jahrhunderte verschiedene Abänderungen erfahren. Sie war jedoch immer durch drei übereinandergestellte Andreaskreuze unter einer Krone gekennzeichnet und in ein längliches Wappenschild gefaßt. Jahresbuchstaben wurden in Amsterdam seit 1528 regelmäßig eingesetzt. Wie allerorts in Holland kam ab 1663 zu den drei

45 Gravierter Becher, in der Art der «Römer». Die Meistermarke ist teilweise unleserlich, könnte sich aber aus den Initialen IO (vielleicht für Johannes van Ommeren, Amsterdam, Meister seit 1726) zusammensetzen. Die Arbeit ist eindeutig im Stil des 17. Jh. gehalten, dürfte aber erst am Anfang des 18. Jh. entstanden sein. Victoria and Albert Museum, London

46 Holländischer Schlangenpokal, ohne Marke. Ende 17. Jh.–Anfang 18. Jh. Privatsammlung

47 Silbervergoldeter Schlangenpokal, wahrscheinlich Amsterdam. Anfang 17. Jh. H: 56 mm. Victoria and Albert Museum, London

48 Holländischer Becher. Um 1640. Kein Stadtzeichen, dafür aber eine nicht-identifizierte Meistermarke, die aus den gekrönten Initialen IO innerhalb eines Kreises besteht. Wahrscheinlich friesischen Ursprungs. Victoria and Albert Museum, London

45

46

47

48

49

50

51

52

53

49 Einer der berühmten holländischen Kronleuchter von Arnoldus van Geffen. Solche Leuchter wurden vorwiegend für Puppenhäuser geschaffen. D: 53 mm. Victoria and Albert Museum, London

50 Zweispännige Kutsche von Arnoldus van Geffen, die außer der Meistermarke den Buchstaben C für 1737 aufweist (Amsterdam). Victoria and Albert Museum, London

51 Birnenförmige Deckelkanne von Arnoldus van Geffen. Datiert 1746. H: 53 mm. Centraal Museum, Utrecht

52 Wasserkessel von Arnoldus van Geffen. Datiert 1748. H (mit Henkel): 54 mm. Victoria and Albert Museum, London

53 Wiege von Arnoldus van Geffen. Datiert 1750. H: 42 mm. Musées Royaux d'Art et d'Histoire, Brüssel

Haer, Pieter ter (tätig 1613–1678)

Rijnhart (oder Rijnhout), Boele (tätig 1649–1689)

Pflichtmarken eine vierte mit dem steigenden Löwen hinzu. Doch weist das holländische Silber, sei es nun in Amsterdam oder anderswo hergestellt worden, nicht immer alle vier Marken auf. Zahlreiche Silberarbeiten des 17. und 18. Jahrhunderts sind überhaupt nicht punziert worden, anderen wurde nur die Stadtmarke aufgeprägt. In selteneren Fällen hat man lediglich das Meisterzeichen gefunden.

Nur eine verhältnismäßig kleine Gruppe von Amsterdamer Meistern, die Silberminiaturen herstellten, wurden über die holländische Grenze hinaus bekannt, meistens jene, die sehr produktiv waren. Sie werden oft genannt und sind in Museen und Privatsammlungen gut vertreten. Aber die große Mehrheit der spezialisierten Hersteller von Silberminiaturen waren einfache, man möchte fast sagen ranglose Handwerker, die nur mit Mühe zu identifizieren sind. In Amsterdam gab es weitaus mehr als anderswo, was die Aufgabe noch erheblich erschwert. Zudem setzt die Geschichte dieser bescheidenen Goldschmiede, die sich damit begnügten, Spielzeug anzufertigen, in Amsterdam früher ein als in anderen Städten oder Ländern. Kaum festzustellen ist, wer mit der Herstellung von Silberminiaturen begann; es gibt zahlreiche Meister, die dafür in Frage kommen. Stützt man sich auf die Geburtsdaten der ersten Goldschmiede – ein nicht sehr wissenschaftliches Kriterium –, könnte man den Namen Pieter ter Haer vorschlagen. Dieser holländische Goldschmied soll der Tradition zufolge 1592 in der englischen Stadt Norwich geboren sein. Das erstaunt nicht weiter, denn mehrere Meister holländischer Abstammung hatten sich im Laufe des 16. Jahrhunderts in Norwich niedergelassen, unter anderen der berühmte Goldschmied Pieter the Dutchman. Was jedoch Pieter ter Haer betrifft, sind bisher alle in Norwich unternommenen Nachforschungen erfolglos geblieben. Kein altes Schriftstück bezeugt die Anwesenheit einer Familie ter Haer am Ende des 16. Jahrhunderts in dieser Stadt. Ebenfalls keine Spur ist zu finden von einem Handwerker namens Adriaan ter Haer, der am Anfang des 17. Jahrhunderts nach Amsterdam zurückgekehrt wäre. Von seinen fünf Söhnen soll ein einziger, Pieter, Silberminiaturen hergestellt haben. Die Marke von Pieter ter Haer, die man auf einigen Gegenständen fand, besteht aus einer Sanduhr innerhalb eines aufrechten Ovals.

Etwas später erscheint in Amsterdam eine kleine Gruppe deutscher Goldschmiede, darunter Boele Rijnhart (oder Rinhout), Filip Distelaer, Jochem Jakel, Johannes Grill und Wessel Jansen.

Boele Rijnhart war wahrscheinlich der erste bedeutende Spezialist auf diesem Gebiet, und man kennt von ihm einige sehr schöne Arbeiten, die im Renaissancestil graviert sind. Besonders bemerkenswert sind mehrere Schlangenpokale, jenen ähnlich, die etwa zur selben Zeit durch friesische Goldschmiede geschaffen wurden. Leider ahmte man diese Pokale während des ganzen 19. Jahrhunderts nach. J. W. Fredericks veröffentlichte in seinem Werk *Dutch Silver* zwei der berühmten Schlangenpokale Boele Rijnharts; der eine mißt 57 mm, der zweite 60 mm. Die Pokale, die den venezianischen Schlangengläsern aus derselben Zeit gleichen, sind heute eine Seltenheit geworden, und nur wenige Museen besitzen Exemplare davon. Boele Rijnhart stellte in dem für ihn charakteristischen Renaissancestil noch weit mehr Silberspielzeug her. Man konnte nie herausfinden, woher dieser deutsche Goldschmied, der seine Werke mit einer Lilie markierte, eigentlich stammte.

45

Der zweite deutsche Meister, der sich im Laufe des 17. Jahrhunderts in Amsterdam auf die Herstellung von Silberminiaturen spezialisierte, war Filip Distelaer. Er kam aus Würzburg und bestand im Jahre 1643 in Amsterdam seine Meisterprüfung. Distelaer scheint ausschließlich Miniaturen angefertigt zu haben. Seine Marke besteht aus dem Monogramm seiner Initialen FD.

Der dritte Vertreter dieser Gruppe deutscher Goldschmiede ist Jochem Jakel (1623–1680). Seine Marke weist die Buchstaben II (und nicht JJ) auf, die durch einen Punkt auf halber Höhe getrennt und in einen Kreis eingeschrieben sind.

Auch Johannes Grill, der von Augsburg nach Amsterdam gekommen war und dort 1642, zwei Jahre vor Jochem Jakel, sein Meisterrecht erlangte, zeigte wie sein Landsmann Distelaer eine Vorliebe für Miniatursilber. Er blieb aber Boele Rijnhart sowohl handwerklich als auch künstlerisch immer unterlegen. Fredericks veröffentlichte einige Werke, die sich heute in holländischen Privatsammlungen befinden. Bemerkenswert ist vor allem ein kleines Salzfaß im typischen Renaissancestil; es stimmt völlig mit einem Salzgefäß von Jan Bravert überein, das vor kurzem in London verkauft wurde und hier abgebildet ist. Von Johannes Grill sind außerdem eine kleine sechseckige Schale mit zwei Henkeln, die mit eingravierten weiblichen Allegorien der Tugenden geschmückt ist, und ein 40 mm hoher Becher bekannt, der unterhalb des oberen Randes einen Fries und an der Gefäßweite einen Dekor von versetzten Rechtecken aufweist.

Der letzte Goldschmied aus dieser Gruppe deutscher, in Amsterdam tätiger Meister ist Wessel Jansen. Er stammte aus Westfalen und arbeitete zwischen 1642 und 1696. Seine Marke, die man vorwiegend auf Miniaturbechern entdeckt hat, besteht aus dem Buchstaben W innerhalb eines Herzens.

Neben diesen fünf deutschen Meistern gab es in Amsterdam eine Gruppe von vier Holländern, die von Anfang an, d. h. von kurz vor 1650 an, Miniatursilber herstellten. Es handelt sich um Barent van Leeuwen, Christian Warenberg, Jan Bravert, der schon genannt wurde, und Arnout Vorsterman.

Barent van Leeuwen (1608–1682), bereits seit 1637 Meister, benützte als Marke eine recht seltsame Zusammensetzung der Anfangsbuchstaben seines Namens innerhalb eines aufrechten Ovals, wobei das L eher mit einem P als mit einem B zusammengeschrieben zu sein scheint.

Christian Warenberg, der zu einem späteren Zeitpunkt tätig war, ist heute vor allem dank der Silberminiaturen bekannt, die sich in dem prachtvollen Puppenhaus von Petronella Oortman (Rijksmuseum, Amsterdam) befinden und die alle seine Marke tragen. Es handelt sich um einen Samowar mit zwei S-förmigen Henkeln, der von drei volutenartigen Füßen getragen wird und dessen leicht gewölbter Deckel einen knopfförmigen Griff besitzt. Der zweigeteilte Bauch des Gefäßes ist mit einem Hohlrippenmuster verziert. Hinzu kommt ein Teekessel mit Kocher von etwas untersetzter Form, der ebenfalls mit einem Hohlrippenmuster verziert ist und einen gewölbten Deckel mit knopfartigem Griff besitzt, wobei der Ausgußschnabel in einen Tierkopf ausläuft. Der Kessel ruht auf einem Kocher mit eingerollten Füßen, sein Holzgriff jedoch ist nicht mehr vorhanden. Die beiden genannten Gegenstände gehören wahrscheinlich zu einem Service, der heute unvollständig ist. Sie zeigen die Geschicklichkeit Warenbergs, dessen Marke aus den Anfangsbuchstaben CW innerhalb eines Ovals besteht.

Distelaer, Filip (tätig 1643–nach 1664)

Jakel, Jochem (tätig 1649–1680)

Grill, Johannes (1642–1670)

Jansen, Wessel (tätig 1642–1696)

Leeuwen, Barent van (tätig 1637–1682)

Warenberg, Christian (tätig 1696–1747)

Jan Bravert wird nur sehr selten im Zusammenhang mit Silberminiaturen genannt. Man ist jedoch heute davon überzeugt, daß er zwischen 1680, als er mit 23 Jahren seinen Meisterbrief erhielt, und dem Anfang des 18. Jahrhunderts verschiedene Miniaturen schuf. Er ist als *smallworker*, d. h. Hersteller von Kleinarbeiten, bekannt, und es sind von ihm einige sehr schöne Tabakdosen erhalten geblieben. Im Jahre 1977 wurde in London ein 44 mm hoher Salznapf, der seine Marke aufweist, verkauft. Dabei handelt es sich um eine mehr oder weniger treue Wiedergabe eines älteren Salzgefäßes im Renaissancestil von Johannes Grill.

Der letzte bisher identifizierte Amsterdamer Goldschmied des 17. Jahrhunderts ist Arnout Vorsterman, der 1658 sein Meisterrecht erlangte und 1704 in Alkmaar starb. Seine Miniaturarbeiten besitzen heute Seltenheitswert, und die vorhandenen Exemplare sind auf verschiedene Privatsammlungen zerstreut. Laut alten Schriftstücken muß er am Ende des 17. Jahrhunderts in seinem Geschäft «Zur silbernen Glocke», das sich an der Leliegracht in Amsterdam befand, hübsche kleine Meisterwerke verkauft haben.

Die Marke von Jan Bravert besteht aus einem einfachen, ungerahmten B in Druckschrift, jene von Vorsterman aus einer Glocke innerhalb eines Kreises.

Schließlich kann noch ein letzter Holländer Goldschmied dem 17. Jahrhundert zugeordnet werden: Jan Breda (1665–1725), der schon während der letzten zehn Jahre des Jahrhunderts tätig war, seine Laufbahn jedoch bis 1720 fortsetzte. Daß auch Jan Breda Silberminiaturen schuf, wird niemand verwundern, denn er hatte die Tochter Boele Rijnharts geheiratet. Seine eigene Tochter, Maria Breda, spezialisierte sich später, ihrem Großvater und Vater folgend, ebenfalls auf die Herstellung von Silberminiaturen.

Die Witwe Jan Bredas wurde 1725 ihrerseits Meister der Goldschmiedekunst und ließ ihre eigene Marke einschlagen. Es ist jedoch nicht bekannt, ob sie auch Silberminiaturen anfertigte, was durchaus möglich ist. Das Victoria and Albert Museum in London besitzt einen schönen Miniaturleuchter, der Jan Bredas Zeichen, ein B innerhalb eines Rechtecks mit leicht abgerundeten Ecken, trägt. Dieser Meister benützte eine zweite Marke mit einem gekrönten B innerhalb eines aufrechten Rechtecks. Seine Miniaturen tauchen ab und zu im Kunsthandel auf, namentlich in Holland. So versteigerte Christie's in Amsterdam im November 1978 einen kleinen, aus dem Jahre 1718 datierten Kocher.

Bestimmt gab es weitere Goldschmiede, die im Laufe des 17. Jahrhunderts in Amsterdam Miniatursilber herstellten, sie sind jedoch bisher noch nicht identifiziert worden. Jener Meister etwa, dessen Marke sich aus den Buchstaben ATL zusammensetzt und von dem es im Victoria and Albert Museum in London zwei Miniaturschalen aus der Zeit um 1640 gibt, stammte zweifellos aus Amsterdam.

Silberminiaturen aus dem 17. Jahrhundert – seien sie nun holländischer oder englischer Herkunft – besitzen heute Seltenheitswert. Sie erzielen auf Auktionen regelmäßig Preise, die in keinem Verhältnis zu ihrer Größe stehen. Tatsächlich sind viele dieser winzigen Werke zerstört worden oder im Laufe der Jahrhunderte verschwunden, wenn sie sich nicht noch in den Händen von Leuten befinden, die keine Ahnung von ihrer Bedeutung und noch weniger von ihrem Wert haben. Von Zeit zu Zeit tauchen vereinzelt Miniaturen auf, meistens an einem völlig unerwarteten Ort, was die Liebhaber dazu ermuntern sollte, ihre Hoffnung nicht

B
Bravert, Jan (tätig 1680–1719)

Vorsterman, Arnout (tätig 1658–nach 1687)

Breda, Jan (tätig 1688–1725)

aufzugeben. Das Miniatursilber bildet ein weiterhin recht wenig erforschtes Gebiet, in dem jederzeit nennenswerte Funde gemacht werden können. Größte Vorsicht ist jedoch angebracht, denn verschiedene holländische Goldschmiede des 19. Jahrhunderts haben oft alte Arbeiten, darunter auch solche aus dem 17. Jahrhundert, imitiert. Vor allem die berühmten Schlangenpokale, die kleinen Becher der Zeit und die Schalen vom Typ *Hansje in de kelder,* die man in Holland in normaler Größe den angehenden Müttern schenkte, hatten im 19. Jahrhundert großen Erfolg. Die Firma Niekerk in Schoonhoven besitzt alte Fotografien, die zeigen, daß auch in ihren Werkstätten am Ende des 19. Jahrhunderts regelmäßig solche Nachahmungen hergestellt wurden. Jeder angeblich aus dem 17. Jahrhundert stammende Gegenstand muß daher mit größter Sorgfalt untersucht werden, es sei denn, er weise eine bekannte Meistermarke auf. Bisher ist noch auf keiner Kopie die Nachahmung einer berühmten Meistermarke gefunden worden.

42

Das goldene Zeitalter des Amsterdamer Miniatursilbers

Mehrere Goldschmiede des 17. Jahrhunderts, die, wie Jan Breda, auf die Herstellung von Kleinarbeiten spezialisiert waren, setzten ihre Tätigkeit bis in die ersten Jahre des folgenden Jahrhunderts fort. Das 18. Jahrhundert sollte gewissermaßen zum goldenen Zeitalter des holländischen Miniatursilbers werden. Es gab zahlreiche Fachleute auf diesem Gebiet, die, wie Arnoldus van Geffen und etwa zehn weitere Meister, scheinbar ausschließlich Miniaturen schufen. Es muß also damals gute Absatzmöglichkeiten für solche Artikel gegeben haben.

Den eigentlichen Höhepunkt in der Herstellung von Silberminiaturen kannte Holland, besonders Amsterdam, zwischen 1725 und 1775, was natürlich nicht bedeutet, daß außerhalb dieser Zeitspanne nicht auch Silberspielzeug von hoher Qualität entstanden ist, jedoch in weniger großem Ausmaße. Diese Blütezeit umfaßt 50 Jahre, während denen unzählige Silberminiaturen hergestellt, verkauft und exportiert wurden. Die meisten entstanden in Amsterdamer Werkstätten, die teilweise mit beinahe industriellen Herstellungsverfahren arbeiteten. Das 18. Jahrhundert war auch die Epoche der großen Goldschmiede-Dynastien, der van Geffen, van Strant und van Somerwil, die sich ausnahmslos der Herstellung von Silberspielzeug widmeten – eine Familientradition, die nicht nur vom Vater auf den Sohn übertragen wurde, sondern auch Onkel und Vetter erfaßte. Man begegnet daher heute ihren kleinen Meisterwerken überall, in Museen, Privatsammlungen, Antiquitätengeschäften und an den großen Auktionen. Über 40 Meister sind bekannt, die während des 18. Jahrhunderts in Amsterdam Silberminiaturen schufen, wobei nur wenige darunter von auswärts zugezogen waren. Im Gegensatz zum 17. Jahrhundert, als die eingewanderten deutschen Goldschmiede großen Anteil am Aufschwung der Miniatursilber-Herstellung hatten, blieb die Produktion im 18. Jahrhundert vorwiegend in den Händen lokaler Kunsthandwerker. Für das ganze Jahrhundert können nur fünf deutsche Namen genannt werden: Reynier Brandt, Johan Philip Dell, Diederik Willem Rethmeyer, Jan Diederik Pont und Frederik I. van Strant. Dieser kurzen Liste könnte man vielleicht noch Daniel und Willem, die Brüder von Frederik van Strant, anfügen, obwohl ihr Geburtsort

54 Holländische Teekanne von Frederik van Strant dem Älteren. Datiert 1720. H: 27 mm. Centraal Museum, Utrecht

55 Tabakdose von Willem van Strant. Mitte 18. Jh. H: 30 mm. Centraal Museum, Utrecht

56 Wärmepfanne *(chafing dish)* von Frederik van Strant dem Älteren. Datiert 1745. Victoria and Albert Museum, London

57 Kaffeekanne von Frederik van Strant dem Älteren. Datiert 1734. H: 56 mm. Centraal Museum, Utrecht

58 Silberner *kuispedoor* (Spucknapf) von Frederik II. van Strant. Erste Hälfte 18. Jh. H: 23 mm, D: 31 mm. Centraal Museum, Utrecht

59 Bügeleisen, ohne Griff, von Willem van Strant. 18. Jh. H: 39 mm. Ashmolean Museum, Oxford

60 Wärmepfanne *(chafing dish)* mit der Marke von Willem van Strant. 18. Jh. Ashmolean Museum, Oxford

61 In Amsterdam hergestellte Kaffeekannen und Teeurnen. *Von links nach rechts:* Kaffeekanne von Willem van Strant; zwei Teeurnen von Frederik II. van Strant, wobei die linke 1736 datiert ist; Kaffeekanne von einem nicht-identifizierten holländischen Goldschmied des 18. Jh. Christie's, Amsterdam

62 Auswahl von Silberminiaturen, die im Laufe des 18. Jh. in Amsterdam entstanden sind. *Von links nach rechts:* Dreibeinige Kaffeekanne, ohne Griff, 1763, H: 52 mm; Milchtopf mit drei geschwungenen Füßen, 1762, H: 38 mm; Teekanne mit geschwungenem Schnabel, 1761, H: 32 mm; Teeurne, 1740, H: 70 mm; *Mitte:* Ovales Tablett, 1730, L: 64 mm. Alle diese Gegenstände stammen aus der Werkstatt Arnoldus van Geffens in Amsterdam. Die runde Schale, 1730, H: 32 mm, ist von Hendrik Duller, Amsterdam. Die sechs Teeschalen mit Untertellern tragen keine Marke, sind jedoch wahrscheinlich Frederik II. van Strant, Amsterdam, zuzuschreiben. Sotheby's, London

63 Auswahl von holländischen Miniaturen aus dem 18. Jh. *Von links nach rechts:* Säulenförmiger Leuchter auf sechseckigem Fuß von Abraham Vilelle, um 1760; sehr seltenes Gemüse-Waschsieb von Pieter I. van Somerwil (1718–1734) mit einem nichtgekennzeichneten Tablett; ovale Dose auf drei Beinen von einem friesischen Goldschmied des 18. Jh.; Bügeleisen mit Untersatz von Pieter I. van Somerwil. Der rechte Leuchter trägt eine Meistermarke, die einen Kopf darstellt. Im übrigen ist er mit dem Leuchter von Abraham Vilelle identisch. Christie's, Amsterdam

54

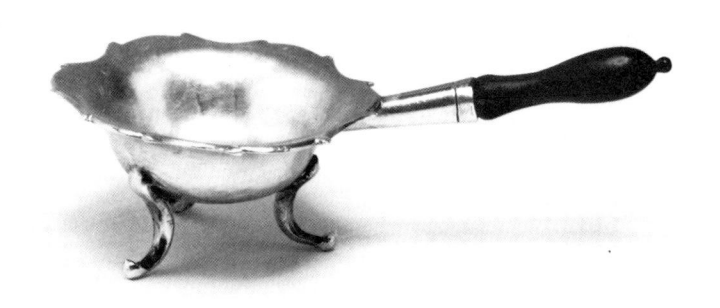

55

56

57

58

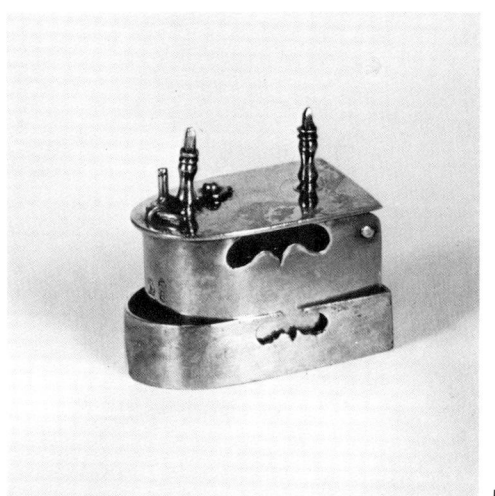

59

60

61

62

63

64

65

64 In Amsterdam geschaffenes Silberspielzeug. Der aufgeschnittene Ochse, um 1730, H: 80 mm, und das Kind mit Reifen, 1737, H: 30 mm, sind von Willem van Strant. Das Milchmädchen mit zwei Eimern, 1772, H: 37 mm, stammt von Arnoldus van Geffen. Die Figur, die ein totes Wildschwein auf einer Schubkarre vor sich herschiebt, 1772, H: 37 mm, ist wahrscheinlich Pieter I. van Somerwil zuzuschreiben. Sotheby's, London

65 Auswahl holländischer Figuren aus dem 18. Jh. *Obere Reihe, von links nach rechts:* Laternenanzünder von Frederik I. van Strant; Schaukel von Pieter I. van Somerwil; Spinnrad von Arnoldus van Geffen, 1763; Seiltänzer von Johannes Bertels; Laternenanzünder mit der Marke Haarlems; einspänniger Wagen von Arnoldus van Geffen, 1758. *Mittlere Reihe:* Hirt mit fünf Schafen, von Willem van Strant; Kind auf einem Schaukelpferd, von Arnoldus van Geffen, 1735; Kind im Laufstuhl, von Willem van Strant, 1794; zwei Figuren mit einer Kuh, mit der Marke von Hoorn für 1740; ein Pferd mit der Marke von Haarlem, 18. Jh.; Spinnrad.von Arnoldus van Geffen; Faßträger mit der Marke von Amsterdam für 1782. *Vorne:* Trommler und bewaffneter Soldat, von Jan Borduur, 1758. Christie's, Amsterdam

Swierink, Hendrik (tätig 1726–1767)

Effemans, Abraham (tätig 1705–vor 1754)

Somerwil, Pieter I. van (tätig 1706–1753)

Somerwil, Pieter II. van (tätig 1764–1802)

unbekannt ist. Außerdem kommen noch fünf Namen von Goldschmieden hinzu, die aus anderen Städten Hollands nach Amsterdam gezogen waren, wie Lubbartus Busch aus der Gegend von Groningen, Hendrik Swierink aus Zwolle, Adolf Verschuyl aus Steenwijk und Wijnand Warneke aus Amersfoort. Alle genannten Handwerker erlangten jedoch ihr Meisterrecht in Amsterdam.

Am Anfang des 18. Jahrhunderts steht Abraham Effemans. Er war seit 1705 in Amsterdam tätig und stellte ausschließlich Silberspielzeug her. Seine Arbeiten aus der ersten Hälfte des 18. Jahrhunderts sind regelmäßig im Kunsthandel vertreten, zum Beispiel ein sehr kleines viereckiges Salzfaß und eine Wiege auf ihrem Gestell. Das Museum von Utrecht besitzt außerdem ein Körbchen (22 × 69 × 59 mm) und ein 76 mm hohes Spinnrad. Dieser wenig bekannte Kleinmeister starb um die Mitte des Jahrhunderts. Seine Marke besteht aus den Anfangsbuchstaben AE innerhalb eines Kreises; manchmal findet man die Buchstaben zusammengeschrieben, ebenfalls in einem Kreis.

In den ersten Jahren des 18. Jahrhunderts arbeiteten in Amsterdam zwei Zeitgenossen Effemans', die auf dem Gebiet des Miniatursilbers weitaus berühmter als er werden sollten. Werke dieser Meister sind heute beinahe überall mühelos zu finden, und es gibt kaum eine Auktion, an der nicht verschiedene ihrer Arbeiten angeboten werden. Es handelt sich um Pieter I. van Somerwil und Frederik I. van Strant. Beide sollten zahlreiche Schüler und Nachfolger haben.

Pieter I. van Somerwil, der 1706 sein Meisterrecht erhielt, war zweifelsohne einer der hervorragendsten Spezialisten seiner Zeit, wie die vielen Werke mit seiner Marke beweisen, die bis heute erhalten geblieben sind. Er bewies zudem, daß er ein guter Geschäftsmann war, denn er ließ in den Zeitungen sogar Reklameanzeigen erscheinen, die die Produkte aus seiner Werkstatt priesen. Das Musée Bellevue in Brüssel besitzt von ihm ein *pijpencomfoor*, oder Pfeifenwärmer, ein typisch holländisches Gerät, in dem man die Glut zum Anzünden der Pfeifen aufbewahrte. Verschiedene weitere Gegenstände dieses Meisters wurden schon an Auktionen angeboten, darunter ein prachtvoller konischer Wasserkessel mit gerippter Weite, S-förmigem Griff und leicht gewölbtem Deckel, dessen Griff die Form einer Rosette besitzt; ein Waffeleisen, ein bei den holländischen Goldschmieden allgemein beliebtes Gerät; eine Schüssel, die auf drei Beinen in der Form von Halbfiguren steht; eine Reihe von drei Tellern, die außer der Meistermarke und der Marke von Amsterdam das gekrönte B sowie die kleine Marke mit der Axt aufweisen; eine 1739 datierte Handtasche und schließlich ein dreibeiniger Tisch von 1735, dessen ovale, kippbare Tischplatte einen getriebenen Rand besitzt.

Christie's in Amsterdam bot an einer Versteigerung im November 1978 verschiedene Arbeiten dieses vielseitigen Künstlers an: ein Bügeleisen aus dem Jahre 1718, eine winzige ovale Schatulle, einen vierbeinigen Feuerlöscher, eine Mädchenfigur auf einer Schaukel und vor allem ein überaus seltenes, einzigartiges Stück: ein Waschsieb für Gemüse aus dem Jahre 1718.

Pieter I. van Somerwil hatte drei Söhne, die den väterlichen Beruf übernahmen, doch keine Silberminiaturen herstellten. Glücklicherweise spezialisierte sich ein Enkel, Pieter II. van Somerwil, der 1764 sein Meisterrecht erlangte, auf die Produktion von Silberspielzeug. Er entfaltete eine ebenso umfangreiche Tätigkeit wie sein Großvater. Daneben gab es mehrere andere Amsterdamer Goldschmiede, die

53

den Namen Somerwil trugen, jedoch keinen, der sich mit Silberminiaturen beschäftigte.

Als Zeitgenosse von Pieter I. van Somerwil muß Frederik I. van Strant, der Gründer der Dynastie der van Strant, genannt werden. Dieser Goldschmied war deutscher Abstammung und scheint mit seinen beiden Brüdern Willem und Daniel aus der Gegend nördlich von Hannover gekommen zu sein. Alle drei erhielten ihren Meisterbrief in Amsterdam: Frederik, der Älteste, gegen Anfang des Jahrhunderts, Willem im Jahre 1727 und Daniel um die Jahrhundertmitte. Alle drei stellten ausschließlich Miniatursilber her. Es ist bekannt, daß Frederik I. van Strant im Laufe der Zeit eine große Anzahl verschiedenster Miniaturen schuf. Er zog sich erst 1727 zurück, als er durch seinen Sohn abgelöst wurde. Auch seine Werke sind heute leicht zu finden. Das Centraal Museum von Utrecht besitzt beispielsweise vier seiner Arbeiten, eine 27 mm hohe Teekanne von 1720, eine 44 mm hohe Teedose aus demselben Jahr (die beiden Stücke weisen den Jahresbuchstaben K auf), einen 47 mm hohen Pfeifenwärmer, der ebenfalls 1720 entstanden ist, sowie einen 52 mm hohen Bierständer mit dem Datum 1725. Weitere Werke des Meisters wurden auf einigen Auktionen angeboten: ein 35 mm hoher Mörser mit Stößel, eine Bratpfanne auf einem Dreifuß, ein Tischbesen, ein Handleuchter auf runder Basis mit einem ziemlich langen Griff, der mit einem Blumenmuster in Relief verziert ist, ein Teller mit eingraviertem Blumenschmuck und ein viereckiges Schachbrett. Auf der Auktion vom November 1978 versteigerte Christie's in Amsterdam die kleine Figur eines Straßenlaternenanzünders, ein beliebtes holländisches Motiv, sowie ein sehr seltenes kleines Seifen- und Sandbecken, das einen Preis von 500 Gulden (ca. DM 460.–, Fr. 415.–) erzielte. Im Museum von Groningen befindet sich ein kugelförmiger Wasserkessel aus der Zeit um 1725, der nur 35 mm mißt. Die Marke Frederik I. van Strants, mit der zahlreiche Miniaturen versehen sind, besteht aus den Anfangsbuchstaben FS innerhalb eines aufrechten Rechtecks, dessen kürzere Seiten nach außen schwingen.

Willem van Strant, der ältere der beiden anderen Brüder, war ebenso geschäftig wie Frederik I., und seine Werke sind genauso oft im Kunsthandel anzutreffen. Das Museum von Groningen besitzt von ihm einen 59 mm hohen Spiegel aus der Zeit um 1730 und eine Bratpfanne, die mit Stiel 43 mm mißt. Wir möchten hier nur einige Beispiele der zahllosen bekannten Werke dieses Meisters aufführen: einen prachtvollen 54 mm hohen Leuchter von 1753, einen 1748 datierten Salznapf von 23 mm und einen 30 mm hohen Tabakbehälter, ohne Jahresbuchstaben, jedoch mit der Meistermarke versehen. Auf der Novemberauktion von 1978 verkaufte Christie's in Amsterdam eine Hirtenfigur mit fünf Schafen, einen Kessel aus dem Jahre 1734 und die Figur eines Kleinkindes, das gehen lernt. Für die drei Stücke wurden 800, 500 und 700 Gulden bezahlt. Die Marke von Willem van Strant besteht aus den Anfangsbuchstaben seines Namens VS innerhalb eines regelmäßigen Schildes. Er benützte außerdem eine Marke mit denselben Buchstaben, aber innerhalb eines Quadrates mit abgeschnittenen Ecken.

Der jüngste der drei Gebrüder van Strant, Daniel, dessen Laden in der Rozenstraat in Amsterdam lag, schuf ebenfalls einiges Silberspielzeug. Seine Marke besteht aus dem Monogramm DV und einem nachstehenden S innerhalb eines Rechtecks. Daniel war nicht der letzte Spezialist der Familie van Strant. Der Sohn

Strant, Frederik I. van (tätig 1706–1727)

Strant, Willem van (tätig 1727–1742)

Strant, Daniel van (tätig 1742–1756)

Frederiks I., Frederik II. van Strant, auch Frederik der Jüngere genannt, entfaltete im zweiten Viertel des 18. Jahrhunderts eine wahrscheinlich ebenso umfangreiche Tätigkeit wie sein Vater. Einerseits stellte er, wie alle Gold- und Silberschmiede in Amsterdam, Geräte verschiedenster Art sowie Tee- und Kaffeekannen von ca. 45 mm Höhe her. Andererseits widmete er sich, vielleicht mehr als die übrigen van Strant, der Herstellung von Figurengruppen. Verschiedene seiner Werke wurden an Auktionen angeboten, unter anderem eine recht seltene Teeurne aus dem Jahre 1742 mit drei Ausgußschnäbeln, ein Dreifuß und eine 56 mm hohe Kaffeekanne mit dem Datum 1734, die etwas größer als gewöhnliche Miniaturkannen ist. Auf der bereits mehrmals erwähnten Auktion von Christie's in Amsterdam wurden außerdem zwei schöne Urnen zum Preis von 900 bzw. 1300 Gulden verkauft. Das Museum von Groningen besitzt von diesem Meister eine Krapfenpfanne aus dem Jahre 1741 (Jahresbuchstabe G) und einen 34 mm hohen Schiffer, der mit einer Stange ausgerüstet ist und aus den dreißiger Jahren des 18. Jahrhunderts stammt. Die Marke dieses bekannten Goldschmieds setzt sich aus dem Monogramm der Anfangsbuchstaben FVS innerhalb eines Kreises zusammen. Wie alle übrigen van Strant stellte auch Frederik II. ausschließlich Silberminiaturen her, bis er sich 1754 zurückzog.

58, 61, 62, 68, 75

61

Ⓜ

Im Laufe des Jahres 1728 erhielt ein junger Goldschmiedlehrling, Bruder eines anderen Amsterdamer Meisters, seinen Meisterbrief. Er eröffnete am Singel-Kanal einen Laden, den es heute noch gibt, und begann sofort mit der Herstellung von Silberspielzeug; er sollte zum unbestrittenen Meister der ganzen Welt auf diesem Gebiete werden. Sein Name war Arnoldus van Geffen. Seine Miniaturen sind alle von höchster Qualität und in vielen großen und kleinen Museen und Privatsammlungen vertreten. Es ist selbst heutzutage nicht schwierig, sich Arbeiten seiner Werkstatt zu verschaffen, unter der Bedingung, daß man bereit ist, einen hohen Preis dafür zu bezahlen. Auf spezialisierten Auktionen, an denen Arnoldus van Geffen regelmäßig vertreten ist, erzielen seine Werke trotz ihrer Häufigkeit Höchstpreise, namentlich in Holland. Im November 1978 versteigerte Christie's in Amsterdam vier seiner Miniaturen: ein recht gewöhnliches Spinnrad für 650 Gulden; eine Mausefalle, wie es sie zu Dutzenden gibt, für 900 Gulden; eine Kinderfigur auf einem Holzpferd für 1400 Gulden und schließlich ein sehr schönes Stück, ein Einergespann, das den Preis von 2000 Gulden erzielte.

40, 49–53, 64, 65, 68–70, 75

65

Die von Arnoldus van Geffen geschaffenen Miniaturen sind im allgemeinen gut gekennzeichnet. Jedes einzelne Stück ist mit der Meistermarke versehen, die leicht zu erkennen ist, denn sie besteht aus einem Jagdhorn, das von einem Herzen umrahmt ist. Sie kann jedoch mit jener von Gérard Marshoorn, einem Goldschmied aus Haarlem, verwechselt werden. Die beiden Marken sind von großer Ähnlichkeit.

Ⓜ

Leider ist die Lebensgeschichte Arnoldus van Geffens nur wenig bekannt, eine Tatsache, die für die meisten, selbst die angesehensten Goldschmiede seiner Zeit gilt. Vermutlich benützte er bereits damals industrielle Herstellungsverfahren. Wie könnte man sonst den enormen Umfang seines Werkes erklären? Dabei muß darauf hingewiesen werden, daß Arnoldus van Geffen zu jener Kategorie von Meistern zählt, die, wenn ihnen einmal ein eigenständiges Modell gelang, dieses während Jahrzehnten nach denselben Formen weiterproduzierten. Das zeigt, wie

Strant, Frederik II. van (tätig 1727–vor 1754)

Geffen, Arnoldus van (tätig 1728–1769)

wenig man sich auf stilistische Merkmale stützen kann, um ein Werk zu datieren, vor allem, wenn es sich um Silberminiaturen handelt.

Arnoldus van Geffen war, zumindest quantitativ gesehen, der bedeutendste aller Goldschmiede. Seine Tätigkeit erstreckte sich über beinahe 40 Jahre und beschränkte sich ausschließlich auf die Herstellung von Miniaturen: Geräte verschiedenster Art, Tafelservice, Figurengruppen, Kutschen, die von einem, zwei oder vier Pferden gezogen werden, wie beispielsweise das prächtige Exemplar im Victoria and Albert Museum in London. Unzählige Kaffee- und Teekannen, Leuchter, Handleuchter, Waffeleisen, Tischbesen, Salzgefäße, Wasserkessel, Mausefallen usw. verließen im Laufe der Jahre seine Werkstatt. Man erhält eine ungefähre Vorstellung von dem ungewöhnlichen Ausmaß seiner Produktion, wenn man die an den letzten Auktionen verkauften Arbeiten betrachtet, die sich heute in einigen Museumssammlungen befinden. Ein großes Amsterdamer Auktionslokal hat zum Beispiel in den letzten Jahren folgende Gegenstände des Meisters versteigert: eine von zwei Pferden gezogene Kutsche (1761); eine Maus in einer Mausefalle (1738); ein Paar Leuchter mit säulenförmigem Schaft (1752); einen kleinen Topf in der Form einer umgekehrten Birne (1738); einen Brunnen mit zwei Frauen, von denen eine ein Kleinkind in den Armen hält (1750); ein Paar Leuchter auf achteckigem Sockel im Louis-XV-Stil (1752); einen Teller mit getriebenem Zierrand im Louis-XV-Stil (1750) und schließlich eine winzige Schaumkelle aus der Mitte des 18. Jahrhunderts.

Im Katalog des Museums von Groningen in Nordholland sind mehrere Werke von Arnoldus van Geffen aufgeführt: ein Paar 63 mm hohe Leuchter (um 1730); ein 42 mm hoher Wasserkessel (Buchstabe C = 1737); vier Tassen mit Untertellern von 28 mm Durchmesser (Buchstabe F = 1740); ein Becken von 33 mm Durchmesser (Buchstabe F = 1740); eine 87 mm lange Ruhebank (Buchstabe F = 1740); ein 43 mm hohes Bügeleisen mit Ständer (Buchstabe K = 1744); zwei 47 mm breite Handtaschen (Buchstabe I = 1743); ein 70 mm hoher Ofen (Buchstabe S = 1752); ein 70 mm großer Knabe mit einer Ziege (Buchstabe Q = 1750); ein Suppenteller von 57 mm Durchmesser (Buchstabe U = 1754); ein 45 mm hoher Handleuchter (Buchstabe X = 1757); zwei 39 mm hohe Leuchter (Buchstabe X = 1757); ein 92 mm langes Waffeleisen (Buchstabe Z = 1759); ein 51 mm langer Louis-XV-Tisch (Buchstabe Z = 1759); ein 94 mm langer Weinkühler (Buchstabe Z = 1759) und eine Kohlenzange von 117 mm (Buchstabe A = 1760).

Das Centraal Museum der Stadt Utrecht besitzt ebenfalls eine kleine Sammlung von Werken des geschäftigen Amsterdamer Goldschmieds, unter anderem: einen 94 mm langen Schlitten mit Glöckchen (1743); eine 75 mm lange Wiege (1744); eine 32 mm hohe Figur eines Knaben, der mit einem Reifen spielt (1746); eine 118 mm lange Kohlenzange (1749) und eine Teekanne von 37 mm (1767).

Man könnte diese Aufzählung noch lange fortsetzen. Auf dem Gebiet des Miniatursilbers war Arnoldus van Geffen, der seine Werkstatt zuerst am Ufer des Singel und später, seit 1736, an der Leidestraat hatte, zweifellos der aktivste Meister aller Zeiten.

Arnoldus van Geffen starb im Jahre 1769 in seinem Haus an der Leidestraat. Die Teekanne aus dem Jahre 1767, heute in der Sammlung des Museums von

66 Silbervergoldeter Sahnetopf, der dreimal die Marke TC innerhalb eines Quadrates aufweist. H: 56 mm. Ashmolean Museum, Oxford

67 Teeurne mit der Marke AP innerhalb eines Ovals. H: 42 mm. Ashmolean Museum, Oxford

68 Auswahl von Amsterdamer Miniaturen aus dem 18. Jh. *Obere Reihe, von links nach rechts:* Heizkessel, 1780, H: 84 mm; rechteckige Mausefalle, 1742, L: 50 mm; Spiegel für Toilettentisch, 1764, H: 92 mm, alle von Arnoldus van Geffen; Hochzeitsszene, H: 57 mm, Marke I. B., wahrscheinlich von Jan Banket; Papageienkäfig, 1745, H: 78 mm, von Arnoldus van Geffen. *Mittlere Reihe:* Bügeleisen, 1740, H: 44 mm, von einem Goldschmied, der seine Arbeiten mit einer Büste kennzeichnete; Punschschale, 1740, H: 45 mm, von Frederik II. van Strant; Kind im Laufstuhl, von Arnoldus van Geffen; Kaffeemühle, 1738, H: 38 mm, von Willem van Strant; Kuchenofen, Anfang 18. Jh., B: 39 mm, keine Marke. *Untere Reihe:* Ruhebett, um 1735, L: 89 mm, von Pieter I. van Somerwil; nicht-identifizierter Gegenstand; Spinett, wahrscheinlich Anfang 18. Jh., B: 39 mm; Gießfaß, 1738, H: 73 mm, von Frederik II. van Strant; Wiege, 1764, L: 76 mm, von Paulus de Soomer. Sotheby's, London

69 Auswahl von Gefäßen aus dem 18. Jh. *Von links nach rechts:* Wasserkessel, H: 58 mm, von Frederik I. van Strant, Jahresbuchstabe für 1725–1726; Kanne, 18. Jh., H: 43 mm, von einem nicht-identifizierten Amsterdamer Goldschmied; Kaffeeurne, H: 71 mm, Johannes van Geffen zugeschrieben; Milchtopf mit der Marke von Arnoldus van Geffen und dem Jahresbuchstaben für 1762; Teekanne, H: 30 mm, mit einer Marke, die Abraham Effemans gehören könnte. Der Wasserkessel von van Strant und die Teekanne von Effemans wurden in Holland während des 19. und sogar im 20. Jh. in großer Anzahl nachgeahmt. Ashmolean Museum, Oxford

70 Auswahl von nicht-gestempelten Bestecken aus dem 18. Jh. Christie's, Amsterdam

71 Papageienkäfig von Cornelis Coutrier, Meister in Amsterdam seit 1730. Victoria and Albert Museum, London

72 Silbervergoldete Teeurne von Hendrik Duller, Amsterdam. Jahresbuchstabe A für 1760. Der Originaldeckel ist durch eine Kopie ersetzt worden. H: 63 mm. Victoria and Albert Museum, London

66

67

68

69

70

71

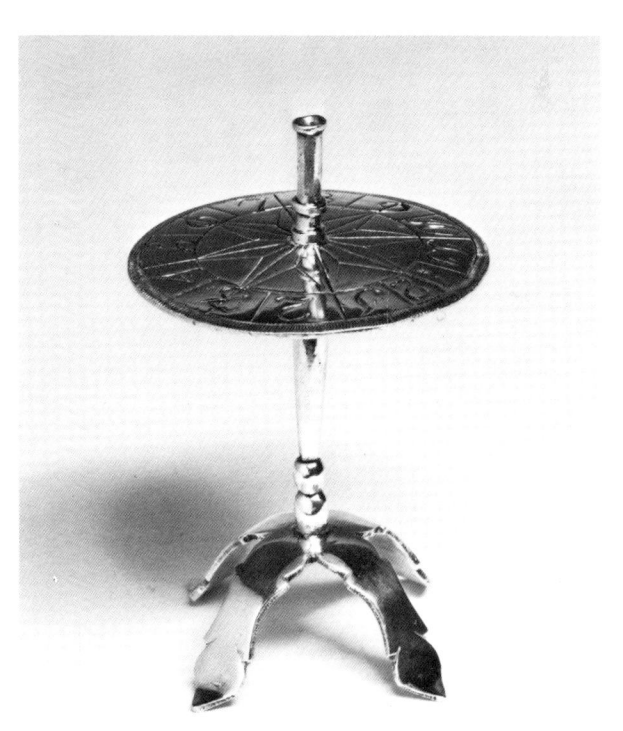

72

73

74

75

76

77

78

73 Silbervergoldete Kakaokanne von Hendrik Duller, Amsterdam. Keine Stadtmarke, dafür zweimal die Meistermarke. H: 62 mm. Victoria and Albert Museum, London

74 Spieltisch von Hendrik Duller, Amsterdam. Jahresbuchstabe R für 1776. In die Platte sind die Zahlen 1 bis 12 eingraviert. Es fehlt eine Art Drehgriff, der einen Seiltänzer mit einem Stock in der einen und einem Hut in der anderen Hand darstellt. H des vollständigen Tisches: 120 mm. Victoria and Albert Museum, London

75 Vier holländische Miniaturen aus dem 18. Jh. Der Teekessel von Frederik II. van Strant, 1734, H: 55 mm, ruht auf einem Kocher von Arnoldus van Geffen, 1768, H: 42 mm. Zwei Saucieren von Jan Diederik Pont, 1749, L: 50 mm; Tabakdose von Hendrik Duller, 1787, H: 32 mm. Sotheby's, London

76 Teekanne mit dem Jahresbuchstaben Y von Amsterdam für 1758 und der Meistermarke B innerhalb eines Rechtecks. Wahrscheinlich handelt es sich um Jan Breda (?). H: 38 mm. Victoria and Albert Museum, London

77 Weinkühler von Harmanus Nieuwenhuys. Datiert 1760. H: 59 mm; L: 102 mm. Centraal Museum, Utrecht

78 Äußerst seltene Miniatur, wie man sie nur in Holland findet. Es handelt sich um einen *doofpot* oder Glutlöscher, der den Jahresbuchstaben Z, entweder für 1734 oder für 1759, sowie eine Marke mit einem Baum aufweist. Letztere gehört vermutlich Pieter I. van Somerwil. Der *doofpot* diente zum Löschen der Glut. In normaler Größe waren diese Geräte meistens aus Rotkupfer. H: 43 mm. Centraal Museum, Utrecht

Geffen, Johannes van (tätig 1766–vor 1798)

Schoon, Jan (tätig 1704–1719)

Boldijn, Michiel (tätig 1721–1770)

Griste, Hendrik I. (tätig 1747–1784)

Utrecht, beweist, daß sich seine Schaffensperiode über etwa 40 Jahre erstreckte, obwohl seine Nachfolge seit 1760 gesichert war. In diesem Jahre erlangte Johannes Adrianus van Geffen, der 1734 als Sohn von Jan van Geffen, einem Bruder von Arnoldus, zur Welt kam, in Amsterdam sein Meisterrecht. In diesem Jahr ließ er auch seine erste Marke eintragen, die wie jene seines Onkels ein Jagdhorn innerhalb eines Herzens aufweist, mit dem Unterschied, daß darüber eine Krone sitzt. Wie sein Onkel stellte auch Johannes ausschließlich Silberminiaturen verschiedenster Art her: Wagen, angespannte Kutschen, Schlitten, Figurengruppen, Geräte, Tafelservice und vieles andere mehr. Die außergewöhnliche Vielfalt an Gegenständen, die Arnoldus kennzeichnet, findet sich beim Neffen wieder. Und Johannes van Geffens Arbeiten werden heute ebenso teuer bezahlt. Ein kleiner Kocher mit dem Datum 1771 erzielte im November 1978 den ansehnlichen Preis von 500 Gulden. Johannes van Geffen starb im Jahre 1798. Es ist nicht bekannt, ob er bis an sein Lebensende berufstätig blieb. Man besitzt jedenfalls von ihm einen zweirädrigen Zweispänner aus dem Jahre 1779. Wahrscheinlich sind aber noch spätere Werke vorhanden.

Die Marken mit den Anfangsbuchstaben der van Strant, dem Jagdhorn der van Geffen und dem kleinen Baum der van Somerwil (ein alleinstehender Baum für Pieter I., ein Baum innerhalb eines Herzens für Pieter II.) zählen heute zu den bekanntesten, die es gibt. Allein diese drei Dynastien holländischer Goldschmiede hätten genügt, um Amsterdam im 18. Jahrhundert den Ruhm zu sichern. Aber damals machten, so seltsam das heute erscheinen mag, viele Handwerker diesen Meistern ernsthaft Konkurrenz. Man fragt sich, wer eigentlich die Käufer für diese unzähligen Miniaturen waren.

Die Rivalen der drei großen Familien widmeten sich jedoch nicht ausschließlich der Herstellung von Silberspielzeug. Bei einigen war das sogar nur gelegentlich der Fall. Andere, wie Jan Borduur, Lubbartus Busch, Hendrik Duller, Willem I. Schouten, Frederik Sleuman und bis zu einem gewissen Grad auch Abraham Vilelle, waren ebenfalls bedeutende Spezialisten auf diesem Gebiet. Es heißt, der Goldschmied Jan Schoon, der zwischen 1704 und 1719 tätig und ein Zeitgenosse des jungen Abraham Effemans war, habe auch Silberminiaturen hergestellt. Doch mit dem S dieses Meisters punzierte Werke sind bisher nicht gefunden worden.

Drei Amsterdamer Goldschmiede begannen ihre Laufbahn zur selben Zeit wie Arnoldus van Geffen: Michiel Boldijn 1721, Hendrik I. Griste 1722 und Hendrik Swierink 1726. Sie stellten jedoch nur gelegentlich Miniaturen her, denn ihre Hauptbeschäftigung waren Feinarbeiten. Die Londoner Goldschmiedezunft hätte sie zu den *smallworkers* gezählt. Griste schuf zudem mehrere Teeservice und Dosen verschiedenster Art.

Im Laufe der dreißiger Jahre traten fünf weitere Goldschmiede auf, die Miniaturgegenstände anfertigten. Unter ihnen ragt Jan Borduur hervor, der 1731 seinen Meisterbrief erhielt und bis 1760 tätig war. Er starb im Jahre 1766. Jan Borduur scheint eine umfangreiche Tätigkeit entfaltet zu haben, ohne daß man ihn jedoch mit den van Geffen, van Somerwil oder van Strant vergleichen könnte. Dennoch sind seine Arbeiten in vielen Museen vertreten, und nicht selten begegnet man seinem Namen in Auktionskatalogen. Im November 1978 versteigerte Christie's in Amsterdam einige hübsche Stücke von ihm, unter anderem zwei Figuren aus dem

Jahre 1758: einen kleinen mit Gewehr und Schwert bewaffneten Soldaten und einen winzigen Trommler. Seine Werke werden so hoch bezahlt wie jene der berühmtesten Meister. Der Soldat erzielte 900 Gulden, der hübsche Trommler sogar 1000 Gulden. Im Centraal Museum von Utrecht befindet sich ein 59 mm hoher Wasserkessel aus dem Jahre 1744 (Buchstabe K), und das Museum von Schoonhoven besitzt ein winziges, 1751 datiertes Bügeleisen. Vor einiger Zeit wurde ein Tischbesen aus seiner Hand verkauft, zudem eine Miniaturtischglocke und ein Samowar mit drei volutenartigen Beinen. Jan Borduur benützte eine Marke mit seinen Anfangsbuchstaben JB innerhalb eines Quadrates.

Reynier Brandt, der zweite der fünf erwähnten Meister, war deutscher Abstammung. Seit 1734 und während etwa 50 Jahren tätig, gehörte er zu den Dilettanten im Bereich des Miniatursilbers. Er stellte vorwiegend Silber in normaler Größe her, nur gelegentlich Miniaturen. Seine Marke ist heute kaum bekannt, verdient jedoch unsere besondere Aufmerksamkeit, denn man darf mit Sicherheit annehmen, daß einige noch nicht identifizierte Arbeiten dieses Meisters existieren. Die Marke weist die Anfangsbuchstaben RB innerhalb eines Kreises auf.

Lucas Claterbos (1714–1781), der 1742 sein Meisterrecht erhielt, soll aus einer Hugenottenfamilie stammen, die zur Zeit der Religionskriege aus den südlichen Niederlanden kam und in Holland Zuflucht suchte. Man darf ihn jedoch so gut wie alle andern als holländischen Meister betrachten. Auch er schuf nur gelegentlich Silberminiaturen. Erhalten sind von ihm eine große Anzahl an Miniaturschalen und Geräten. In Sammlerkreisen ist Claterbos kaum bekannt. Seine Marke besteht aus den Anfangsbuchstaben LC innerhalb eines Quadrates mit leicht geschwungenen Seiten.

Ein weiterer Amsterdamer Goldschmied deutscher Abstammung war Jan Diederik Pont (1702–1767), nicht Jan Pondt, wie er oft in der englischen Fachliteratur genannt wird. Er war zu seiner Zeit ein vielseitiger Handwerker, der, wie manche seiner Berufskollegen, sowohl Silber in normaler Größe als auch Miniaturen herstellte. Seine Arbeiten versah er je nach Größe mit verschiedenen Marken. Das für die Miniaturen bestimmte Zeichen besteht aus einem zylinderförmigen Gewichtsstein mit Griff innerhalb eines Rechtecks, dessen obere Seite gerundet ist. Man findet in mehreren Privatsammlungen Miniaturen von Pont. Die Firma Sotheby's in Amsterdam verkaufte vor kurzem ein *cabaret*, wie es die Holländer nennen, ein rechteckiges, 1747 datiertes Miniaturtablett im Louis-XV-Stil mit getriebenem Rand und Rokoko-Motiven an den vier Ecken. Aus derselben Werkstatt stammen außerdem noch vier Leuchter mit dem Datum 1733.

Schließlich wird in Holland oft der Name einer Frau genannt, Maria Breda, die Tochter Jan Bredas und Enkelin Boele Rijnharts. Sie soll anfangs der zweiten Hälfte des 18. Jahrhunderts Silberminiaturen geschaffen haben. Man hat jedoch bisher noch kein Werk dieser Goldschmiedin finden können. Ihre Marke besteht aus einer Lilie, einem Symbol, dem man in Holland nicht sehr oft begegnet und das sie zweifellos bei ihrem deutschen Großvater, Boele Rijnhart, sah.

Zu den bereits genannten Meistern kommen noch mehr als 20 weitere Gold- und Silberschmiede, die alle im Laufe der zweiten Hälfte des 18. Jahrhunderts ihr Meisterrecht erhielten. Einige darunter, wie Roelof Helweg, Diederik Willem Rethmeyer, Willem I. Schouten, Samuel Strik und Wijnand Warneke waren sogar

Borduur, Jan (tätig 1731–1766)

Brandt, Reynier (tätig 1734–1788)

Claterbos, Lucas (tätig 1735–1781)

Pont, Jan Diederik (tätig 1729–1767)

Breda, Maria (tätig 1736–nach 1754)

Rethmeyer, Diederik Willem (tätig 1785–1821)

noch bis in die ersten Jahre des 19. Jahrhunderts tätig. Somit arbeiteten sie, wenigstens teilweise, in einer Zeit, in der die Silberminiaturen bereits an Beliebtheit eingebüßt hatten. Dennoch gehören zu diesen 20 Meistern noch fünf bedeutende Spezialisten für Miniaturen: Jan Banket (oder Bonket), Hendrik Duller, Lubbartus Busch und Willem I. Schouten, die beide bereits erwähnt wurden, sowie Abraham Vilelle.

Jan Banket (1727–1789) hinterließ ein verhältnismäßig umfangreiches Werk, und seine Stücke werden öfters an Auktionen angeboten. Im November 1978 wurde beispielsweise eine schöne kugelförmige Kaffeekanne mit S-förmigem Henkel und einem Deckelgriff in der Form eines Schwanes zu 600 Gulden verkauft. Bankets Marke besteht aus den Anfangsbuchstaben seines Namens, die durch einen, zwei oder drei übereinandergestellte Punkte getrennt sind, innerhalb eines Quadrates. Die Werke von Lubbartus Busch, der zwischen 1751 und 1786 tätig war und dessen Marke ein Monogramm seiner Anfangsbuchstaben LB aufweist, sind viel seltener anzutreffen. Er steht jedoch im Rufe, viel Silberspielzeug hergestellt zu haben, obschon er nicht einmal in den bedeutendsten Museen vertreten ist. Ähnlich ist es bei Jan Buysen, von dem man aber weiß, daß er nur gelegentlich Miniaturen schuf, die von Zeit zu Zeit noch zu finden sind. Man kennt von ihm einen entzückenden 56 mm hohen Leuchter aus dem Jahre 1804. Er benützte eine Marke mit den Buchstaben BN, die durch zwei übereinandergestellte Punkte getrennt sind, innerhalb eines Rechtecks mit abgerundeten Ecken.

Unter den wenigen Goldschmieden deutscher Herkunft, die im Laufe des 18. Jahrhunderts in Amsterdam tätig waren, befand sich Johan Philip Dell. Um 1750 geboren, arbeitete er erst Ende des 18. und anfangs des 19. Jahrhunderts als Angestellter der berühmten Firma Bennewitz & Bonebakker, die auch Silberspielzeug herstellte. Dell war ein guter Handwerker, der sich aber niemals eine wirklich bedeutende Arbeit zumutete. Nur Kleinarbeiten und Silberspielzeug verließen seine Amsterdamer Werkstatt. Man kennt von diesem Meister einen kleinen dreibeinigen Kocher mit dem Datum 1804. Seine Marke ist leicht zu identifizieren; sie besteht aus seinen Anfangsbuchstaben IPD innerhalb eines Rechtecks.

Hendrik I. Griste (1722–1784), der während der zweiten Hälfte des 18. Jahrhunderts tätig war, gilt nicht als großer Fachmann für Miniatursilber. Er schuf aber gelegentlich, gewissermaßen zum Vergnügen, Silberminiaturen von hoher Qualität, unter anderem einige hübsche Teekannen, die die Form einer umgekehrten Birne haben.

Einen ähnlichen Fall stellt Roelof Helweg dar. Er scheint jedoch der Gründer einer Dynastie tüchtiger Goldschmiede gewesen zu sein. Man denke nur, wie viele Meister dieses Namens im Laufe des 19. Jahrhunderts in Amsterdam tätig waren. Roelof Helweg arbeitete zusammen mit seinem Bruder Jacobus. Er starb im Jahre 1843, und man darf annehmen, daß er bis etwa 1828 seiner beruflichen Tätigkeit nachging. Seine alte Marke aus dem 18. Jahrhundert bestand aus den Anfangsbuchstaben RH, in Kursivschrift, innerhalb eines Ovals. Im Jahre 1812 wählte er eine neue, dem Stil des 19. Jahrhunderts angepaßte Marke mit einem Fisch über den Initialen RH innerhalb eines stehenden Rhombus. Ab 1813 wurde dieselbe Marke von einem Rechteck umrahmt; so benützte er sie bis 1828. Bei seinem Tod übernahmen seine Frau und sein Sohn die Werkstatt unter dem Firmennamen

Banket (oder Bonket), Jan (tätig 1747–1789)

Busch, Lubbartus (tätig 1751–1786)

Buysen, Jan (tätig 1776–1813)

Dell, Johan Philip (tätig 1788–1807)

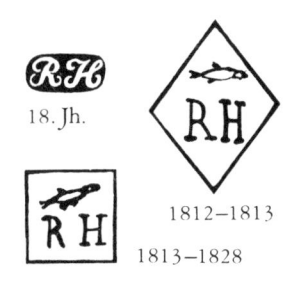

18. Jh.

1812–1813

1813–1828

Helweg, Roelof (tätig 1778–1843)

«Helweg & Zoon R.». Im Jahre 1863 wurde daraus schließlich die Firma «Helweg R. Junior».

Roelof Helweg stellte mit Sicherheit Ende des 18. Jahrhunderts Silberminiaturen her, wie ein hübsches kleines Tablett mit getriebenem Rand und zwei Griffen aus dem Jahre 1780 zeigt. Wahrscheinlich schuf er aber auch anfangs des 19. Jahrhunderts noch Miniaturen.

Der in den letzten zehn Jahren des 18. Jahrhunderts aktive Paulus Kemp und Hendrik Nieuwenhuys, der bereits kurz nach Mitte des Jahrhunderts tätig war, waren beide nur gelegentliche Hersteller von Silberspielzeug. Von Nieuwenhuys, der 1803 starb, sind einige schöne birnenförmige Kaffeekannen aus der Zeit um 1763 bekannt. Er schuf vor allem Silbergegenstände in normaler Größe, wie Tee- und Kaffeegeschirr, Leuchter, Schatullen und Dosen verschiedenster Art.

Das Centraal Museum von Utrecht besitzt ein ziemlich seltenes Objekt von der Hand des Amsterdamer Meisters Harmanus Nieuwenhuys (1711–1763). Sein Verwandtschaftsgrad zu Hendrik konnte nicht festgestellt werden; möglicherweise war er dessen Vater. Es handelt sich um einen kleinen *wijnkoeler* (Weinkühler) mit den Maßen 59 × 102 × 82 mm. Dieses Stück weist die Meistermarke mit den Buchstaben HNH in Druckschrift auf, dazu die Marke von Amsterdam, den gekrönten holländischen Löwen, das gekrönte O und den Jahresbuchstaben A für das Jahr 1760. Harmanus Nieuwenhuys ist vor allem für seine gewöhnlichen Arbeiten bekannt. Der kleine Weinkühler im Centraal Museum von Utrecht scheint aber darauf hinzuweisen, daß er gerne ab und zu eine Silberminiatur anfertigte.

Auch Andries van der Schoor, tätig seit 1736, dürfte eine gewisse Anzahl von Silberminiaturen geschaffen haben. Das Museum von Groningen besitzt einen 55 mm langen Schaumlöffel mit dem Jahresbuchstaben M für 1746 und der Marke VDS, wohl eine Variante der Marke AVDS, die man auf dem Silber normaler Größe dieses Meisters findet.

Willem I. Schouten, der 1785 bereits mit 24 Jahren sein Meisterrecht erhielt, war ebenfalls ein unbedeutender Meister in der Geschichte der holländischen Goldschmiedekunst. Er beschränkte sich auf die Herstellung von Kleinarbeiten und soll zahlreiche Miniaturen geschaffen haben. Seine Marke, der man hin und wieder auf Silberminiaturen begegnen kann, besteht aus den kursiv geschriebenen Anfangsbuchstaben WS innerhalb eines Kreises. Auch Frederik Sleuman war ein *smallworker*, der zwischen 1770 und 1787 ausschließlich Kleinarbeiten und gelegentlich Silberspielzeug herstellte.

Samuel Strik, der in den englischen Verzeichnissen spezialisierter Goldschmiede erwähnt wird, schuf lediglich Kleinarbeiten und Spielzeug. Von ihm ist eine kleine Zuckerdose mit dem Datum 1793 bekannt. Seine Marke mit den Initialen SS innerhalb eines Rechtecks ist leicht zu erkennen.

Drei weitere Meister, Adolf Verschuyl, Wijnand Warneke und Cornelis Coutrier, gehören in dieselbe Kategorie von Handwerkern. Alle drei waren Spezialisten für Kleinarbeiten.

Adolf Verschuyl, Meister seit 1775, stammte aus einer angesehenen Familie von Goldschmieden. Er selber hatte jedoch mit der Familientradition gebrochen und sich auf die Herstellung von Nippsachen, darunter einigem Spielzeug, beschränkt.

---

79 Korb, Abraham Effemans zugeschrieben. 18. Jh. L: 69 mm, B: 59 mm. Centraal Museum, Utrecht

80 Leuchterpaar von einem unbekannten Meister. Vom Museum als deutscher Herkunft bezeichnet, stammt es wahrscheinlich aus Holland (Amsterdam?). Erste Hälfte 18. Jh. Die Leuchter tragen eine Marke mit einem Baum, die Pieter I. van Somerwil gehören könnte. H: 60 mm. The Henry Francis du Pont Winterthur Museum, Winterthur, Delaware

81 Spinnrad von Abraham Effemans. Jahresbuchstabe K für das Jahr 1744. L: 61 mm. Centraal Museum, Utrecht

82 Seltener Essig- und Ölständer von einem nicht-identifizierten Amsterdamer Meister. Jahresbuchstabe I von Amsterdam für 1768. H: 45 mm, B: 68 mm. Centraal Museum, Utrecht

83 Handleuchter. 18. Jh. Amsterdam. Privatsammlung

Kemp, Paulus (tätig 1782–1797)

Nieuwenhuys, Hendrik (tätig 1763–1803)

Nieuwenhuys, Harmanus (tätig 1736–1763)

Schoor, Andries van der (tätig 1736–1742)

Schouten, Willem I. (tätig 1785–vor 1807)

Sleuman, Frederik (tätig 1770–1787)

Strik, Samuel (tätig 1780–1811)

79

80

81

82

83

84

85

86

87

88

89

90

91

92

93

84 Fleischplatte von einem unbekannten Amsterdamer Goldschmied. Jahresbuchstabe W für 1781 und Marke von Amsterdam, keine Meistermarke. L: 50 mm, B: 45 mm. Centraal Museum, Utrecht

85–87 Puppengeschirr mit der Marke der Firma Bennewitz en Zonen, Amsterdam. Anfang 19. Jh. Milchtopf, 1827, H: 64 mm; Zuckerschale, 1836, H: 69 mm; Teekanne, 1837, H: 80 mm. Jedes Stück trägt die auf Abb. 88 wiedergegebene Marke. Musée de Bellevue, Brüssel

88 Auf dem Service von Bennewitz en Zonen vorhandene Marke (Abb. 85–87)

89 Wasserkessel mit Kocher, der eine Marke mit den Buchstaben HM und vier Punkten innerhalb eines Sechsecks aufweist. Wahrscheinlich Henri Moquette, Amsterdam. Privatsammlung

90 Kleine Sanduhr von M. van Leeuwen. Mitte 19. Jh. H: 60 mm. Centraal Museum, Utrecht

91 Wäschemangel. Amsterdam. 19. Jh. Musées Royaux d'Art et d'Histoire, Brüssel

92 Proviantkorb von A. F. Westerwaal, einem Goldschmied aus Amsterdam. Anfang 19. Jh. H: 42 mm, L: 50 mm. Centraal Museum, Utrecht

93 Miniaturkästchen vom Typus *knottekistje* im Stil des 17. Jh. Es handelt sich dabei um eine zwischen 1893 und 1906 hergestellte Kopie. H: 52 mm, L: 53 mm. Victoria and Albert Museum, London

AV
Verschuyl, Adolf (tätig 1775–1792)

WW W.W
Warneke, Wijnand (tätig 1763–vor 1807)

Coutrier, Cornelis (tätig 1730–1749)

HD
Duller, Hendrik (tätig 1776–1811)

Seine Marke besteht aus seinen Anfangsbuchstaben AV innerhalb eines Rechtecks mit zwei abgeschnittenen Ecken.

Auch Wijnand Warneke kam aus einer Familie, die mehrere Meister der Goldschmiedekunst hervorbrachte. Zwischen 1763 und dem Ende des Jahrhunderts schuf er schönes Teegeschirr; man verdankt ihm aber auch einige Miniaturen. Wahrscheinlich fertigte ebenfalls sein Neffe, Arnoldus Warneke, Meister seit 1769, einige Silberminiaturen an, denn seine Marke mit dem Monogramm AW findet sich auf einer 63 mm hohen Schüssel mit Deckel, die heute im Victoria and Albert Museum in London aufbewahrt wird. Die Marke Wijnands weist die Anfangsbuchstaben WW, mit oder ohne Punkt dazwischen, innerhalb eines Rechtecks mit gewölbten kurzen Seiten auf.

Der dritte Kleinmeister, Cornelis Coutrier, erhielt 1730 seinen Meisterbrief und entfaltete im Bereich des Miniatursilbers eine umfangreichere Tätigkeit als die beiden anderen. Seine Marke, eine Muschel, kennzeichnet zahlreiche Miniaturen. Das Centraal Museum von Utrecht besitzt von diesem Meister, der in Sammlerkreisen noch wenig bekannt ist, eine kleine vierbeinige Dose (46 × 37 × 29 mm), bei der es sich aber vielleicht nicht um eine eigentliche Miniatur handelt. Zum Glück befindet sich in der außergewöhnlich reichhaltigen Sammlung des Victoria and Albert Museum in London ebenfalls eine Silberminiatur, die die seltsame Marke von Coutrier aufweist: ein ebenso schöner wie traditioneller Papageienkäfig.

Hendrik Duller, Meister seit 1776, war zweifellos einer der letzten großen Spezialisten des Miniatursilbers. Er war zudem bestimmt einer der besten, wie man aus den erhaltenen Werken, die seine Marke tragen, schließen kann. Heute noch sind seine Miniaturen verhältnismäßig häufig anzutreffen, was auf eine umfangreiche Produktion hinweist. Die Tätigkeit Dullers erstreckte sich bis in die ersten Jahre des 19. Jahrhunderts. Das Victoria and Albert Museum in London besitzt mehrere Miniaturen dieses Meisters, darunter eine prachtvolle birnenförmige Kakaokanne aus vergoldetem Silber mit drei geschwungenen Füßen und einem Holzgriff, der im rechten Winkel zur Gefäßachse ansetzt. Diese 63 mm hohe Kanne trägt keine Marke von Amsterdam, dafür aber zweimal die Meistermarke mit den Initialen HD innerhalb eines Rechtecks, dessen kurze Seiten leicht gewölbt sind. Dasselbe Museum besitzt auch einen 63 mm hohen, silbervergoldeten Samowar mit S-förmigem Henkel. Im Laufe der letzten Jahre sind mehrere Miniaturen dieses tüchtigen Handwerkers auf Auktionen angeboten worden, unter anderem eine 1792 datierte Krapfenpfanne, eine ovale Blumenschale, deren Deckel mit einem Blumenmuster in Relief verziert ist und die auf einem ovalen Tablett mit getriebenem Rand steht, und ein *pijpencomfoor* mit durchbrochenem Rand, der ein kleines Kupferbecken zum Aufbewahren der Glut enthält, vom Ende des 18. Jahrhunderts.

Im Jahre 1975 wurde ein außergewöhnliches Teeservice im Empirestil verkauft, das die Marke Dullers aufweist und 1806 datiert ist, außerdem eine kürbisförmige Teekanne mit S-förmigem Henkel auf einem Dreifuß, datiert 1786. Es handelt sich dabei um einmalige Stücke. Wir möchten auch noch zwei weitere Pfeifenwärmer und eine mit einem eingravierten Behang verzierte Tischglocke erwähnen.

Obwohl Hendrik Duller nicht sehr bekannt ist, zählt er zweifellos zu den begabtesten Herstellern von Silberminiaturen. Die ausgezeichnete Qualität seiner

Arbeiten macht ihn zum unbestrittenen Meister seiner Zeit. Er starb im Jahre 1811 in Amsterdam.

Abraham Vilelle hatte sich ebenfalls auf Miniatursilber spezialisiert, und man begegnet seinen Werken immer häufiger in den Katalogen großer Auktionen. Vom qualitativen Standpunkt her betrachtet ist er jedoch nicht mit Duller zu vergleichen. Ein einziges Stück Vilelles befindet sich im Centraal Museum von Utrecht, eine Fleischplatte (45 × 35 mm), die die Marke von Amsterdam, den Jahresbuchstaben W für das Jahr 1781 und die Meistermarke, ein Monogramm aus einem A und einem V, aufweist. Im November 1978 wurde einer seiner Pfeifenwärmer zu 360 Gulden verkauft, ein für eine 1760 entstandene Arbeit bescheidener Preis.

Über die Tätigkeit von Carel II. Boogaert (oder Bogaard), der 1782 geboren wurde und 1833 starb, ist man nur wenig unterrichtet. Auf jeden Fall schuf er zu Beginn des 19. Jahrhunderts zumindest Figurengruppen, denn das Victoria and Albert Museum in London besitzt von ihm einen 64 mm hohen Laternenanzünder. Es ist undenkbar, daß er nur einen einzigen solchen Gegenstand anfertigte. Seine Marke, die auf dem kleinen Anzünder in London zu sehen ist, zeigt einen Baum innerhalb eines Quadrates. Anfangs des 19. Jahrhundert mußte er, wie alle andern Goldschmiede, seine Marke ändern und mit den Anfangsbuchstaben seines Namens versehen. Da er möglicherweise auch zu jener Zeit noch Silberminiaturen herstellte, möchten wir darauf hinweisen, daß in *Meestertekens* seine Marke wie folgt angegeben wird: ein kleiner Baum zwischen den Anfangsbuchstaben BO innerhalb eines Quadrates. Er benützte diese Marke zwischen 1815 und 1833.

Die Arbeiten von drei weiteren Amsterdamer Gold- und Silberschmieden des 18. Jahrhunderts tauchten ganz überraschenderweise in den letzten Monaten des Jahres 1978 im Kunsthandel auf. Einerseits wurden verschiedene Arbeiten von Paulus de Soomer in London verkauft, andererseits bot man mehrere Werke aus den Werkstätten von Johannes de Vries und Johannes Bertels an Auktionen in Amsterdam an. Johannes de Vries war bereits zuvor als *smallworker* bekannt. Jetzt weiß man, daß dieser seit 1762 als Meister tätige und 1811 verstorbene Handwerker auch Silberspielzeug herstellte. Die beiden anderen Goldschmiede, Paulus de Soomer und Johannes Bertels, sind unbekannt und nicht in den holländischen Nachschlagewerken verzeichnet.

Man darf jedenfalls mit Sicherheit annehmen, daß es in Amsterdam im Laufe des 18. Jahrhunderts neben den bereits genannten weitere Goldschmiede gab, die Miniatursilber herstellten. Die bisherigen Forschungen haben bei weitem nicht alle Handwerker erfaßt. Viele heute bekannte Marken sind noch nicht identifiziert. Außerdem muß es zahlreiche Miniaturen geben, deren Marken bisher nirgends verzeichnet wurden. Aber wo sind sie? Vielleicht wird sich eines Tages herausstellen, welcher Meister seine Arbeiten mit den Buchstaben TB punzierte. Im Centraal Museum von Utrecht befinden sich eine hübsche Kaffeekanne und ein Gemüsebecken, die diese Marke aufweisen, und das Museum von Groningen besitzt einen Dreifuß, eine Krapfenpfanne, zwei Salznäpfe und ein Tablett dieses geheimnisvollen Meisters. Merkwürdigerweise werden im Victoria and Albert Museum in London eine Reihe von Gegenständen aufbewahrt, die die Buchstaben TB – als Marke eines unbekannten Londoner Meisters – tragen.

Vilelle, Abraham (tätig 1777–1800)

18. Jh. / 1815–1833

Boogaert oder Bogaard, Carel II. (tätig 1805–1833)

Soomer, Paulus de (tätig 2. Hälfte 18. Jh.)

Vries, Johannes de (tätig 1762–1807)

Die Initialen TB innerhalb eines Quadrates, auf Dutzenden von Gegenständen gefunden

Aber zurück zum Amsterdamer Goldschmied, der seine Arbeiten mit TB zeichnete. Sein Dreifuß (27 mm) von Groningen trägt den Jahresbuchstaben W für das Jahr 1756, ebenso die Krapfenpfanne (90 mm). Die beiden Salznäpfe (Buchstabe A) sind aus dem Jahre 1760 und das 72 mm hohe Tablett mit Fuß aus dem Jahre 1769 (Buchstabe K). Diese Daten beweisen, daß dieser Meister mindestens zwischen 1756 und 1769 tätig war.

In verschiedenen Katalogen für Silber begegnet man Miniaturen eines Meisters, der vor 1734 tätig war und seine Arbeiten mit einer sechsfach gerippten Muschel zeichnete. Die Marke befindet sich auf drei kleinen Schalen mit Untertellern im Museum von Groningen. Dies mag seltsam erscheinen, denn auch Cornelis Coutrier aus Amsterdam versah seine Arbeiten immer mit einer Muschel, wobei es verschiedene Varianten dieser Marke gibt, und Coutrier war tatsächlich um 1730 tätig.

Wird man eines Tages den Goldschmied identifizieren, der seine Arbeiten mit den Anfangsbuchstaben VGL in einem Rechteck zeichnete? Man weiß nur, daß er während der zweiten Hälfte des 18. Jahrhunderts arbeitete. Im Frühjahr 1965 wurden einige seiner Werke durch die Galerie Paul Brandt in Amsterdam verkauft. Es ging dabei um recht außergewöhnliche Stücke, unter anderem einen balusterförmigen, 1763 datierten Milchkrug auf einem Dreifuß mit S-förmigem Griff, eine ebenfalls balusterförmige Teekanne von 1784 und schließlich ein Waschbecken auf einem Ständer mit drei geschwungenen Beinen.

Auch der Meister, dessen Marke mit den Anfangsbuchstaben ATL auf verschiedenen Gegenständen im Victoria and Albert Museum in London zu sehen ist, und jener Goldschmied, dessen Zeichen mit den Buchstaben DGO sich auf einem Handleuchter im gleichen Museum befindet, sind unbekannt. Vielleicht stammen sie gar nicht aus Amsterdam.

Einfacher dürfte es sein, den Goldschmied zu identifizieren, der einen springenden Hasen als Marke benützte und in einem Katalog des Centraal Museum von Utrecht als unbekannter Meister genannt wird. Es gibt jedoch mehrere Goldschmiede, die für ihre Marke einen Hasen wählten, zum Beispiel Jan de Haas (1670–1717), Gerrit Hoevelak (1752–1800) und Warner de Haas (1640–1669), um nur einige zu nennen. Denn *de haas* bedeutet auf holländisch «der Hase», und alle Goldschmiede dieses Namens dürften auf den Gedanken gekommen sein, mit einem Hase zu punzieren. Die Marke von Warner de Haas sieht jener ziemlich ähnlich, die man auf einem winzigen Wasserkessel im Victoria and Albert Museum in London findet. Leider ist auf diesem Werk aber auch die Stadtmarke von Haarlem aus dem 17. Jahrhundert.

Mit dem 18. Jahrhundert ging in Amsterdam, wie im übrigen Holland, die Blütezeit der Silberminiaturen zu Ende. Im 19. Jahrhundert führten die Goldschmiede überall halb-industrielle Herstellungsverfahren ein, was auf Kosten der Qualität ging. Damit wurden die prachtvollen kleinen Arbeiten früherer Zeiten, die von Hand geschaffenen und bis in die letzten Einzelheiten vollendeten Miniaturen, immer seltener. Die alten holländischen und englischen Goldschmiede waren stets bemüht gewesen, sie in Proportionen und Details mit größter Genauigkeit den Vorbildern normaler Größe nachzubilden. Sie legten Wert auf eine tadellose Ausführung, auch bei den eingravierten oder getriebenen Verzierungen. Die meisten

Eine Muschel in einem Kreis, auf Schalen im Museum von Groningen gefunden, möglicherweise eine Variante von Cornelis Coutriers Marke

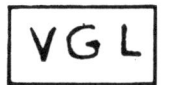

Die Initialen VGL innerhalb eines Rechtecks

Die Initialen ATL, auf verschiedenen Miniaturen im Victoria and Albert Museum in London gefunden

Die Initialen DGO, auf einem Handleuchter des Victoria and Albert Museum in London gefunden

Miniaturen wurden aus einer dünnen Silberfolie herausgearbeitet. Die Form erhielt man ohne Erwärmen, mit Hilfe eines kleinen Metallhammers. Die massiven Teile, wie Henkel, Griffe und aufgesetzte Verzierungen, entstanden durch Sandabdruck und wurden anschließend zusammengelötet. Zahlreiche dieser winzigen Meisterwerke, Kaffeekannen, Teekrüge oder Becher, wurden quecksilbervergoldet, als handle es sich um Kunstwerke.

Die Zeit nach dem großen Jahrhundert

Einige Amsterdamer Goldschmiede des 19. Jahrhunderts, die sich auf eine handfeste Tradition stützen konnten, stellten weiterhin Silberminiaturen her. Auf diese Weise wurde in den gesamten Niederlanden zwischen dem 17. und 20. Jahrhundert ununterbrochen Miniatursilber produziert. Im 19. Jahrhundert, das auch für zahlreiche andere Kunstgattungen eine unglückliche Entwicklung brachte, scheinen die holländischen Goldschmiede jedoch in der Mehrheit ihre Phantasie eingebüßt zu haben. Nur wenige Meister fanden noch zu einem zeitgemäßen und persönlichen Stil. Die meisten ließen ihren Blick zu sehr in die Vergangenheit zurückschweifen, anstatt sich der Zukunft zuzuwenden. So prägte die Erinnerung an die bereits damals gesuchten Werke ihrer berühmten Vorfahren, der van Geffen, van Strant und Duller, etwas zu offensichtlich ihre eigenen Arbeiten.

Im 19. Jahrhundert begannen die Holländer Goldschmiede, sei es in Amsterdam oder anderswo, sich vorwiegend der Nachahmung alter Silberarbeiten zu widmen. Es entstanden zahlreiche Kopien der Schlangenpokale aus dem 17. Jahrhundert, der im 18. Jahrhundert beliebten Kaffeekannen, der Figuren, die ein Jahrhundert zuvor entworfen worden waren, wie Mausefallen, Seiltänzer, Frauen am Brunnen, spielende Kinder mit Reifen oder auf einer Schaukel, ferner der Geräte, Bratpfannen und Pfeifenwärmer. Oft wurden die Nachahmungen sogar mit falschen Marken punziert, ein ebenso plumpes wie dummes Vorgehen, denn in Wirklichkeit waren diese Goldschmiede gleich geschickte Handwerker wie ihre Vorgänger im 18. Jahrhundert, die mit etwas mehr persönlicher Phantasie weitaus befriedigendere Ergebnisse hätten erzielen können.

Noch heute ist es sehr schwierig, all jene Gold- und Silberschmiede nachzuweisen, die im Laufe des 19. Jahrhunderts Miniatursilber herstellten, eine bedauerliche Tatsache, die für alle Länder gilt. Bisher wurden auf diesem Gebiet noch nicht einmal örtlich begrenzte Nachforschungen angestellt. Außerdem fanden die Silberarbeiten aus dem 19. Jahrhundert noch kaum Eingang in Privatsammlungen und Museen.

Alles, was diese Goldschmiede schufen, ist verschwunden oder verlorengegangen, manchmal auch einfach zerstört oder in die weite Welt zerstreut worden. Nur viel Glück und Geduld werden es erlauben, die einzelnen Gegenstände wiederzuentdecken, ihre Marken zu untersuchen und so schließlich die Namen ihrer Hersteller zu erfahren.

Dank bereits angestellten Forschungen ist es jedenfalls gelungen, einige Goldschmiede, die in Amsterdam tätig waren, zu identifizieren. Unter den ersten finden wir Jan Anthony de Haas, der seit 1796 Meister war und 1835 starb. Wie alle holländischen Meister dieses Namens benützte er eine Marke mit einem nach links schauenden Hasen unterhalb eines Punktes. Ab 1812 verwendete er andere Marken von der Art, wie sie während des ganzen 19. Jahrhunderts in Gebrauch waren. Ein Auktionslokal in Amsterdam verkaufte vor kurzem von diesem Meister einen kleinen Milchkrug mit sechs erhöhten Schalen und sechs Untertellern sowie ein winziges Tablett im Empirestil, beides aus dem Jahre 1808.

Einmal mehr stehen wir hier vor einer Dynastie von Meistern gleichen Namens. Man begegnet den de Haas nicht nur in Amsterdam, sondern auch in Sneek, Kampen, 's Hertogenbosch, Doesburg und Rotterdam, wo Gérard de Haas am Anfang des Jahrhunderts auch Miniatursilber hergestellt hat. Allein in Amsterdam arbeiteten zwischen 1800 und 1876 fünf Goldschmiede namens de Haas. Da man sicher weiß, daß Gérard de Haas in Rotterdam Silberminiaturen anfertigte und Jan de Haas in Amsterdam seinem Beispiel folgte, möchte man annehmen, daß sie nicht als einzige der Familie dieser Beschäftigung nachgingen. Es ist jedoch bisher nicht gelungen, weitere de Haas als Hersteller von Miniatursilber nachzuweisen.

Des weiteren war in Amsterdam ganz am Anfang des Jahrhunderts Hendrik Smits tätig, der 1798 sein Meisterrecht erlangte. Ende des Jahres 1978 verkaufte ein Antiquitätenhändler in Haarlem ein schönes Miniatur-Kaffeeservice von Smits aus den Jahren 1800–1804, was beweist, daß dieser Meister seit Beginn seiner Laufbahn Silberspielzeug herstellte. Wie Jan de Haas benützte Hendrik Smits eine erste Marke gegen Ende des 18. Jahrhunderts. Sie bestand aus seinen Initialen HS, gefolgt von zwei übereinandergestellten Punkten, innerhalb eines Rechtecks. Im Jahre 1812 mußte auch er neue Zeichen einführen. Laut *Meestertekens* benützte Smits seine beiden letzten Marken zwischen 1812 und 1836, dem Jahr, in dem seine Tätigkeit ein Ende nahm.

Zweifelsohne stellte auch die Firma C.W. Schuman am Anfang des Jahrhunderts, jedenfalls um 1820–1825, verschiedene Silberminiaturen her. Mehrere kleine Figurengruppen im holländischen Stil, darunter eine von zwei Pferden gezogene Halbkutsche, weisen das Zeichen dieser Firma auf. Es besteht aus den durch die Ziffer 7 getrennten Initialen CS innerhalb eines Rechtecks und ist die bisher einzige bekannte Marke dieser Firma.

Die Firma Bennewitz en Zonen, deren Verzweigungen in Holland unübersehbar sind, fertigte im zweiten Viertel des 19. Jahrhunderts ebenfalls Miniatursilber an, wie ein Puppen-Teeservice im Musée Bellevue in Brüssel zeigt. Die Firma bestand in Amsterdam zumindest zwischen 1812 und 1841, und alles weist darauf hin, daß in ihren Werkstätten noch andere Miniaturen dieser Art entstanden. Sie benützte mehrere Marken, mindestens fünf, die alle die Anfangsbuchstaben BZ, jedoch innerhalb verschiedener Umrisse – Quadrat, Rechteck, längliches Sechseck – aufweisen.

Wenig später stößt man in Amsterdam auf einen gewissen M. van Leeuwen, der zwischen 1830 und 1866 tätig war. Das Centraal Museum von Utrecht besitzt von diesem Meister eine 60 mm hohe Sanduhr, die beweist, daß auch er zu den Herstellern von Silberminiaturen gezählt werden darf. Er verwendete zwei verschiedene Marken, beide mit den Buchstaben MVL, wobei das V und das L zusammengeschrieben sind, einmal in einem länglichen Sechseck, dann in einem Quadrat mit der Zahl 97 über den Initialen.

Der kleine Ständer mit vier hübschen Schirmen in der Sammlung des Nederlands Goud-, Zilver- en Klokkenmuseum in Schoonhoven ermöglichte die Identifizierung eines anderen Amsterdamer Meisters, A. D. Verschuur, der seit 1848 und während der ganzen zweiten Hälfte des Jahrhunderts tätig war. Seine einzige Marke besteht aus den Initialen AV, gefolgt von einem Hammer, innerhalb des traditionellen holländischen Längssechsecks.

Schließlich gab es Ende des 19. und Anfang des 20. Jahrhunderts zwei Firmen mit einer verhältnismäßig umfangreichen Produktion: G. Spannet und J. Postmus. Diese beiden Goldschmiede schufen zahlreiche Miniaturen, und man begegnet ihren Werken immer häufiger an Auktionen oder in Antiquitätengeschäften. Sie sind aber noch in keinem Museum vertreten. Die Firma G. Spannet, die 1891 gegründet wurde, stellte ihre Tätigkeit erst 1921 ein. Als G. Spannet 1905 starb, übernahm seine Witwe den Betrieb. Das zwischen 1891 und 1905 benützte Firmenzeichen wurde auf mehreren Arbeiten gefunden. Es besteht aus den Anfangsbuchstaben GS, getrennt durch die Zahl 2, innerhalb eines länglichen Sechsecks. Die Marke der Witwe Spannet, die zwischen 1906 und 1921 verwendet wurde, ist mit der ihres Mannes beinahe identisch, nur sind hier die Initialen durch die Zahl 3 getrennt. Es wurden bisher keine Geräte, die das Zeichen der Firma Spannet aufweisen, gefunden, was nicht unbedingt bedeutet, daß man keine herstellte. Bei den bereits untersuchten Stücken handelt es sich ausschließlich um Figurengruppen, darunter einen Mann, der ein Joch mit zwei Milcheimern trägt.

Die 1899 durch den Goldschmied J. Postmus gegründete Firma war bis 1955 in Betrieb. Sie bestand aus dem Amsterdamer Mutterhaus und aus zwei Nebengeschäften in Alphen am Rhein und in Hoorn, einer Stadt, in der damals mehrere auf Miniatursilber spezialisierte Handwerker tätig waren. Die Miniaturen dieser Firma sind heute in großer Zahl im Kunsthandel zu finden. Ein holländischer Antiquitätenhändler bot vor kurzem zwei Figurengruppen von Postmus zum Verkauf an, zwei verhältnismäßig unbedeutende Miniaturen, einen Mann auf dem Bock eines zweirädrigen Einspänners und zwei bei einer Schaukel spielende Kinder. Postmus' zwei Marken weisen die durch die Zahl 2 getrennten Anfangsbuchstaben JP innerhalb des üblichen länglichen Sechsecks auf.

Schließlich muß noch die Firma des Goldschmieds A. F. Westerwaal erwähnt werden. Sie war zwischen 1900 und 1921 tätig. Im Centraal Museum von Utrecht befindet sich ein 42 mm hohes Körbchen dieses Meisters. Seine Arbeiten werden regelmäßig in holländischen, belgischen und sogar englischen Antiquitätengeschäften verkauft. Obwohl es sich um einen sehr späten Meister handelt, scheint er alte Werke kopiert zu haben, die er mit seiner eigenen Marke versah. Zusätzlich punzierte er, um glaubwürdiger zu erscheinen, Phantasiemarken, die allerdings niemand zu täuschen vermögen. Seine einzige Marke, die auf allen in seiner Werkstatt entstandenen Arbeiten zu finden ist, besteht aus den durch die Ziffer 3 getrennten Initialen AW innerhalb eines länglichen Sechsecks.

Zweifellos gab es in Amsterdam im Laufe des 19. und 20. Jahrhunderts neben den bereits erwähnten Meistern weitere Hersteller von Miniatursilber. Ihre Namen werden aber erst mit der Entdeckung ihrer Werke und deren genauer Untersuchung bekannt werden. Dies bedeutet, Nachforschungen anzustellen, die – mit Geduld, Ausdauer und einigem Glück geführt – noch Jahre dauern können.

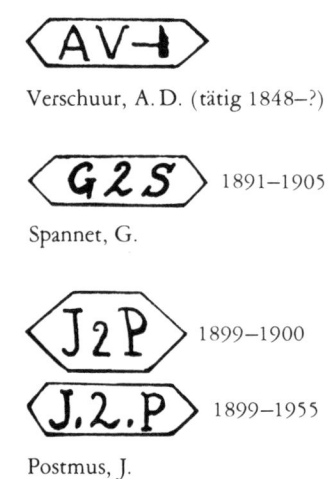

Verschuur, A. D. (tätig 1848–?)

Spannet, G. 1891–1905

Postmus, J. 1899–1900 / 1899–1955

Westerwaal A.F. (tätig 1900–1921)

🜚	Leeuwarden	🜚	Harlingen II
🜚	Sneek	🜚	Bolsward
🜚	Harlingen I	🜚	Franeker

DIE FRIESISCHEN STÄDTE

Wenn es um alte Silberminiaturen geht, kann keine andere holländische Stadt einem Vergleich mit Amsterdam standhalten. Nichtsdestoweniger wurden im Laufe der Zeit in vielen anderen Städten wahre kleine Meisterwerke geschaffen, die heute selbst Liebhabern unbekannt sind. So weiß man mit Bestimmtheit, daß im Norden des Landes seit der Mitte des 17. Jahrhunderts eine Reihe bemerkenswerter Arbeiten entstanden. Es handelt sich um die Provinz Friesland, eine Gegend der Milchproduzenten und Viehzüchter. Möglicherweise kamen sogar einige friesische Goldschmiede ihren Amsterdamer Handwerkergenossen ganz knapp zuvor. Die Legende, laut der die Handwerker von Leeuwarden, der Provinzhauptstadt, seit dem 16. Jahrhundert Kriegsspielzeug herstellten, muß jedoch zurückgewiesen werden. Man begegnet dieser Behauptung häufig in englischen Veröffentlichungen. Vor der Mitte des 17. Jahrhunderts wurde weder in Holland noch in Zeeland (Seeland) oder Friesland Miniatursilber produziert. Es wird sich wohl kaum je herausfinden lassen, was die alten friesischen Goldschmiede, die alle an verschiedenen Orten, meistens in kleinen Dörfern, tätig waren, dazu bewegte, Miniaturausführungen von Gegenständen anzufertigen, die sie gewöhnlich in normaler Größe herstellten. Es geschah bestimmt nicht, um mit ihren Amsterdamer Kollegen zu wetteifern, denn sie begannen ja gleichzeitig, wenn nicht früher damit. Es scheint folglich damals an Ort und Stelle eine Kundschaft für solches Silber gegeben zu haben, die teure Nippsachen aus Edelmetall kaufen konnte.

Friesland, eine vom Tourismus wenig berührte, landwirtschaftlich orientierte Provinz mit Weiden und blauen Seen, zählt innerhalb seiner engen Grenzen ein gutes Dutzend historischer Städte. Dazu gehören die Hauptstadt Leeuwarden, die Hafenstadt Harlingen, Bolsward, Franeker und Sneek, fünf Städte, in denen zwischen dem 17. und dem 20. Jahrhundert ununterbrochen Miniatursilber entstanden ist. Die Tradition der Goldschmiedekunst läßt sich in dieser Gegend bis ins 14. Jahrhundert zurückverfolgen. Einige Beispiele aus jener Zeit werden in holländischen Museen aufbewahrt.

Die eigentliche Geschichte des friesischen Silbers beginnt im Laufe des 16. Jahrhunderts. Damals begannen die friesischen Goldschmiede prachtvolle Fassungen für die Kokosnüsse, die die Seeleute mitbrachten, herzustellen. Daneben schufen sie Nautilusbecher, mit den riesigen Muscheln der Südsee. Zur selben Zeit wie die Goldschmiede von Groningen, einer Stadt nahe der friesischen Grenze, gestalteten auch die Friesen herrliche Becher mit eingravierten stilisierten Blumenmustern, sowohl in normaler Größe als auch, seit dem 17. Jahrhundert, *en miniature*. Mehrere dieser winzigen Becher kann man heute im Museum von Groningen bewundern, desgleichen schöne Pokale, die große Ähnlichkeit mit den Weingläsern aus derselben Epoche haben und die man meistens «Schlangengläser» oder «Venezianische Gläser» nennt. Sie wurden in ziemlich großen Mengen von der Glasindustrie der Niederlande hergestellt. Die meisten dieser Miniaturbecher und Kelche aus dem Norden des Landes messen zwischen 34 und 56 mm, tragen aber leider nie eine Meistermarke.

Die Stadt Leeuwarden war früher berühmt für ihre *molenbekers* («Windmühlen-Becher»). Das älteste bekannte Exemplar wurde im Jahre 1570 in Leeuwarden hergestellt, es befindet sich heute im Rijksmuseum in Amsterdam. Ein zweites Exemplar, das 1585 von Cornelijs Florijs in Leeuwarden geschaffen wurde, gehört dem Museum dieser Stadt. Die *molenbekers* waren im Grunde genommen richtige Spielsachen für Erwachsene. Der Becher wurde mit irgendeinem Getränk gefüllt, und der Trinker mußte in ein kleines auf der Seite angebrachtes Rohr blasen, um die Windmühlenflügel in Bewegung zu setzen. Anschließend galt es, den Becher auszutrinken, bevor die Flügel wieder stillstanden, sonst mußte man zur Strafe nochmals von vorne beginnen. Kein solcher Becher wurde vor 1620 außerhalb Frieslands hergestellt.

93 Die friesischen Goldschmiede waren auch für ihre *knottekistjes* und *knottedoosjes* bekannt, silberne Kästchen mit gewölbtem Deckel, die man zur Hochzeit schenkte. Zudem wurden die ersten holländischen Teekannen der zweiten Hälfte des 18. Jahrhunderts in Friesland hergestellt, ein weiterer Beweis dafür, daß die dortigen Goldschmiede den Amsterdamer Meistern in nichts nachstanden. Anscheinend wurde niemals eine Miniaturausführung eines *molenbekers* geschaffen, dafür gibt es aber winzige *knottedoosjes,* von denen einige sogar aus dem 19. Jahrhundert stammen. Man kann aber nicht behaupten, daß es sich dabei um eigentliche Miniaturen handelt.

Wie überall in den Niederlanden begann man auch in Friesland erst nach Herausgabe der Verordnung Philipps des Schönen im Jahre 1503 damit, die Silberarbeiten zu punzieren. Damals wurden alle Goldschmiede dazu verpflichtet, ihre Arbeiten mit ihrer persönlichen Marke, dem Zeichen der Stadt, in der sie ihren Wohnsitz hatten, und mit einem Jahresbuchstaben zu versehen. Im Jahre 1695 kam noch die Provinzmarke mit dem gekrönten Löwen dazu.

Trotz Erlassen und Verordnungen trägt ein Großteil des im 17. Jahrhundert entstandenen friesischen Miniatursilbers nicht alle gesetzmäßigen und oft überhaupt keine Marken. Dieser Zustand verbesserte sich erst im 18. Jahrhundert, obwohl manche Goldschmiede es selbst dann noch unterließen, ihre Miniaturen zu kennzeichnen. Dies erklärt den gegenwärtigen Stand der Dinge und die große Anzahl noch nicht identifizierter Werke, die man in verschiedenen Museen findet.

Im Bereich des Miniatursilbers scheint Aene Feenstra der bedeutendste Goldschmied von Leeuwarden gewesen zu sein, wie die zahlreichen von ihm erhaltenen

94 Handleuchter mit der Marke von Aene Feenstra, Leeuwarden, einem sechseckigen Stern innerhalb eines Kreises. Ende 18. Jh. L: 69 mm. Fries Museum, Leeuwarden

95 Dreifuß von Wybrandus Pierson, Leeuwarden. 18. Jh. H: 24 mm, L (mit Stiel): 57 mm. Fries Museum, Leeuwarden

96 Lichtputzschere von Nicolaas Swalue, Leeuwarden. 18. Jh. Dieses Gerät trägt die Marke mit den Initialen NS. L: 51 mm. Fries Museum, Leeuwarden

97 Teekanne mit der Marke von Allaert Wijngaerde, Leeuwarden, und dem Stadtzeichen von Leeuwarden. 1750. H: 56 mm. Musée de Bellevue, Brüssel

98–100 Ohreneisen *(oorijzers)* von Reynder de Vries, Leeuwarden. Ende 18. Jh. Diese Eisen gehören zur friesischen Frauentracht und wurden zweifellos für eine Trachtenpuppe geschaffen. H: 45 mm. Fries Museum, Leeuwarden

101 Mit 14 Kanonen bestückter Dreimaster, der mit einem sechseckigen Stern gekennzeichnet ist, von einem Goldschmied aus Sneek. Dabei ist zu beachten, daß Aene Feenstra aus Leeuwarden seinen Arbeiten ebenfalls einen sechseckigen Stern aufprägte. H: 58 mm, L: 54 mm. Fries Museum, Leeuwarden

102 Korb mit zwölf Löffeln von Jacobus Gerardus Treeling, Sneek. Um 1850. L: 48 mm, B: 48 mm, H: 26 mm. Centraal Museum, Utrecht

103 Teeservice mit der Marke der Firma Zwanenburg en Zoon, Sneek (1864–1900) L des Tabletts: 115 mm, H der Teekanne: 23 mm. Privatsammlung

94

95

96

97

98

99

100

101

102

103

104

105

106

107

104 Zweispänniger Reisewagen aus der Werkstatt der Firma Zwanenburg en Zoon, Sneek. Anfang 20. Jh. L: 60 mm. Centraal Museum, Utrecht

105 Leuchter von Theodorus Huygen, Harlingen. Kurz nach 1695. Fries Museum, Leeuwarden

106 Wasserkessel mit der Marke der Firma Zwanenburg en Zoon, Sneek. Wahrscheinlich Anfang 20. Jh. H: 45 mm. Centraal Museum, Utrecht

107 Wasserkessel, Sybout Buma (oder Bouma), Harlingen, zugeschrieben. 18. Jh. H: 43 mm. Centraal Museum, Utrecht

Feenstra, Aene (1744–1807)

Pierson, Wybrandus (?–1735)

Swalue, Nicolaas (1750–1812)

Eekhoff, Tiddorus (1767–1841)

Wijngaerde, Allaert (1724–1808)

Werke zeigen. Er war am Ende des 18. Jahrhunderts tätig. Das Museum von Leeuwarden besitzt von diesem Meister einen Handleuchter, der samt Griff 69 mm mißt, und ein dreimastiges Segelschiff, das mit 14 Kanonen bestückt und 58 mm hoch und 54 mm lang ist. Im Museum von Groningen sind ein 62 mm hoher Stuhl und eine 71 mm breite Probierschale zu sehen. Feenstra war offenbar sehr vielseitig und darf als echter Fachmann gelten. Wahrscheinlich gibt es eine Menge weiterer Gegenstände in den Museumsdepots oder in Privatsammlungen, die seine Marke aufweisen. Diese besteht aus einem einfachen sechseckigen Stern innerhalb eines Kreises.

Leeuwarden brachte im Laufe des 18. Jahrhunderts mehrere Spezialisten hervor, von denen jedoch keiner mit einem Arnoldus van Geffen in Amsterdam oder mit einem David Clayton in London zu vergleichen wäre. Dennoch sind in ihren Werkstätten einige ausgezeichnete Arbeiten entstanden. Als ersten möchten wir Wybrandus Pierson nennen, der seine Werke mit seinen Initialen WP zeichnete. Das Museum von Leeuwarden konnte sich allerdings nur leihweise einen silbernen Dreifuß, der samt Griff nur 24 mm hoch und 57 mm lang ist, verschaffen. Es handelt sich dabei um einen sehr seltenen Gegenstand, der in normaler Größe als Pfannenuntersatz gebraucht wurde.

Der zweite Goldschmied von Leeuwarden hieß Nicolaas Swalue. Er benützte eine Marke mit seinen Anfangsbuchstaben NS und ist bekannt dafür, einige Silberminiaturen geschaffen zu haben, beispielsweise die schöne, 51 mm lange Lichtputzschere, die dem Museum der Stadt von einem Sammler aus Deventer geschenkt wurde.

Der dritte Meister in Leeuwarden, Tiddorus Eekhoff, war am Ende des 18. Jahrhunderts tätig und stellte vorwiegend kleine Kommoden im typischen holländischen Stil her. Im Museum seiner Geburtsstadt befindet sich eine davon, nur 47 mm hoch und 38 mm breit, aus der Zeit um 1800. Hier stellt sich wieder einmal die Frage, ob solche Gegenstände tatsächlich als Miniaturen betrachtet werden dürfen. Die diesbezüglichen Ansichten sind geteilt. Einerseits dienten diese zahlreich erhaltenen Kommoden und kleinen Schränke vor allem als Dosen. Andererseits wurden sie zum größten Teil in Puppenhäusern und Glasschränken aufgestellt. Die gleiche Frage gilt auch für die englischen *toy porringers,* die eigentlich keine Miniaturen sind, und die vielen Löffelchen, die ursprünglich vielleicht einfach als sehr kleine Löffel benützt wurden. Wie dem auch sei, die winzigen holländischen Kommoden und Schränke werden, selbst wenn es sich dabei um Dosen handelt, heute auf der ganzen Welt als Miniaturen gesammelt, und es wäre sinnlos, sich dieser Tatsache zu widersetzen.

Schließlich gibt es im Musée Bellevue in Brüssel noch eine schöne 56 mm hohe Teekanne aus dem 18. Jahrhundert. Sie wurde von Allaert Wijngaerde, einem Meister aus Leeuwarden, geschaffen. Obwohl diese Teekanne kein Einzelstück sein kann, begegnet man diesem Meister in keinem anderen Museum Hollands. Er scheint um die Mitte des Jahrhunderts tätig gewesen zu sein.

Im Laufe des 19. Jahrhunderts arbeitete in Leeuwarden eine große Familie von Goldschmieden, die Attema, deren Anfänge ins Jahr 1836 zurückreichen und die der Stadt von Generation zu Generation eine große Anzahl von Goldschmieden schenkte. Noch heute gibt es in Leeuwarden die «Attema Dzn's Fabriek van Goudwerken», die 1952 gegründet wurde. Im Laufe der Jahre entstanden mindestens sieben Werkstätten Attema, deren Geschichte noch nicht geschrieben ist.

Die Familie Attema benützte insgesamt rund 20 verschiedene Marken. Zweifellos wurde in einigen ihrer Werkstätten Miniatursilber hergestellt, denn am 20. Januar 1975 gelangten auf einer Amsterdamer Auktion eine Sammlung von Silberspielzeug und mehrere Arbeiten eines D. Attema aus Leeuwarden zum Verkauf. Einer dieser Gegenstände, eine winzige Bäuerin, die ein Joch und zwei Kinder trägt, ist 1921 datiert. Es handelt sich dabei folglich nicht um den ersten D. Attema (1836–1873), dessen beide Marken die Anfangsbuchstaben DA aufweisen, die entweder von der Ziffer 1 oder von der Ziffer 112 gefolgt werden, sondern um den zweiten Meister dieses Namens. Dieser war zwischen 1907 und 1942 tätig, und seine beiden Marken bestehen aus dem Buchstaben A, gefolgt von einem Punkt (1907–1937) oder von zwei Punkten (1937–1942), immer innerhalb eines Quadrates. Höchstwahrscheinlich schufen mehrere Mitglieder der Familie Attema Silberminiaturen, um – wie das in Holland oft der Fall war – eine Familientradition hochzuhalten.

Einen ähnlichen Fall stellt die Familie de Vries dar. Bei ihr sind die Verzweigungen noch schwieriger zu überblicken als bei den Attema. Man findet während des ganzen 19. Jahrhunderts nicht nur in Leeuwarden, sondern in vielen anderen Städten Goldschmiede dieses Namens, wie in Meppel, Zutphen, Franeker, Sneek, Groningen, Arnhem, Rotterdam und in Amsterdam. Möglicherweise stammte auch der im 18. Jahrhundert in Amsterdam tätige Johannes de Vries aus dieser Familie. Wenigstens ein friesischer de Vries schuf Silberminiaturen: Reynder de Vries aus Leeuwarden, der zwischen 1876 und 1905 tätig war. Seine Arbeiten stellen eine Besonderheit in der reichen Auswahl holländischer Miniaturen dar. Es handelt sich dabei um 45 bis 63 mm große *oorijzers* (Ohreneisen) für Puppen aus vergoldetem Silber. Diese silbernen Ohreneisen gehören, in normaler Größe, üblicherweise zur friesischen Frauentracht. Reynder de Vries scheint sie als einziger *en miniature* angefertigt zu haben, wahrscheinlich um damit die Ohren der friesischen Trachtenpuppen zu schmücken. Seine Marke besteht aus seinen Initialen RV und der Ziffer 67.

Das Städtchen Sneek, das außerhalb der Niederlande kaum bekannt ist, gehört ebenfalls zur Provinz Friesland und liegt südlich von Leeuwarden, in der Nähe von Bolsward, wo man einst ebenfalls Miniatursilber herstellte. Es steht fest, daß die Gold- und Silberschmiede von Sneek während des 17. Jahrhunderts Silberminiaturen schufen. Leider ist uns aber kein Name überliefert worden, mit Ausnahme vielleicht von Wijger Jansen, der im Laufe des 17. Jahrhunderts in Sneek tätig war. Das Museum von Groningen besitzt einen 34 mm hohen Miniaturbecher, der einem unbekannten friesischen Meister aus dem 17. Jahrhundert zugeschrieben wird. Nun befindet sich in der Sammlung der Firma Premsela und Hamburger in Amsterdam ein Becher von identischer Form, aber normaler Größe (105 mm). Dieser weist die Marke von Jansen und den Jahresbuchstaben für 1664 auf. Wenn man von der Größe absieht, sind diese beiden Becher identisch, sie besitzen dasselbe gravierte Band mit Blattmuster am oberen Rand und an der Gefäßweite dieselbe Verzierung von versetzt übereinandergestellten Lappen, deren rechte Hälfte jeweils mit feinen Strichen gemustert ist. In Anbetracht der großen Ähnlichkeit in Form und Dekor der beiden Gefäße wäre man geneigt, den Miniaturbecher aus Gronin-

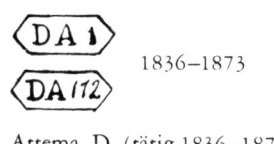

⟨DA 1⟩ 1836–1873
⟨DA 112⟩

Attema, D. (tätig 1836–1873)

[RV 67] [RV 67] 1876–1905

Vries, Reynder de

gen ebenfalls Wijger Jansen zuzuschreiben, der um die Mitte des Jahrhunderts tätig war.

Man muß leider feststellen, daß die meisten friesischen Silberarbeiten aus jener Zeit keine Marken tragen. Das gilt auch für die alten ostfriesischen Silberminiaturen aus Enkhuizen, Alkmaar und Hoorn. In Museums- und Auktionskatalogen werden diese anonymen Arbeiten als «altes friesisches Silber» aufgeführt.

In Sneek entstanden im Laufe des 19. Jahrhunderts unglaubliche Mengen an Silberarbeiten, dies dank einer großen Goldschmiedefamilie, der Zwanenburg, deren Vorfahre, Jan Zwanenburg, am 3. August 1827 unweit dieser Stadt, im Hafen von Harlingen, geboren wurde. Er ließ sich 1850 in Sneek nieder und eröffnete eine Werkstatt. Als Sohn eines Harlinger Zimmermanns, der sich dem Schiffsbau widmete, war er der erste Goldschmied seiner Familie. Niemand weiß, was ihn dazu bewegte, von Anfang an Silberspielzeug herzustellen. Seinen schönen Miniaturen begegnet man heute oft auf Auktionen und bei Antiquitätenhändlern; sie erzielen bereits hohe Preise.

Jan Zwanenburg hatte einen Sohn, Sijbrand, der am 25. Dezember 1856 in Sneek geboren wurde und der, seinem Vater gleich, Silberminiaturen herstellte. Als sich Jan im Jahre 1900 vom Geschäft zurückzog (er starb am 26. Oktober 1905), wurde die einfache Werkstatt in eine Firma umgewandelt, die «Zwanenburg en Zoon, Fa.J.», mit Sijbrand als Leiter.

Sijbrands Sohn Jan Salomon, am 18. Juni 1905 geboren, übernahm nach dem Tode seines Vaters, der am 23. Dezember 1932 in seinem Haus an der Kruizebroederstraat starb, das Geschäft und führte es bis 1953 weiter. Jan Salomon Zwanenburg bewohnte das Haus Nr. 16 der Noorderhorne in Sneek. Er starb am 14. Dezember 1977 in Leeuwarden.

Die Zwanenburg stellten seit jeher schöne Silberminiaturen verschiedenster Art her. Ihre Arbeiten tragen jeweils die Meistermarke und das kleine Schwert, die holländische Marke für Kleinarbeiten. Die Marken Jan Zwanenburgs enthalten die Initialen IZ, gefolgt von der Ziffer 222, innerhalb eines Rechtecks oder eines Quadrates. Jene aus der Zeit der Firma Zwanenburg und Sohn sind beinahe identisch, nur handelt es sich diesmal um die Buchstaben JZ, gefolgt von der Ziffer 222. Die Marken, die der Enkel Jan Salomon zwischen 1900 und 1953 benützte, tragen die Initialen JZ mit der Zahl 2. Bei genauer Prüfung der Punzen läßt sich somit die Zeit der Herstellung eines Gegenstandes ohne weiteres feststellen.

Die Identifizierung der Werke aus der Firma Zwanenburg erweist sich demzufolge für die Sammler als völlig problemlos. Gesucht werden heutzutage vor allem die frühen Arbeiten des Großvaters mit der Marke IZ 222. Aus jener Zeit sind vorwiegend Geräte, darunter einige sehr schöne Tee- und Kaffeeservice, bekannt. Sie bestehen im allgemeinen aus einem 115 mm langen ovalen Tablett, Kaffeekanne, Teekanne, Zuckerdose, Gebäckkörbchen, sechs Tassen mit Untertellern und Milchkrug. Die späteren, aus der zweiten Hälfte seiner Schaffensperiode stammenden Arbeiten befinden sich dagegen heute in großer Anzahl im Kunsthandel. Das Centraal Museum von Utrecht besitzt einen 87 mm hohen Papageienkäfig, einen schönen Teekessel und einen Zweispänner von der Hand dieses Meisters.

Die Arbeiten der Firma Zwanenburg erscheinen oft in holländischen Auktionslokalen. Auf einer bedeutenden Auktion, die 1975 stattfand, wurden mehrere

Zwanenburg, Jan (1854–1864)

Zwanenburg, Jan & Zoon (Sijbrand) (1864–1900)

Zwanenburg, Jan Salomon (1900–1953)

Werke verkauft, darunter ein Pfeifenhalter mit drei winzigen Pfeifen, ein Vogelkäfig, ein Spinnrad und eine ganze Reihe von Figuren und Figurengruppen, etwa ein Waffelfabrikant vor seinem Herd, eine Frau vor einem Backofen, ein Scherenschleifer mit seinem Wagen, eine Schaukel mit zwei Kindern und einem Vogel, ferner ein Mann, der eine mit einem Faß beladene Schubkarre stößt. Hinzu kam die Kopie eines Glutlöschers aus dem 18. Jahrhundert, ein Gerät, das dazu diente, die Glut im Herd zu ersticken. All diese Gegenstände tragen die Marken der Zwanenburg. Die dafür bezahlten Preise beginnen zu steigen; vor kurzem wurde ein Tee- und Kaffeeservice aus der dritten Periode zu 800 Gulden angeboten.

Kurze Zeit vor den Zwanenburg hatte bereits eine andere Familie damit begonnen, Silberminiaturen zu schaffen: die Treeling. Jacobus Gerardus Treeling wurde am 21. März 1819 in Amsterdam geboren und ließ sich um die Mitte des Jahrhunderts in Sneek nieder, etwa zur selben Zeit wie Jan Zwanenburg, der aus Harlingen kam. Möglicherweise war Treeling bereits Goldschmied, bevor er in die Provinzstadt zog, denn man begegnet in Amsterdam, seinem Geburtsort, zahlreichen Goldschmieden namens Treeling. Das Centraal Museum von Utrecht besitzt von ihm ein Körbchen mit einem Dutzend winziger Löffel, die aus den ersten Jahren des Bestehens seiner Firma, um 1850–1860, stammen. Man weiß nicht genau, wann die erste Marke Jacobus Treelings eingeschlagen wurde, aber es scheint, daß sie sich aus den Anfangsbuchstaben JT, gefolgt von der Ziffer 220, zusammensetzte. Die zweite Marke zeigt dieselben Buchstaben, jedoch in Begleitung der Ziffer II; beide Zeichen sind von einem Rechteck umrahmt.

Fransiscus Treeling, der Sohn von Jacobus, der am 31. November 1861 zur Welt kam, ergriff ebenfalls das Handwerk des Goldschmieds und arbeitete im Familienunternehmen in Sneek. Von 1893 bis 1907 benützte er eine Marke mit den Initialen FJT innerhalb eines Rechtecks. Der alte Treeling starb am 13. Juni 1893 in Sneek. Erst nach seinem Tode übernahm sein Sohn die Führung des Geschäfts. Er fuhr mit der Herstellung von Silberminiaturen bis 1907 fort, als er die Stadt verließ, um sich in Den Haag niederzulassen. Von diesem Zeitpunkt an verliert sich seine Spur. Man weiß jedoch, daß er dort eine ähnliche Marke wie in Sneek benützte, nur fügte er hinter jedem Anfangsbuchstaben einen Punkt hinzu, F. J. T., und das umfassende Rechteck war etwas größer. Unbekannt ist, ob er in Den Haag ebenfalls Silberminiaturen herstellte, es ist aber durchaus möglich.

Die Übersiedlung von Fransiscus Treeling nach Den Haag bedeutet keineswegs das Ende einer Familientradition, denn zahlreiche Goldschmiede dieses Namens waren während der zweiten Hälfte des 19. Jahrhunderts in Holland tätig. Sie stammten wohl alle aus derselben Amsterdamer Familie. In Amsterdam werden fünf Meister namens Treeling nachgewiesen, in Almelo sind es deren zwei.

Die kleine Hafenstadt Harlingen, aus der der älteste Zwanenburg gebürtig war, verdankte ihren Namen seit jeher mehr ihrer Schiffswerft als ihrer Goldschmiedekunst. Diese vorteilhaft gelegene Küstenstadt birgt noch heute zahlreiche Überreste von Befestigungen und viele Gebäude aus dem 17. und 18. Jahrhundert. Noch immer besteigt man in Harlingen die Schiffe, die über die Wattensee die Verbindung zu den Inseln Terschelling und Vlieland herstellen.

Die seit jeher sehr wohlhabende Stadt besitzt eine langjährige Tradition der Goldschmiedekunst. Man begegnet hier zwei Herstellern von Silberminiaturen,

108 Gravierter Becher, Anne Heerkes, Bolsward, zugeschrieben. Marke mit den Initialen AH. Um 1650. H: 41 mm, D: 34 mm. Fries Museum, Leeuwarden

109 Krapfenpfanne von Ipeus Siccama, einem Goldschmied aus Bolsward, der seine Arbeiten mit einem nach links oder nach rechts gerichteten Pferd kennzeichnete. Erste Hälfte 18. Jh. L: 76 mm. Fries Museum, Leeuwarden

110 Handleuchter von Ipeus Siccama, Bolsward, dessen Marke ein nach links oder nach rechts gerichtetes Pferd darstellet. L: 91 mm. Fries Museum, Leeuwarden

111 Zweihenklige Schale mit der Marke der Stadt Franeker, einer Glocke innerhalb eines Wappenschildes. Mitte 18. Jh. Victoria and Albert Museum, London

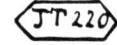

JT 220
Treeling, Jacobus Gerardus
(tätig 2. Hälfte 19. Jh.)

FJT
Treeling, Fransiscus
(Ende 19.–Anfang 20. Jh.)

108

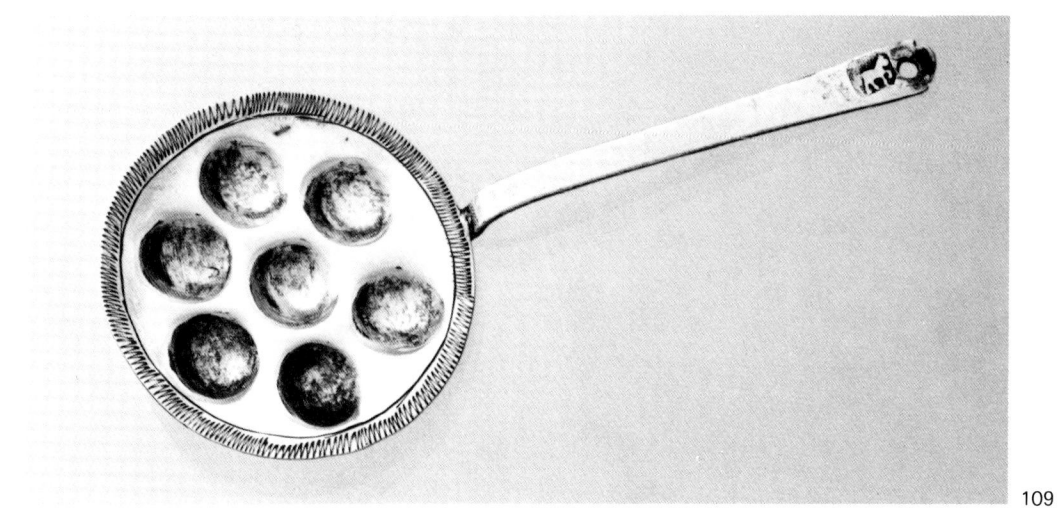

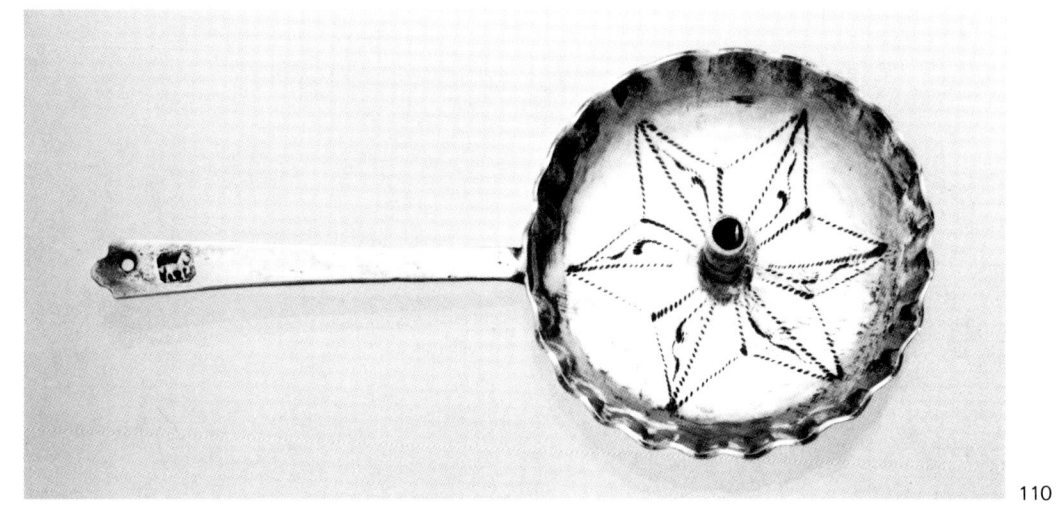

109

110

111

112

113

112 Messer, Löffel und Gabel von Christiaan Jacobus Brunings, Joure. 19. Jh. L von Löffel und Gabel: 50 mm, L des Messers: 55 mm. Fries Museum, Leeuwarden

113 Holländische Kaffeekanne, wahrscheinlich friesischer Herkunft. Marke unleserlich. Zweites Viertel 18. Jh. H: 63 mm. Victoria and Albert Museum, London

Buma (oder Bouma), Sybout (tätig 1718–1767)

Huygen, Theodorus (1652–nach 1710)
Zwei übereinanderstehende, nach rechts schauende Wiesel; nach 1694 nach links schauend

Heerkes, Anne (1600–1680)

Siccama, Ipeus (tätig 1705–1740)

1849–?

Brunings, Christiaan Jacobus (2. Hälfte 19. Jh.)

die wahrscheinlich keine eigentlichen Spezialisten in diesem Fach waren, von denen aber einige Stücke bekannt sind. Der eine war Theodorus Huygen, der seit 1695 in Harlingen tätig war. Mindestens ein Werk dieses Meisters ist heute identifiziert, ein 60 mm hoher Leuchter, der nur 22 g wiegt und sich im Museum von Leeuwarden befindet.

Der zweite Meister, Sybout Buma (oder Bouma, 1718–1767), ist ebenfalls dafür bekannt, Miniatursilber geschaffen zu haben. Das Centraal Museum von Utrecht besitzt einen 43 mm hohen Wasserkessel, den man der Marke wegen kaum jemand anderem zuschreiben könnte. Bumas Marke besteht aus einem einfachen B und darf nicht mit jener von Jan Bravert aus Amsterdam verwechselt werden. Die Marke von Theodorus Huygen ist älter und komplizierter. Sie läßt sich nur mit Mühe ablesen und zeigt zwei Wiesel in einem Schild.

Bolsward, eine andere kleine friesische Stadt, die nur wenige Kilometer nordwestlich von Sneek liegt, brachte ebenfalls mindestens zwei Hersteller von Silberminiaturen hervor, einen im 17., den anderen im 18. Jahrhundert. Der erste hieß Anne Heerkes und gehört zu den wenigen namentlich bekannten Gold- und Silberschmieden des 17. Jahrhunderts. Er muß um 1650 tätig gewesen sein; erhalten ist zumindest ein Miniaturbecher in friesischem Stil, der Heerkes' Marke mit den Initialen AH trägt.

Beim zweiten Goldschmied, von dem ziemlich viele Silberminiaturen bekannt sind, stellen sich einige besondere Probleme. Seine Marke, die man auf zwei Gegenständen im Fries Museum in Leeuwarden sehen kann, besteht aus einem nach rechts gerichteten Pferd. Beim ersten Stück handelt es sich um einen Handleuchter, der mit Griff 91 mm mißt, wobei der Untersatz des Napfes einen getriebenen Rand und einen eingravierten sechseckigen Stern aufweist, das zweite ist eine mit Griff 76 mm lange Krapfenpfanne. Nun weist Elias Voet jr. in seinem Werk *Merken van Friese goud- en zilversmeden* auf die Existenz eines Bolswarder Meisters namens Ipeus Siccama hin, der von 1705 bis 1740 tätig war und dessen Marke ein nach links gerichtetes Pferd zeigt. Voet fand diese Marke auf zwei Leuchtern, einer Krapfenpfanne und einer Nadelbüchse. Vermutlich punzierte Siccama also seine Werke mit einem bald nach rechts, bald nach links schauenden Pferd.

Seltsamerweise sind keine Namen von Goldschmieden aus zwei anderen Städten dieser Gegend überliefert, obwohl sie eine verhältnismäßig alte Tradition in diesem Bereich kennen. Es handelt sich um Dokkum und Franeker. An beiden Orten haben Goldschmiede Miniaturen geschaffen. Dies beweisen einige Stücke, die die Stadtmarke von Franeker aufweisen, unter anderem eine winzige «Brandy-Bowle», eine Art Probierschale, die heute im Victoria and Albert Museum in London zu sehen ist, aber nur eine einzige Marke aufweist: die Glocke von Franeker.

Unerwarteterweise findet man ebenfalls einen Meister, der Silberminiaturen herstellte, in einem kleinen friesischen Dorf namens Joure, das südöstlich von Sneek liegt. Es handelt sich um Christiaan Jacobus Brunings. Niemand hätte wohl jemals von ihm erfahren, wenn sich nicht einige seiner Arbeiten im Besitze des Museums von Leeuwarden befänden, nicht nur ein 50 mm langes Löffelchen, was nichts besonderes wäre, sondern auch ein Messer und eine Gabel mit denselben Maßen. Es sind also tatsächlich Miniaturen. Möglicherweise handelt es sich um ein Puppenbesteck. Auf jedem Stück findet man die Marke B 77, die wahrscheinlich vom

87

Ende des 19. Jahrhunderts stammt, doch nicht in *Meestertekens* angeführt ist. Dagegen wird dort die Marke eines Goldschmieds gleichen Namens, Y. Brunings, nachgewiesen, der zwischen 1828 und 1849 in Joure tätig war. Sie sieht jener von Christiaan Jacobus Brunings ähnlich, denn auch sie zeigt neben den zusammengeschriebenen Initialen YB die Zahl 77. Man darf demzufolge annehmen, daß dieser Y. Brunings der Vater von Christiaan war, und daß letzterer anfangs der zweiten Hälfte des 19. Jahrhunderts tätig gewesen sein muß.

Niemand wird bestreiten, daß sich das friesische Miniatursilber nicht mit der Amsterdamer Produktion vergleichen läßt. Dennoch besitzt das friesische Silberspielzeug, vor allem jenes aus dem 17. Jahrhundert, das im Kunsthandel nur sehr selten zu finden ist, einen unbestreitbaren Charme.

114 «Kleines Mädchen mit Silberspielzeug». Auf dem berühmten holländischen Gemälde vom Beginn des 17. Jh. hält das Mädchen eine silberne Klapper in der Hand, einen Gegenstand, der heute in der ganzen Welt sehr gesucht ist. Groninger Museum, Groningen

Weitere friesische Meistermarken

Andringa, Johannes (Leeuwarden 1722–Franeker 1796)

Feyens, Petrus (Leeuwarden) (tätig 1735–nach 1746)

Nicht-identifizierter Meister aus Franeker (3. Viertel 18. Jh.)

114

115

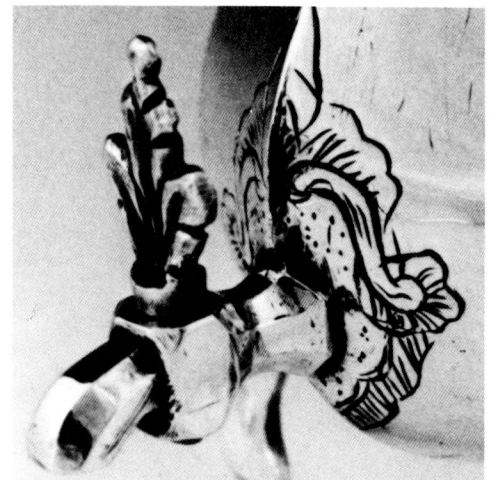

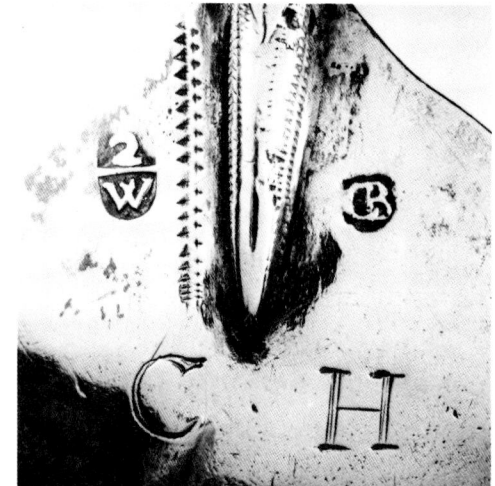

115

116

117

GRONINGEN

115 Typisch friesische Kaffeekanne (mit Detail) von Galenus J. F. Drewes, Groningen. Um 1810. H: 74 mm. Groninger Museum, Groningen

116 Marke mit den Initialen CB des Goldschmiedes Coep Broyels (oder Broeils) aus Groningen, der daselbst zwischen 1643 und 1650 tätig war. Groninger Museum, Groningen

117 Sieb-Teller von Willem Entinck, Groningen. Um 1730. D: 42 mm. Groninger Museum, Groningen

Groningen, eine Provinzhauptstadt, die im Norden der Niederlande, in der Nähe des Lauwers-Sees und des Wattenmeers liegt, ist in erster Linie eine Universitätsstadt und seit Jahrhunderten ein wichtiges Handelszentrum. Diese reizende Stadt befindet sich nur wenige Kilometer von der friesischen Grenze entfernt und verhältnismäßig nahe bei Leeuwarden. Wie ihre friesischen Handwerksgenossen stellten die Gold- und Silberschmiede von Groningen im 17. Jahrhundert eine Art Silber her, das von Liebhabern gerne als «wild» bezeichnet wird. Diese Groninger Arbeiten unterscheiden sich beträchtlich von jenen, die in den anderen Provinzen des Landes, in Holland oder in Zeeland, geschaffen wurden. Mit ihren reichen Verzierungen in Hochrelief besitzen sie jedoch einen eigenen Reiz, auch wenn sie manchmal etwas überladen wirken. In gewissem Sinne standen die Goldschmiede von Groningen unter dem Einfluß friesischer Meister, was auch für das Miniatursilber gilt.

Mag das friesische Silber mit seinen überschwenglichen Verzierungen gelegentlich den Geschmack der Sammler verletzen, so sind diese nichtsdestoweniger entzückt von den prachtvollen schlichten Pokalen, die die Meister von Sneek, Leeuwarden und Groningen im 17. Jahrhundert herstellten. Wir meinen die berühmten *avondmaalsbekers*, die jeder traditionsbewußte Holländer hochschätzt. Die Goldschmiede aus dem Norden der Niederlande scheinen im Laufe des 17. Jahrhunderts ausschließlich diese Art von Miniatursilber geschaffen zu haben. Die *avondmaalsbekers* sehen den Bechern normaler Größe in jeder Beziehung ähnlich, den «Schlangenpokalen», die anderswo, vor allem während des folgenden Jahrhunderts in Amsterdam, sowie von den Fälschern des 19. Jahrhunderts nachgeahmt wurden. Somit findet man heute in Groningen weder Geräte noch Figurengruppen, wie sie in großen Mengen in anderen Gegenden entstanden, nur Becher und Schalen, die aber zu den gesuchtesten und seltensten Gegenständen gehören.

Das Museum von Groningen besitzt mehrere solcher Becher, von denen der größte 60 mm mißt. Sie sind von abgestumpfter Form, haben einen Sockel und einen leicht ausschweifenden oberen Rand und sind jeweils mit einem leicht stilisierten Motiv von Blumen, Blättern, Früchten oder Insekten verziert. Die Pokale sind immer, entweder am Sockelrand oder auf einem Drittel der Höhe, von einem Dornengeflecht oder einem einfachen gezopften Silberschnürchen umzogen.

Leider unterließen die Meister in Groningen und Enkhuizen, die diese kleinen Meisterwerke herstellten, es meistens, diese zu markieren. Auf einem Becher, der sich heute in einer Privatsammlung befindet, entdeckte man eine Meistermarke. Sie gehört Coep Broyels, der 1643 in Groningen sein Meisterrecht erhielt. Der typisch friesische Becher ist 56 mm hoch. An seinem oberen Rand befindet sich ein Rankenornament, das an drei Stellen unterbrochen ist. Jede dieser Aussparungen ist von Blumen und Schnörkeln umgeben, und zwischen den Aussparungen sind kleine Früchtegruppen angebracht. Der gegossene Sockel ist traditionsgemäß mit einem Schnürchen aus Silberfäden geschmückt. Die Marke dieses Meisters besteht aus den Anfangsbuchstaben CB innerhalb eines Schildes.

Wenn auch sicherlich im Laufe des 17. Jahrhunderts mehrere Goldschmiede aus dieser Gegend solche Becher herstellten, so konnte unseres Wissens bisher nur Broyels identifiziert werden. Neben den «Schlangenpokalen» und *avondmaalsbekers* sind im Norden der Niederlande zu jener Zeit keine anderen Silberminiaturen entstanden. Die Behauptung einiger Autoren, es sei im Laufe des 16. Jahrhunderts in dieser Gegend Kriegsspielzeug produziert worden, muß zurückgewiesen werden.

Aus dem 18. Jahrhundert sind, obwohl es die Blütezeit des holländischen Miniatursilbers darstellt, nur drei Groninger Goldschmiede bekannt, die Miniaturen schufen. Mehrere ihrer Arbeiten sind im Museum dieser Stadt zu sehen.

Der erste der drei Meister hieß Willem Entinck und war während der ersten Hälfte des Jahrhunderts tätig. Seine Marke zeigt die Initialen WE innerhalb eines Quadrates. Von ihm stammt etwa ein kleiner Sieb-Teller von 42 mm Durchmesser aus der Zeit um 1730.

Der zweite Goldschmied aus Groningen, Jan van Streun, markierte seine Arbeiten mit den Initialen VS. Diese Marke sieht der eines berühmten Meisters in diesem Fach, Willem van Strant, ähnlich, der in Amsterdam tätig war. Das Museum von Groningen besitzt von Jan van Streun ein hübsches Waffeleisen, das mit Griff 78 mm mißt.

Der dritte und letzte Meister aus dem 18. Jahrhundert in dieser Stadt war Galenus J. F. Drewes. Er schuf Arbeiten sehr hoher Qualität und scheint auf den ersten Blick seinen beiden Kollegen überlegen zu sein. Man betrachte beispielsweise die 74 mm hohe Kaffee- oder Teeurne aus der Sammlung des Museums von Groningen. Das ungewöhnliche Gefäß ist birnenförmig, besitzt einen einzigen Ausgußschnabel und einen stark gewölbten Deckel und steht auf drei, in Kugeln auslaufenden Füßen. Die Marke von Drewes weist entweder die Anfangsbuchstaben GD innerhalb eines Quadrates auf oder ein Monogramm derselben Initialen, wobei das D in das G eingeschrieben ist.

Broyels, Coep (2. Hälfte 17. Jh.)

Entinck, Willem (1. Hälfte 18. Jh.)

Streun, Jan van (Ende 18.–Anfang 19. Jh.)

Drewes, Galenus J. F. (Ende 18.–Anfang 19. Jh.)

ROTTERDAM

Rotterdam, heute eine riesige Hafenstadt, in der Schiffe aus aller Welt anlegen, konnte sich, was die Herstellung von Miniatursilber betrifft, nie mit dem nur wenig entfernten Amsterdam messen. Dennoch hatte diese während Jahrhunderten blühende und wohlhabende Stadt wahrscheinlich seit dem Mittelalter ihre eigenen Gold- und Silberschläger, deren Namen uns jedoch nicht überliefert sind. Es ist kaum etwas über eine Gilde oder sonstige Vereinigung der Goldschmiede bekannt. Man weiß nur, daß am 22. August 1476 eine Gilde des Heiligen Eligius, die wahrscheinlich noch andere Berufe vereinigte, gegründet wurde. Niemand vermag heute zu sagen, welche Rolle diese Zunft damals spielte, und es gibt keinen Silbergegenstand vor 1590, der die Stadtmarke von Rotterdam aufweist, nur verhältnismäßig späte Arbeiten aus der Zeit nach der Verordnung des Erzherzogs Maximilian, der zum ersten Mal für die gesamten Niederlande die Markierung der Arbeiten aus Edelmetall vorschrieb. Der Wortlaut dieser Verordnung, die Rotterdam genauso wie alle anderen Städte betraf, war eindeutig: «... daß die besagten Goldschmiede von jetzt an kein Silbergeschirr mehr verkaufen können, ohne daß dieses Geschirr vorher mit der Marke des Meisters, der Stadt, in der er seinen Wohnsitz hat, und jener ihrer Vereinigung versehen wird».

Entweder blieb diese auf französisch verfaßte Verordnung in der alten niederländischen Hafenstadt unbekannt, oder aber alle vor Ende des 16. Jahrhunderts entstandenen Arbeiten gingen verloren, was durchaus möglich ist. Die drei ältesten, bisher bekannten Gegenstände, die die Stadtmarke von Rotterdam aufweisen, befinden sich heute in den Sammlungen des Museums Boymans-van Beuningen in Rotterdam, des Kunsthistorischen Museums in Wien und im Kreml. Es handelt sich um Nautilusbecher, von denen einer dem österreichischen Kaiser, die beiden anderen den Romanow gehört hatten. Die beiden Becher werden in einem Inventar des Silberschatzes des ersten Zaren der Romanow, Michael Feodorowitsch, erwähnt.

Obschon die Geschichte von den Anfängen der Rotterdamer Goldschmiedekunst wenig bekannt ist, weiß man heute, daß die Handwerker dieser Stadt kurz nach der Verordnung Maximilians ein System der Buchstaben-Datierung einführten. Im Jahre 1663 übernahmen sie die Marke mit dem Provinzlöwen Hollands. Von diesem Zeitpunkt an kann die Geschichte der Gold- und Silberschmiede von Rotterdam mühelos verfolgt werden, da sowohl die Arbeiten selber als auch die diesbezüglichen Schriftstücke in großer Zahl vorhanden sind. Was jedoch die Herstellung von Silberminiaturen betrifft, folgten die Meister dieser Stadt weder im 17. noch im 18. Jahrhundert dem Beispiel ihrer Amsterdamer Kollegen. Bestenfalls schufen einige unter ihnen ein paar holländische Teekännchen und von Zeit zu Zeit einen Miniaturgegenstand.

Der einzige bedeutende Handwerker der Mitte des 18. Jahrhunderts, Jacobus Gouwe (1689–1770), fertigte unter anderem eine 12,5 cm hohe achteckige Teekanne an, deren große Seiten unter dem oberen Rand mit gegossenem Zierwerk geschmückt sind. Dieses 1750 datierte Werk besitzt einen gewölbten, mit vier Muscheln verzierten Deckel mit knopfförmigem Griff und ein Akanthusblatt unterhalb des in einem Tierkopf endenden Schnabels. Von Gerardus Vinck, einem aus Den Haag stammenden Goldschmied, stammt eine nur 95 mm hohe Teekanne, die mit einem eingravierten Blumenmuster aus Tulpen und Margeriten verziert ist, während in der Mitte und auf dem Deckel eine Gardenia angebracht ist. Dieses Stück trägt das Datum 1695. Die Marke des vor 1733 verstorbenen van Vinck besteht aus einem Finken innerhalb eines Wappenschildes. Auch Douwe Eysma (1724–1796), ein Meister aus Leeuwarden, stellte mehrere Teekannen her, unter anderem eine, die 105 mm hoch und 1771 datiert ist. Alle diese Handwerker sind jedoch keine eigentlichen Spezialisten auf dem Gebiet des Miniatursilbers, obwohl die hübschen holländischen Teekännchen, wie bereits erwähnt, ausgezeichnet in eine Sammlung von Miniaturen passen. Wirkliche Hersteller von Silberminiaturen erscheinen in Rotterdam erst im 19. Jahrhundert. Heute ist es aber sozusagen unmöglich, auch nur ein Werk von jedem dieser Rotterdamer Goldschmiede nachzuweisen, obwohl man weiß, daß sie während des ganzen 19. Jahrhunderts Miniaturen produzierten. Wohl besitzt das Museum dieser Stadt eine Sammlung von *zilverspeelgoed,* aber diese Gegenstände wurden bis heute noch nie inventarisiert.

Meistermarken der Rotterdamer Gold- und Silberschmiede

Beugen, Bernard J. A. van

Schrieb sich am 13. Februar 1839 in Rotterdam ein und ist wahrscheinlich mit dem Goldschmied van Beugen aus Breda und den van Beugen in's Hertogenbosch verwandt. Alle waren im Laufe der ersten Hälfte des 19. Jahrhunderts, zwischen 1801 und 1854, tätig.

Caubergh, J. A. van

Schrieb sich am 9. Oktober 1863 in Rotterdam ein und war bis Ende des 19. Jahrhunderts tätig. Als Marke benützte er den Buchstaben C, gefolgt von einem Kreuz, entweder innerhalb eines Rechtecks oder innerhalb eines länglichen Sechsecks. Der Goldschmied R. I. Carabain aus Amsterdam verwendete zwischen 1823 und 1825 ein der zweiten Marke Caubergs ähnliches Zeichen.

Cohen, Samuel

Es ist unbekannt, wann sich dieser Goldschmied in Rotterdam einschrieb. Man weiß nur, daß er im Jahre 1902 in dieser Stadt starb. Es gab zwei weitere Meister dieses Namens in Haarlem, einen zwischen 1867 und 1883, den andern zwischen 1940 und 1944.

Curvers, Johan

Schrieb sich am 31. Mai 1833 ein und war um die Jahrhundertmitte tätig. Er wohnte am Nieuwe Markt in Rotterdam. Seine Marke ist unter der Nummer 253 eingetragen.

Dekker, Laurens

Schrieb sich am 8. Juni 1812 als Goldschmied ein und starb 1815. Seine Marke ist unter der Nummer 78 aufgeführt.

Es, Th. I. R. van

Schrieb sich am 1. November 1831 als Goldschmied ein und starb am 20. Januar 1838. Seine Marke trägt die Nummer 248. Im Prüfamt des Bezirkes Rotterdam werden im Laufe des 19. Jahrhunderts sechs Goldschmiede gleichen Namens verzeichnet. Bereits Ende des 18. Jahrhunderts sind zwei van Es aufgeführt. Hendrik van Es (1763–1816) und Leendert van Es (1768–1831), wahrscheinlich der Vater von Th. van Es.

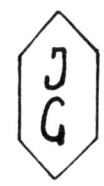

Groeneveld, Adam

Am 23. April 1819 als Goldschmied eingetragen. Marke Nr. 119. Wahrscheinlich handelt es sich um J. A. Groeneveld, der in *Meestertekens* als in der ersten Hälfte des 19. Jahrhunderts tätiger Meister genannt wird.

Haas, Gerrit de

Im 18. Jahrhundert geborener Goldschmied, der sich am 22. März 1812 in Rotterdam einschrieb. Schriftstücke aus dem 18. Jahrhundert erwähnen einen am 1. April 1764 geborenen Gerrit de Haas, der in der Botersloot von Rotterdam (heute Schavesteeg) wohnte und dessen Marke am Ende des 18. Jahrhunderts aus einem nach links gerichteten liegenden Lamm innerhalb eines Ovals bestand.
Es gibt Goldschmiede gleichen Namens in Sneek, Amsterdam, Kampen, Meppel, 's Hertogenbosch, Doesburg und Leeuwarden, wo der letzte de Haas zwischen 1939 und 1946 tätig war.

Hanneke, Gerrit

Am 21. November 1827 als Goldschmied eingetragen. Marke Nr. 222.

Keller, Willem Frederik

Am 19. Febuar 1839 als Goldschmied eingetragen. Marke Nr. 293. *Meestertekens* weist seine Tätigkeit am Ende des 19. Jahrhunderts nach.

Kluit, Cornelis

Am 1. Mai 1834 als Goldschmied eingetragen. Marke Nr. 282. *Meestertekens* verzeichnet seine Marke nicht, sondern erwähnt nur deren quadratische Form (Nr. 11 943). In Rotterdam dagegen ist sie als aus den Initialen CK über einem horizontalen Strich innerhalb eines Quadrates bestehend nachgewiesen.

Koster, Laurensz Jacob
Am 9. Januar 1826 als Goldschmied eingetragen. Marke Nr. 202. Wahrscheinlich der Sohn von Laurens Koster (1775–1844), der in Rotterdam an der Crooswijk arbeitete und dessen Marke am Ende des 18. Jahrhunderts die Initialen LK innerhalb eines Ovals aufwies.

Mark, Jan Andries van der
Zu unbekanntem Zeitpunkt eingetragen. Marke Nr. 195. Dieser Goldschmied wird in *Meestertekens* nicht genannt. Dagegen wird zwischen 1812 und 1824 ein J. A. van der Mark in Arnhem erwähnt. Wahrscheinlich handelt es sich um denselben Meister, der sich erst später, im Jahre 1825, in Rotterdam einschrieb.

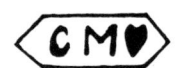

Mey, C. van der
Am 24. Dezember 1861 in Rotterdam eingetragen. Marke Nr. 374. Man begegnet Goldschmieden gleichen Namens in Dordrecht, Den Helder, Lochem, Alkmaar, sowie, zwischen 1825 und 1853, einem C. van der Mey in Zandaam. Wahrscheinlich handelt es sich um denselben Meister der sich erst danach in Rotterdam niederließ.

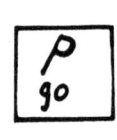

Pietersen, Peter
Am 26. Juni 1812 als Goldschmied eingetragen. Marke Nr. 95. Sein Geburtsdatum ist unbekannt. Er starb im Laufe des Jahres 1820.

Schermijn, Jacob
Kaum bekannter Meister, der sich am 28. November 1876 in Rotterdam einschrieb. Marke Nr. 432. Er starb im Jahre 1888.

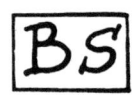

Slokkers, Barthel
Am 25. Juli 1836 als Goldschmied eingetragen. Marke Nr. 432. Er starb im Jahre 1851. *Meestertekens* bildet seine Marke ab und erklärt ihn als am Ende des 19. Jahrhunderts tätig, wobei es sich um einen Irrtum handeln muß.

Smitskamp, J. J.
Am 1. März 1902 als Goldschmied eingetragen. Marke Nr. 505. Wird in *Meestertekens* nicht genannt.

Vorst, Jacobus van
Am 14. Februar 1845 als Goldschmied eingetragen. Marke Nr. 323.

Wegley, Joseph
Am 18. Februar 1828 als Goldschmied eingetragen. Marke Nr. 224. Wird in *Meestertekens* nicht genannt.

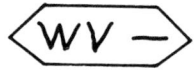

Winkel, Hendrika van
Am 1. November 1832 als Goldschmiedin eingetragen. Marke Nr. 251. Wird in *Meestertekens* nicht genannt.

DEN HAAG

Seit Anfang des 15. Jahrhunderts arbeiteten in Den Haag Gold- und Silberschmiede von nicht geringer Bedeutung. Chroniken aus der Zeit der alten Niederlande berichten von der Anwesenheit eines gewissen Jean Thyrion, dessen Name keinen niederländischen Klang hat und der 1435 tätig war, sowie von Ansem Aerntsz und Aerntsz Boys, deren Werke in gotischem Stil ausschließlich für Kirchen und Gilden bestimmt waren. Am Anfang des 16. Jahrhunderts werden mindestens drei weitere Goldschmiede nachgewiesen: Hugo Aerent Zoon, Jacob de Grebbers van Wijk und Thomas Clatcher.

Eine eigentliche Tradition der Goldschmiedekunst nimmt jedoch in Den Haag erst mit dem 17. Jahrhundert ihren Anfang, als sich mehrere deutsche Meister, wie Hans Coenraat Brechtel (oder Bregtel) aus Nürnberg und Hans Jacob Beer sowie Andries Gill aus Augsburg, in der Stadt niederließen. Verhältnismäßig lange Zeit hindurch übten diese Goldschmiede von jenseits des Rheins einen gewissen Einfluß auf ihre niederländischen Kollegen aus. Erst gegen Ende des Jahrhunderts, als Wilhelm von Oranien, der Schwiegersohn Jakobs II. Stuart, den englischen Thron übernahm, machte dieser erste Einfluß jenem der Engländer Platz. Außerdem ließen sich im 17. Jahrhundert eine stattliche Anzahl niederländischer Goldschmiede, wie Loockemans, Vuystingh, van Hoecke und van Gulik, in Den Haag nieder. Schließlich wanderten gegen Ende des Jahrhunderts die Hugenotten ein, die durch die Aufhebung des Edikts von Nantes aus Frankreich verjagt worden waren. Meister wie Richard Musseau, Jacob Pottier, Jean Rostang, Jacques Tuillier und einige andere sollten ihrerseits die örtliche Goldschmiedekunst beeinflussen und die französischen Stilrichtungen geltend machen.

Obwohl es damals nur wenige Goldschmiede gab, hatte Den Haag bereits seit 1503 eine erste Gilde, als die Niederlande der Herrschaft von Philipp dem Schönen, Herzog von Burgund, unterstellt wurden. Die Punzierung der Arbeiten aus Edelmetall wurde vorgeschrieben, und Den Haag nahm die heutige Marke mit dem *ooievaar,* dem Storch, an. Dazu kamen Meistermarke und Jahresbuchstabe. Alle im Innern der Stadtgrenzen hergestellten Silberarbeiten trugen bis 1663 nur diese drei Marken. Ab diesem Zeitpunkt mußten die Meister der holländischen Provinz ihre

Werke mit einer weiteren Marke kennzeichnen, dem *klimmende leeuw* oder steigenden Löwen als Kennzeichen der Provinz. Diese Tatsache ist zahlreichen Fälschern entgangen, die daher, ohne zu zögern, einen holländischen Löwen neben Jahresbuchstaben aus der Zeit vor 1663 setzten, ein Fehler, der demzufolge leicht zu entdecken ist.

Was die Herstellung von Silberminiaturen betrifft, so folgte man in Den Haag ebensowenig wie in den Städten Zeelands dem Beispiel der Amsterdamer Goldschmiede. Weder im 17. noch im 18. Jahrhundert kann ein eigentlicher Spezialist in diesem Fach nachgewiesen werden. Einige Meister des 18. Jahrhunderts schufen gelegentlich Silberarbeiten in sehr kleiner Ausführung, die heute als Miniatursilber betrachtet werden können. Im allgemeinen handelt es sich um Becher, Teedosen, Tablette, Töpfchen, *pijpencomfoors* und Teekannen. Diese Teekannen, die nur 8 bis 15 cm hoch sind, stellen heute für die Sammler von Silberminiaturen ein wahres Problem dar. Wurden die *theepotjes* oder *trekpotjes*, wie sie die Holländer nennen, zur normalen Teezubereitung benützt oder waren es Miniaturausführungen von sonst viel größeren Teekannen? Es dürfte jedenfalls schwierig sein, in diesen kleinen Gefäßen fünf Löffel Tee, etwa die für vier Tassen benötigte Menge, ziehen zu lassen. Die Teeblätter saugen das Wasser rasch auf, schwellen auf beunruhigende Weise an und bilden schließlich eine dunkle Masse, wobei die Flüssigkeit fast verschwunden ist. Und doch kann man auf einigen holländischen Stichen aus dem 18. Jahrhundert sehen, wie Erwachsene solche *theepotjes* benützen. Wie dem auch sei, es dürfte heute durchaus berechtigt sein, diese hübschen silbernen Teekannen, die nicht nur in Den Haag hergestellt wurden, in eine Sammlung von Silberminiaturen aufzunehmen. Sie sehen auch eher wie Puppenteekannen aus. Im Laufe des 18. Jahrhunderts schufen viele Den Haager Meister solche *theepotjes,* wobei ihnen die Goldschmiede von Haarlem, wie Casparus Janszonius, Andries Akersloot, David de Klerk, Abraham Marshoorn und Gerrit Swaart, ernsthaft Konkurrenz machten.

Seit Beginn des 18. Jahrhunderts kann man bei den Goldschmieden in Den Haag eine Tendenz zur Herstellung von verhältnismäßig kleinen Gegenständen feststellen. So ist beispielsweise im örtlichen Museum ein Handleuchter mit zwei Näpfen auf einem nierenförmigen Untersatz, der nur 12,5 cm lang ist, zu sehen, während ein einnäpfiger Leuchter gewöhnlich bereits einen Durchmesser von 14 bis 16 cm hat. Dieser prachtvolle kleine Gegenstand ist 1713 datiert und stammt aus der Werkstatt von Jean Rostang, einem hugenottischen Meister der Stadt. Jacques Tuillier, ebenfalls ein Hugenotte, Meister seit 1710, schuf wenigstens ein Paar Leuchter mit diesem Datum. Seine letzte bekannte Arbeit stammt aus dem Jahre 1736. Er benützte eine Meistermarke mit den Anfangsbuchstaben IT über einem kleinen Quadrat innerhalb eines Wappenschildes.

In der ersten Hälfte des 18. Jahrhunderts arbeiteten in Den Haag außerdem zwei noch nicht identifizierte Goldschmiede, die gelegentlich Gegenstände in verkleinerten Dimensionen anfertigten. Der eine benützte eine Marke mit einem nach links schauenden Kopf innerhalb eines gekrönten Wappenschildes und scheint verhältnismäßig viele solche Arbeiten geschaffen zu haben, wie kleine quadratische oder viereckige Tablette, die Wappen tragen und nur etwa 15 cm lang sind, oder Becher von höchstens 85 mm Größe, die wohl für Kinder bestimmt waren.

Rostang, Jean (?–1735)

Tuillier, Jacques (tätig Anfang 18. Jh.)

Der andere unbekannte Meister war zwischen 1730 und 1755 tätig. Seine Marke weist die durch einen Punkt getrennten Anfangsbuchstaben I (wahrscheinlich für J) und B innerhalb eines Wappenschildes auf. Er hinterließ mehrere Kleinarbeiten, darunter ein 85 mm hohes *pijpencomfoor* und verschiedene kleine Behälter.

Zur selben Zeit, d. h. um die Mitte des Jahrhunderts, arbeitete in der Stadt auch Gregorius van der Toorn, Mitglied einer berühmten Dynastie von Goldschmieden, die wenigstens fünf Generationen zählte. Er wurde 1715 geboren und erlangte 1738 sein Meisterrecht. Man kennt von ihm mehrere kleine Gegenstände, unter anderem einige hübsche Streudosen aus dem Jahre 1750 und eine kugelförmige, 10 cm hohe Teekanne, die das eingravierte Wappen der Familie de Pesters und das Datum 1739 aufweist. Seine Marke besteht aus den Anfangsbuchstaben GT innerhalb eines Ovals.

Ebenfalls gegen Mitte des Jahrhunderts begegnet man einem weiteren Goldschmied, dessen Produktion sehr kleine sowie auch bemerkenswerte Arbeiten in normaler Größe im Louis-XIV-, Louis-XV- und Louis-XVI-Stil umfaßt. Es handelt sich um Reynier de Haan (1712–1783), der am 8. November 1731 in Den Haag zum Meister ernannt wurde. Es sind von ihm mehrere Schalen mit dem Datum 1738, ein 10 cm hoher Leuchter aus dem Jahre 1740 und ein 76 mm hohes Körbchen im Louis-XV-Stil bekannt. Seine Marke weist die durch einen Punkt getrennten Initialen RH innerhalb eines punktierten Kreises auf.

Cornelis de Haan (1735–1788), sein Neffe und der Sohn des Goldschmieds Marcelis de Haan, erhielt sein Meisterrecht im Jahre 1755. Er war zwischen 1767 und 1771 Zunftmeister und Markenaufseher und schuf sehr kleine Arbeiten, darunter eine 90 mm hohe Streudose mit dem Datum 1766. Seine Marke zeigt einen nach links gerichteten Hahn (niederländisch *haan*) innerhalb eines Ovals. Sein Vater Marcelis soll für seine Marke ebenfalls einen nach links schauenden Hahn benützt haben. Das Museum von Den Haag schreibt ihm einige Werke zu, unter anderem ein 57 mm hohes Silberkörbchen, das die Stadtmarke und den Buchstaben K für das Jahr 1756 aufweist.

Weniger häufig als die van der Toorn oder die de Haan wird die Familie van Stapele im Zusammenhang mit Silberminiaturen erwähnt. Dabei stellte François van Stapele während seiner langen Schaffensperiode, die sich von 1728 bis etwa 1772 erstreckte, ebenfalls Miniaturen her, jedenfalls die in Den Haag üblichen stark verkleinerten Gegenstände. Das Museum von Den Haag besitzt von diesem 1678 in 's Hertogenbosch geborenen Goldschmied eine der schönsten Teekannen, 118 die es gibt. Mit ihrem geschwungenen Fuß auf rechteckiger Basis ist sie 11 cm hoch und besitzt einen abgerundeten Henkel mit Flachschnitt sowie einen flachen Deckel mit einem Griff in Form eines umgekehrten Kreisels. Dieses kleine Meisterwerk der Goldschmiedekunst weist den holländischen Löwen, den Storch von Den Haag, den Jahresbuchstaben Y für das Jahr 1745 und die Meistermarke auf. Letztere setzt sich aus drei Sternen über einer kleinen Vase innerhalb eines Wappenschildes zusammen.

Martinus van Stapele, der Sohn von François, wurde 1731 geboren und erhielt 1756 sein Meisterrecht. Er scheint den Spuren seines Vaters gefolgt zu sein, denn man kennt von ihm eine Reihe kleiner Silbergegenstände, darunter ebenfalls eine Teekanne auf rechteckigem Sockel mit vier kugelförmigen Füßen, einem flachen

Toorn, Gregorius van der (1715–1768)

Haan, Reynier de (1712–nach 1762)

Haan, Cornelis de (1735–1788)

Haan, Marcelis de (1. Hälfte 18. Jh.)

Stapele, François van (1698–1775)

Deckel und einem rundgeschnittenen Henkel. Die 11 cm hohe Kanne ist 1760 datiert. Diese Arbeit wurde 1967 in Den Haag ausgestellt, gleichzeitig mit einer 1778 datierten, 82 mm hohen Fußschale im Louis-XV-Stil. Im übrigen produzierte dieser Meister auch 93 mm hohe Teedosen von rechteckigem Schnitt. Einige davon wurden in Dreiergruppen in 13 cm hohe Kästchen gestellt. Die Marke von Martinus van Stapele zeigt ebenfalls drei Sterne über einer kleinen Vase.

Stapele, Martinus van (1731–1806?)

Stapele, Reynier van (1764–1795)

Der Sohn von Martinus, Reynier van Stapele, der 1764 geboren und 1788 Meister wurde, stellte, wie sein Großvater und sein Vater, Miniaturteekannen her. Eine davon, im reinsten Louis-XVI-Stil, wurde 1967 in Den Haag ausgestellt. Sie ist 15,5 cm hoch. Reyniers Marke gleicht jenen seiner Vorfahren mit den drei Initialen RVS über einem Wappenschild, das drei Sterne über einer kleinen Vase enthält.

Nicolaas Radijs (1727–1768), Meister seit 1753, wird in mehreren Artikeln genannt, die sich mit Miniatursilber befassen. Leider sind keine Einzelheiten über ihn bekannt. Wie sein Vater, Christoffel Radijs, Meister seit 1725, schuf er unter anderem Kleinarbeiten, Saucieren, Salzgefäße, Leuchter usw. Keine der bisher identifizierten Arbeiten, ob sie nun des Vaters oder des Sohnes Marke tragen, ist jedoch eine eigentliche Miniatur, was nicht ausschließt, daß beide gelegentlich einige herstellten. Im übrigen waren sie nichts weiter als rechtschaffene Handwerker. Die Marke von Nicolaas besteht aus den Initialen NR unter einem Radieschen (niederländisch *radijs*) innerhalb eines Quadrates mit abgerundetem oberen Rand. Die Marke des Vaters weist die durch ein Radieschen getrennten Anfangsbuchstaben CR innerhalb eines Quadrates mit abgerundetem oberen Rand auf.

Ysseldijk, Godert van (1726–1816)

Anfangs der zweiten Hälfte des Jahrhunderts erscheint Godert van Ysseldijk. Er wurde 1726 in Nijmegen geboren und erhielt im Jahre 1753 in Den Haag seinen Meisterbrief. Sein Werk umfaßt eine Menge reizvoller kleiner Arbeiten, vor allem Tablette, aber auch Teekannen in verkleinerter Ausführung. Eine dieser Kannen befindet sich im Gemeentemuseum von Haarlem. Sie ist 12,5 cm hoch, im Louis-XV-Stil gehalten, kürbisförmig, mit einem S-förmigen Henkel aus Ebenholz und 1765 datiert. Eine andere, etwas verschieden gestaltete Teekanne mit denselben

Maßen wurde 1967 in Den Haag ausgestellt. Sie steht auf einem rechteckigen Tablett von 10 cm Seitenlänge, hat einen Holzgriff und einen flachen Deckel und ist 1761 datiert. Außerdem besitzt die «Evangelisch Luthersche Gemeente» in Den Haag einen hübschen kelchförmigen Becher dieses Meisters, der nur 68 mm hoch und 1757 datiert ist.

Zwei weitere Goldschmiede waren am Ende des 18. Jahrhunderts tätig: François Ⓜ Marcus Simons und der Sohn von Gregorius van der Toorn, Johannes, der 1747 geboren wurde. Die Tätigkeit von Johannes van der Toorn erstreckte sich bis in die ersten Jahre des 19. Jahrhunderts; er starb 1832. In seiner Werkstatt entstanden zahlreiche Kleinarbeiten, darunter mehrere der umstrittenen Teekannen. Eine davon war ebenfalls 1967 in Den Haag ausgestellt: Kürbisförmig, wie jene von Godert van Ysseldijk, besaß sie einen S-förmigen Holzgriff, einen aus Blättern geformten Deckel und einen mit Pflanzenmotiven verzierten Ausgußschnabel. Wie sein Zeitgenosse Martinus van Stapele produzierte auch Johannes van der Toorn viele nur 10 cm hohe Teedosen, die oft in Dreiergruppen in Schaukästen gestellt wurden.

FS   Simons, François Marcus (1750–1828)

IT   Toorn, Johannes van der (1747–1832)

Als letzter Goldschmied, der Gegenstände herstellte, die man als Miniaturen betrachten kann, muß François Marcus Simons genannt werden. Von seiner Hand Ⓜ stammen 67 mm hohe Töpfchen, ein Wasserkessel mit Standfuß aus dem Jahre 1791 und ein 1792 datiertes, 90 mm hohes *komfoor,* eine Art Räucherpfanne, auf einem Tablett, schließlich ein Henkelkörbchen, das samt Henkel 11,2 cm hoch ist. Wie bereits erwähnt, war Simons bis in die ersten Jahre des 19. Jahrhunderts hinein tätig. Aus dieser Zeit gibt es in einer holländischen Privatsammlung eine 11,2 cm hohe, kugelförmige Teekanne auf rundem Fuß, mit einem Henkel aus Ebenholz und einem flachen Deckel, der mit einem eichelförmigen Griff geschmückt ist und sich in den überhöhten und ausschweifenden Rand des Gefäßes einsenkt. Diese Arbeit weist den Buchstaben für das Jahr 1812 auf.

Die Herstellung kleiner Teekannen wurde in Den Haag erst sehr spät eingestellt, wobei wahrscheinlich zwei der spätesten Exemplare im Jahre 1967 in Den Haag zu sehen waren. Die eine, 1838 datiert, ist ein Werk des Goldschmieds Gerardus Hendrik Bouscholte. Sie ist 80 mm hoch und somit ein echtes Silberspielzeug. Ⓜ Kugelförmig, auf rundem Sockel, mit rundgeschnittenem Holzgriff und einer mit vier leicht erhöhten Rippen verzierten Weite, wäre sie in mancher Sammlung das Prunkstück. Die andere ist um 1850 in der Werkstatt von Philippe de Meijer entstanden, der zwischen 1842 und 1869 tätig war. Diese Teekanne bricht mit der Tradition, indem sie moderner gehalten ist, rechteckig auf ebenfalls rechteckigem Sockel, mit vier kugelförmigen Füßen, einem eckigen Holzhenkel und einem

ⓜ rechteckigen Deckel, der mit einem knopfförmigen Holzgriff verziert ist. Die Gefäßweite ist mit fünf Rippen geschmückt. Die Marke de Meijers besteht aus seinen Anfangsbuchstaben DM über der Zahl 30 innerhalb eines Quadrates. Man findet sie auf der oben beschriebenen Teekanne. Dieser Meister benützte aber zur selben Zeit noch zwei andere Marken, einmal die Initialen DM, gefolgt von zwei übereinandergestellten Punkten und der Zahl 30, innerhalb eines Rechtecks, dann dieselben Buchstaben, gefolgt von der Zahl 30, innerhalb eines länglichen Sechsecks. Die letzte Marke sieht jener ähnlich, die der Goldschmied D. Mulder aus Winschoten von 1830 bis 1838 benützte.

ⓜ Man muß das Ende des 19. Jahrhunderts abwarten, um in Den Haag endlich in A. J. Rodbard einen Spezialisten im herkömmlichen Sinn zu finden. Seine Miniaturen werden heute regelmäßig an Auktionen angeboten. Dieser Meister stellte nicht nur Geräte her, sondern auch Figurengruppen, die wahrscheinlich für die Touristen der Jahrhundertwende bestimmt waren. Auf einer Auktion in Amsterdam im Jahre 1975 wurden ein von einem Pferd gezogener Karren und eine hübsche Holländer Bäuerin versteigert, die ein Joch mit zwei daran aufgehängten Milcheimern trägt. Die Arbeiten Rodbards, die noch in keinem Museum zu sehen sind, haben nichts Außergewöhnliches an sich; allerdings ist heute bei weitem nicht sein gesamtes Werk bekannt.

118 Teekanne, in Holland *trekpotje* oder *theepotje* genannt. Sie stammt von François van Stapele, Den Haag, und ist mit dem Jahresbuchstaben Y für 1745 versehen. H: 110 mm. Haags Gemeentemuseum, Den Haag

119 Holländische Teekanne von Philippe de Meijer, Den Haag. Sie trägt die Marke mit dem Minervakopf. Um 1840. Haags Gemeentemuseum, Den Haag

120 Handleuchter mit zwei Näpfen, von Jean Rostang, Den Haag. Der Leuchter weist den Jahresbuchstaben P für 1713 auf. Das Tablett ruht auf vier Füßen. L: 125 mm. Haags Gemeentemuseum, Den Haag

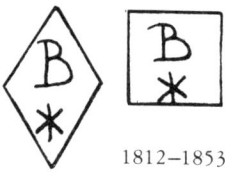

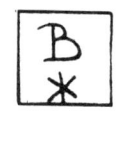

Bouscholte, Gerardus Hendrik
1812–1853

1842–1869 Meijer, Philippe de

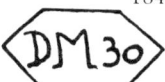

Rodbard, A. J.
1890–1909

118

119

120

121

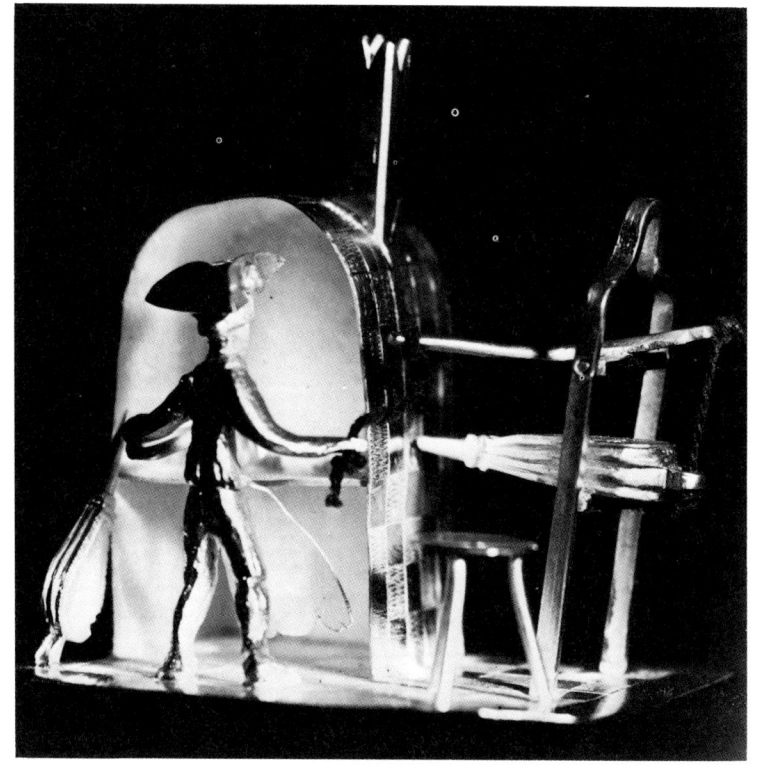

121

122

123

Hoorn

121 Affe auf seiner Stange, von einem nicht-identifizierten Goldschmied aus Hoorn, dessen Marke ein Blatt darstellt. Der Jahresbuchstabe kann die Jahre 1742, 1767 oder 1792 bezeichnen. *Daneben:* Auf der Figur befindliche Marken. Westfries Museum, Hoorn

122 Straßensänger mit Leierkasten, der die alte holländische Ballade *Het vrouwtje van Stavoren* singt, von Jacob van Straten, Hoorn. Westfries Museum, Hoorn

123 Silberschläger vor seinem Schmelzofen, seltene Arbeit von Pieter Kleyn, Hoorn. 1750 oder 1775. Westfries Museum, Hoorn

Die bezaubernde Stadt Hoorn, die nördlich von Amsterdam, an der ehemaligen Zuidersee, liegt, hatte, wie viele andere holländische Städte, seit dem 15. Jahrhundert ihre Gold- und Silberschläger. Die Stadt war besonders im 17. Jahrhundert, dem goldenen Zeitalter Hollands, sehr wohlhabend, wie viele erhaltene alte Gebäude erkennen lassen. Es steht außer Zweifel, daß die Goldschmiede von Hoorn seit dem 16. Jahrhundert berühmt waren. So erteilte König Christian II. von Dänemark, Norwegen und Schweden Pieter und Gerbrand Dirksz mehrere Aufträge. Beide waren nicht nur bedeutende Goldschmiede, sondern auch Bürgermeister von Hoorn. Der erste Jahresbuchstabe, den örtliche Goldschmiede benützten und der auf einem Silbergegenstand gefunden wurde, gibt das Jahr 1656 an. Es handelt sich um den Buchstaben D, was darauf hinweist, daß dieses Datierungssystem erst kurz zuvor eingeführt worden war.

Wie ihre beiden Schwesterstädte der von den Holländern *Noorderkwartier* genannten Gegend, Alkmaar und Enkhuizen, hatte auch die Stadt Hoorn von Anfang an eine sehr umfangreiche Produktion. Dies beweisen die vielen Arbeiten, die sich in verschiedenen Museen befinden. In Alkmaar, das auch die umliegenden Dörfer Schagen und Nieuwe Niedorp umfaßte, sowie Enkhuizen, das durch den Handel mit Indien reich geworden war, gab es Gold- und Silberschmiede ebenfalls seit dem 15. Jahrhundert. In Enkhuizen wurde das Silber im Jahre 1613 mit dem ersten Jahresbuchstaben versehen, in Alkmaar im Jahre 1621.

Alle drei Städte des *Noorderkwartier* stellten seit dem 17. Jahrhundert Silberminiaturen her. Leider weisen die heute erhaltenen Arbeiten mehrheitlich keine Marken auf. Es gibt dafür eine sehr einfache Erklärung: die Markengebühr war damals dieselbe für das Silber in normaler Größe und für die Silberminiaturen. Um diese Steuer, die sie als zu hoch betrachteten, zu umgehen, unterließen die Goldschmiede des *Noorderkwartier* die Markierung ihrer Kleinarbeiten.

Jahrelang drängten die Meister darauf, eine weniger kostspielige Marke für ihre Miniaturen zu erhalten, und im Jahre 1705 wurde häufig über dieses Problem diskutiert. Die gewünschte Marke wurde jedoch niemals bewilligt. Deshalb gibt es heute in mehreren Museen und Privatsammlungen Silberminiaturen westfriesischer Herkunft, von denen nur wenige identifiziert worden sind. Andere Arbeiten weisen zwar die Stadtmarke von Hoorn auf, aber zusätzlich auch noch eine unbekannte Meistermarke.

Einer dieser nicht-identifizierten Meister aus dem 18. Jahrhundert versah seine Miniaturen beispielsweise mit einer Marke, die nur aus einem mehrteiligen gezahnten Blatt besteht. Das Westfries Museum in Hoorn besitzt von ihm eine Affenfigur auf einer Sitzstange. Dieses Stück ist mit der Stadtmarke von Hoorn, der Meistermarke und dem Jahresbuchstaben G versehen, der 1742, 1767 oder 1792 bedeuten kann. Man ist daher gegenwärtig nicht in der Lage, die Schaffensperiode dieses Meisters mit Sicherheit abzugrenzen.

Dank Nachforschungen, die H. W. Saaltink vom Westfries Museum anstellte, kennt man heute die Namen von mindestens drei Goldschmieden der Stadt. Es handelt sich dabei nicht um eigentliche Spezialisten für Miniatursilber, aber alle drei schufen im Laufe des 18. Jahrhunderts eine stattliche Anzahl an Kleinarbeiten.

Der erste, Jacob Dirksz Schuyt, ist am 5. August 1723 in Hoorn geboren und am 29. Juli 1795 daselbst gestorben. Er benützte eine Marke mit einem einfachen Segelboot. Schuyt erlebte die Blütezeit des holländischen Miniatursilbers, ebenso wie sein Zeitgenosse Pieter Kleyn (oder Klein), der am 17. Januar 1712 in Hoorn getauft wurde und am 28. Mai 1779 in dieser Stadt starb. Seine berufliche Tätigkeit dürfte sich über rund 30 Jahre erstreckt haben, von 1747 bis 1776, als er seine Arbeit eingestellt zu haben scheint. Der dritte heute bekannte Hoorner Meister, wohl auch der bedeutendste der drei, war Reijnier Brons. Er wurde am 8. November 1735 in Hoorn getauft und starb am 5. April 1817. Bestimmt war Brons ein geschickter Handwerker, der zu seiner Zeit Ansehen genoß, denn er war, zwischen 1795 und 1806, *keurmeester,* d. h. Markenaufseher.

Meister mit dem Blatt

Schuyt, Jacob Dirksz (1723–1795)
Ein kleines Segelschiff

Klein (oder Kleyn), Pieter (1712–1779)
Die Initialen PK in Kursivschrift ohne Rahmen

Brons, Reijnier (1735–1817)
Die durch zwei übereinandergestellte
Punkte getrennten Initialen RB innerhalb eines Quadrates

Die großen Hersteller von Silberminiaturen der Stadt Hoorn gehören alle ins 19. und 20. Jahrhundert. Auch hier arbeiteten ganze Familien von Goldschmieden, wie dies in so mancher Stadt der Niederlande der Fall war. Die erste dieser Familien war jene der van Straten, die in Hoorn von Generation zu Generation Silberspielzeug im holländischen Stile herstellte. Der älteste, Jacob van Straten, kam aus der Nachbarstadt Alkmaar, wo er im Jahre 1810 geboren wurde. Er

---

124 Schale vom Typus *Hansje in de kelder* mit der Stadtmarke von Hoorn, 1700. H: 60 mm. S. J. Phillips Ltd., London

125 Wiege von einem nicht-identifizierten Goldschmied aus Haarlem. Die Meistermarke zeigt eine offene Hand innerhalb eines Kreises. Um 1766–1780. H: 50 mm. Westfries Museum, Hoorn

126 Drei Tassen mit Untertassen, von einem nicht-identifizierten Goldschmied aus Haarlem. Die Meistermarke zeigt einen Bock innerhalb eines Wappenschildes. Um 1704–1737. H: 12 mm. Westfries Museum, Hoorn

127 Bratpfanne vom «Meister mit dem Bock», Haarlem. Um 1704–1737. L (mit Stiel): 90 mm. Westfries Museum, Hoorn

128 Klapptisch auf drei Füßen mit graviertem Blumendekor. Die Arbeit trägt die Marke des «Meisters mit dem Bock», der von 1704 bis 1737 in Haarlem tätig war. H: 55 mm. Westfries Museum, Hoorn

129 Stilisierte holländische Windmühle, die eine Marke mit dem gekrönten B trägt. Meister und Herkunftsort unbekannt. 18. Jh. H: 72 mm. Centraal Museum, Utrecht

130 Windmühle von J. Verhoogt, Hoorn. Ende 19. Jh. H: 68 mm. Centraal Museum, Utrecht

131 Holländische Windmühle mit der Marke von J. Verhoogt, Hoorn, und dem Jahresbuchstaben Q in gotischer Schrift für 1900. Die Mühle trägt neun verschiedene Marken, ein Beweis für die Gewissenhaftigkeit dieses Meisters. H: 16 cm. Privatsammlung

132 Windmühle von J. Verhoogt, Hoorn. 1901. H: 15 cm. Centraal Museum, Utrecht

124

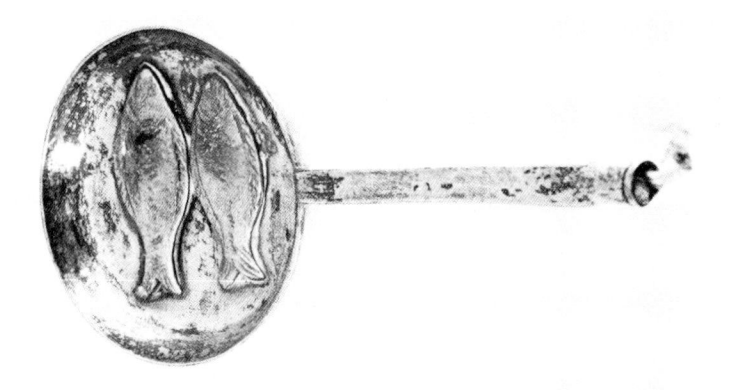

125

126

128

127

129

130

131

132

133

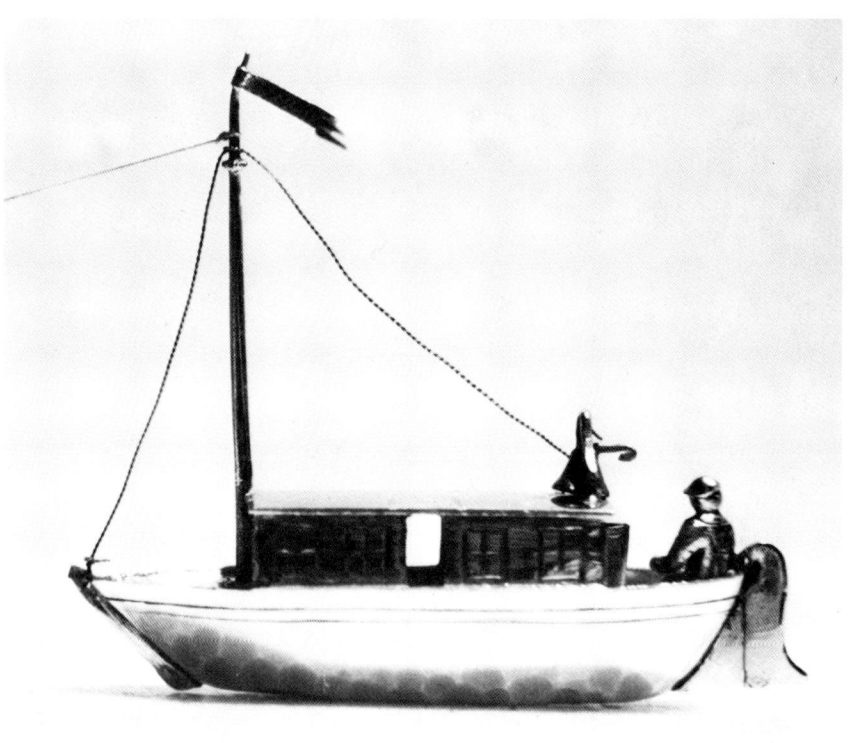

134

135

136

137

138

133 Berittener Schiffer, der ein Boot nachzieht, von Jacob van Straten, der zwischen 1845 und 1887 in Hoorn tätig war. Westfries Museum, Hoorn

134 Holländisches Fischerboot von J. Verhoogt, Hoorn. Anfang 20. Jh. Ein anderer Goldschmied derselben Stadt, J. van Dijk, hat zahlreiche ähnliche Boote geschaffen. H: 60 mm, L: 45 mm. Centraal Museum, Utrecht

135 Holländisches Fischerboot mit der Marke von J. van Dijk. Hoorn. Anfang 20. Jh. H: 63 mm, L: 40 mm. Privatsammlung

136 Papageienkäfig von H. Preyer, Hoorn, der mit gefälschten Amsterdamer Marken gekennzeichnet ist (Vgl. Abb. 137)

137 Gefälschte Amsterdamer Marken, die auf dem Papageienkäfig von H. Preyer, Hoorn, gefunden wurden (Vgl. Abb. 136)

138 Bügeleisen mit der Marke von B. Verhoogt, Hoorn. Anfang 20. Jh. L: 35 mm. Privatsammlung

gründete 1845 ein Unternehmen in Hoorn, das bis 1885 in Betrieb war. Der alte Jacob von Straten starb am 30. August 1888 in seiner Wahlheimat, und der Familienbetrieb wurde von seinen Söhnen übernommen. Die Firma war zwischen 1885 und 1891 unter dem Namen «Gebroeders van Straten» bekannt. Im Jahre 1891 änderte sie zum zweiten Mal ihren Namen und wurde zur «J. van Straten & Co.», um sich schließlich zwischen 1901 und 1938 «J. van Straten» zu nennen.

Heutzutage, da das 19. Jahrhundert in immer fernere Vergangenheit rückt, erstehen Museen öfters Miniaturen aus der Werkstatt der van Straten. Und es ist in der Tat wünschenswert, daß vermehrt Arbeiten aus dem 19. Jahrhundert gesammelt werden. Es wäre sinnlos, weiterhin darauf zu bestehen, ausschließlich nach Werken des 18. Jahrhunderts zu forschen, zumal diese immer seltener werden.

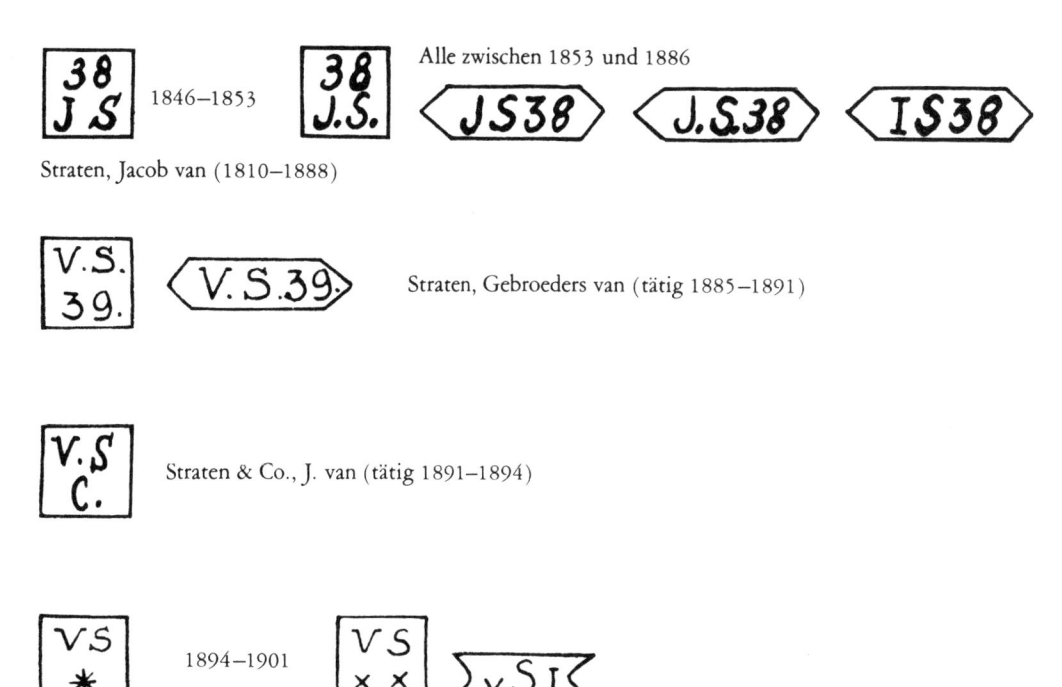

Straten, Jacob van (1810–1888)

Straten, Gebroeders van (tätig 1885–1891)

Straten & Co., J. van (tätig 1891–1894)

Straten, J. van (tätig 1894–1938)

Ein weiterer Hersteller von Silberminiaturen aus Hoorn ist niemand anderes als J. Verhoogt. Er war zwischen 1894 und 1936 tätig. In Anbetracht der vielen Miniaturen, die seine Marke aufweisen und die man heute in holländischen und belgischen Antiquitätengeschäften findet, darf angenommen werden, daß er unwahrscheinliche Mengen solcher Gegenstände produzierte. Bekannt sind vor allem seine Windmühlen. Im Alter dehnte er seine Tätigkeit auf die gesamte reichhaltige Auswahl an holländischen Miniaturgegenständen aus: unzählige 6 bis 15 cm hohe silberne Windmühlen, winzige Segelschiffe mit gehißten Segeln, die selten größer als 50 mm sind, Haushaltgeräte, Geschirr und selbst Miniaturkaffeemühlen. Die vielen Windmühlen und Segelschiffe lassen vermuten, daß er damit die Andenkengeschäfte seiner Stadt belieferte; es gibt wohl kaum etwas Holländischeres als eine Windmühle.

In der Zeit zwischen der Gründung der Firma (1894) und dem Jahre 1936 scheint eine einzige Marke benützt worden zu sein, ganz im Gegensatz zur Firma van Straten. Die Marke J. Verhoogts besteht aus den Anfangsbuchstaben JV über einem Hammer innerhalb eines Quadrates. Ein weiterer Meister gleichen Namens, B. Verhoogt, war zwischen 1921 und 1949 in Hoorn tätig, wahrscheinlich der Sohn J. Verhoogts, denn ihre Marken sehen sich sehr ähnlich. Hier besteht sie aus den Buchstaben BV, die nicht durch einen Hammer, sondern durch eine Zange getrennt sind. Viele kleine Silberarbeiten, die diese Marke tragen, konnten untersucht werden und lassen ein klares Bild vom Schaffen dieses Meisters entstehen.

Ein anderer Goldschmied der Stadt, J. van Dijk, machte den beiden Verhoogts Konkurrenz. Man kennt von ihm einige Miniaturen, die zwischen 1901 und 1939 entstanden. Obwohl es späte Arbeiten sind, erregen sie bereits bei vielen Liebhabern Interesse, und man begegnet ihnen regelmäßig in holländischen Auktionslokalen. Wie zahlreiche andere niederländische Meister schuf van Dijk vor allem Vitrinengegenstände, d. h. Figurengruppen, daneben aber auch Windmühlen und Segelschiffe, wie es die Tradition dieser Hafenstadt will. Er benützte zwei verschiedene Marken, beide mit den Initialen JVD über einem H, wahrscheinlich für Hoorn. Vor einiger Zeit wurde auf einer Amsterdamer Auktion ein kleiner Laternenanzünder verkauft, eine klassische Figur, von der es einige tausend Exemplare geben dürfte, sowie zwei kleine Spaziergänger vor einer *klapbrug*, die man von Hand hinauf- und hinunterlassen kann. Es gibt heute noch mehrere solche Brücken auf den engen holländischen Kanälen. Auf derselben Auktion wurden außerdem ein Schmied vor seinem Amboß und zwei Käseträger, ebenso charakteristische Figuren wie die Laternenanzünder, angeboten.

Weniger klar ist die Lage beim Goldschmied H. Preyer aus Hoorn, der zwischen 1869 und 1909 tätig war und, wie die van Straten, die beiden Verhoogt und J. van Dijk, Silberminiaturen herstellte. Am Ende des 19. Jahrhunderts belieferte er auf Bestellung sogar die Firma Niekerk in Schoonhoven. Das von H. Preyer hergestellte Silber weist daher wahrscheinlich die Marke der Firma Niekerk auf. Sicher ist, daß einige seiner Silberminiaturen gefälschte Amsterdamer Marken tragen, denn man entdeckte eine winzige Marke Preyers auf einem schönen Papageienkäfig, auf dem gleichfalls die falschen Marken von Amsterdam angebracht waren. Diese Fälschungen sollten übrigens niemanden zu täuschen vermögen, doch mehr als ein in den Marken wenig bewanderter Liebhaber hat sich schon überlisten lassen. Dabei sehen diese viel zu klaren und deutlichen Marken den echten nur sehr entfernt ähnlich.

So kann sich Hoorn kaum mit Amsterdam messen, was die Herstellung von Miniatursilber betrifft, obwohl die Stadt im 19. Jahrhundert eine verhältnismäßig umfangreiche Produktion entwickelte. In handwerklicher Hinsicht waren diese Arbeiten von hoher Qualität, leider beschränkten sich die Hersteller aber etwas zu sehr auf die Nachahmung alter Werke. Eine Ausnahme bilden lediglich die Windmühlen und Segelschiffe.

Verhoogt, J. (tätig 1894–1936)

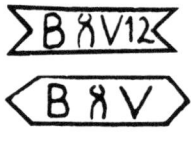

Verhoogt, B. (tätig 1921–1949)

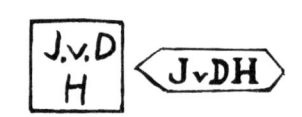

Dijk, J. van (tätig 1901–1939)

Preyer, H. (tätig 1869–1909)

SCHOONHOVEN

Die meisten Ausländer, selbst Liebhaber von holländischem Silber, haben nur selten von Schoonhoven sprechen hören. Diese Stadt liegt etwas verloren im Flachland, dem *platte land*, zwischen Utrecht und Rotterdam, geographisch gesehen etwas außerhalb der großen Verbindungsstraßen. Wer von Süden kommt, muß eine Fähre benützen, um den Fluß Lek, an dessen Ufern sie sich ausbreitet, zu überqueren. Schoonhoven ist eine bescheidene, um ihre gotische Kirche gebaute Stadt mit alten, charakteristischen Giebeldachhäusern und einem kleinen Kanal, der die Stadt in ihrer Breite durchquert. Heute wird sie von den Holländern «Stadt der Goldschmiede» genannt. In Anbetracht der geringen Produktion früherer Zeiten mag dieser Titel übertrieben erscheinen. Heute ist er aber durchaus berechtigt. Es gab tatsächlich vor Anfang des 19. Jahrhunderts nur wenige Gold- und Silberschmiede in dieser Stadt, aber seither hat sie die Verspätung aufgeholt. Die verhältnismäßig wenigen Goldschmiede des 18. Jahrhunderts mußten ihre Arbeiten sogar auswärts punzieren lassen, entweder in Utrecht oder in Dordrecht, und wurden daher meistens zu den Meistern jener Städte gezählt.

Heute ist Schoonhoven für seine umfangreiche Silberproduktion bekannt. Neben der Schule für angehende Goldschmiede, die Hunderte von Schülern zählt, besitzt die Stadt etwa 40 Werkstätten, in denen unzählige Silberarbeiten hergestellt werden, darunter Tausende von Miniaturen, die man nicht nur in den Geschäften der Stadt, sondern auch in den meisten Andenkenläden der ganzen Niederlande findet. Man begegnet ihnen sogar im Ausland, namentlich in Deutschland, das einen großen Teil dieser Produktion einführt. Wenige Leute scheinen jedoch zu wissen, daß man in Schoonhoven seit Ende des 18. Jahrhunderts Silberminiaturen schuf.

Leider fehlt es der heutigen Produktion an Originalität, und man findet alle Modelle des 18. Jahrhunderts wieder. Nur selten begegnet man einem Gegenstand von zeitgenössischem Aussehen, auch beim Silber in normaler Größe, dafür zahllosen Windmühlenpokalen, Wetterbechern, friesischen Bechern und jenen von Utrecht, hübschen Hochzeitskästchen und vielem anderen, das einst den Ruhm der holländischen Goldschmiede begründete. Allerdings gehen heute auch manche englische Meister so vor. All diese «Kopien» tragen moderne Marken. Es ist jedoch stets möglich, daß geschickte Fälscher sie durch andere Marken ersetzen, was wenig bewanderte Sammler täuschen könnte, eine Gefahr, die allerdings bei Silberminiaturen weniger groß ist. Dennoch entstanden auch in Schoonhoven im 19. wie im 20. Jahrhundert Miniaturen, die in einer modernen Sammlung durchaus am Platze sind.

Die örtliche Produktion geht zweifelsohne bis ins 18. Jahrhundert zurück. In Schoonhoven arbeitete damals Jan van Eck, der 1762 geboren wurde und zu unbekanntem Zeitpunkt starb. Er schuf in den letzten Jahren des Jahrhunderts eine stattliche Anzahl von Silberminiaturen. Alle Arbeiten dieses ausgezeichneten Handwerkers wurden in der Nachbarstadt Dordrecht punziert und weisen demzufolge die berühmte Marke mit der Rose auf. Am Ende des 18. Jahrhunderts benützte Jan van Eck eine Marke mit den zusammengeschriebenen Anfangsbuchstaben VE innerhalb eines Quadrates. Wahrscheinlich änderte er sein Zeichen kurz nach 1798, als die Gilden abgeschafft wurden, wie so mancher holländische Meister, dessen Tätigkeit sich bis in die ersten Jahre des 19. Jahrhunderts erstreckte. Das holländische Nachschlagewerk *Meestertekens* nennt tatsächlich einen J. van Eck senior in Schoonhoven, der bis 1816 tätig war. Dabei kann es sich nur um denselben Meister handeln. Damals bestand seine Marke aus einem gekrönten E innerhalb eines aufrechten Rhombus.

Vielleicht übernahm sein Sohn, Jan van Eck junior, im Jahre 1816 die väterliche Werkstatt, als auch er eine Marke zu verwenden begann, die er bis 1825 benützte. Die Marke des Sohnes weist, wie jene seines Vaters, ein gekröntes E innerhalb eines Quadrates auf. Außerdem befindet sich das E beim Sohn etwas nach rechts verschoben und nicht direkt unter der Krone. Es ist nicht bekannt, ob der Sohn ebenfalls Silberminiaturen herstellte; man möchte es aber annehmen, da sich bei einer Dynastie von Goldschmieden die Tradition meist vom Vater auf den Sohn und manchmal sogar auf den Enkel überträgt.

Eine weitere Marke wird in *Meestertekens* J. van Eck für die Zeit zwischen 1822 und 1826 zugeschrieben. Sie besteht aus den Anfangsbuchstaben IE über einem Marineanker innerhalb eines Quadrates. Diese Marke ordnet das Museum von Dordrecht Jan van Eck senior zu. Wenn man von einem möglichen Irrtum absieht, hätte demzufolge der Vater seine Tätigkeit bis 1826, seinem 64. Lebensjahr, fortgesetzt. Das Museum Mr. S. van Gijn in Dordrecht stellte 1975 eine Miniatur aus, die die erste Marke des Vaters trägt, einen kleinen, von einem Pferd gezogenen Schlitten mit zwei Männerfiguren, von denen die eine eine Peitsche hält. Dabei ist der Schlitten, anstatt wie üblich auf einem rechteckigen Untersatz, hier auf einem 126 mm langen Tablett befestigt. Diese Miniatur ist 1777 datiert, was kaum möglich scheint, da Jan van Eck damals erst 15 Jahre alt war, es sei denn, das Geburtsdatum ist unrichtig.

Jan van Eck senior darf in Schoonhoven als Bahnbrecher in der Herstellung von Miniatursilber gelten; er hatte zahlreiche Nachfolger. Bis heute wurde die Produktion von Silberminiaturen in dieser Stadt nie eingestellt. Im Laufe des 19. Jahrhunderts stieg die Zahl der Goldschmiede, die sich in der Stadt niederließen, ständig an. Wer von ihnen Miniaturen schuf, ist unbekannt. Die Geschäfte der vielen Goldschmiedefamilien zu durchblicken, ist schwierig, zumal sich diese Familien

139 Schirmständer von C. L. Rond, Schoonhoven. Wahrscheinlich Anfang 20. Jh. H: 60 mm. Centraal Museum, Utrecht

140 Papageienkäfig von C. L. Rond, Schoonhoven. Wahrscheinlich Anfang 20. Jh. H: 80 mm, D: 55 mm. Centraal Museum, Utrecht

141 *Pijpencomfoor* von C. van der Aa, Schoonhoven. Dieser Pfeifenwärmer im Stil des 18. Jh. weist frei erfundene Marken nach alter Art auf. (Vgl. Abb. 142.) Privatsammlung

142 Marken nach alter Art, die auf dem *pijpencomfoor* von C. van der Aa, Schoonhoven, gefunden wurden (Vgl. Abb. 141)

1812?–1816

1822–1826

Eck, Jan van, Sr.

1816–1825

Eck, Jan van, Jr.

139

140

141

142

143

144

145

146

147

143–147 Modernes Silberspielzeug, das von der Firma J. P. Niekerk, Schoonhoven, hergestellt wurde

[I:B:] ⟨I:B:⟩	
1827–1837	
[B/136] ⟨B/136⟩	
1834–1860	
Barthel, Jan	

[WP/95] 1851–1878 [WP95]

Pleyt, Willem de

[GD/109] [D109] 1866–1912

⟨D *⟩ 1879–1912

⟨GvdD⟩ ⟨GD8⟩
1921–1926

Dussen, G. van der

1912–1921 ⟨D⟩ ⟨*D*⟩ [JvdD]

Dussen, J. van der

in unzählige Zweige aufteilten, die nicht selten in andere Städte der Niederlande führen. Was das Miniatursilber des 19. und 20. Jahrhunderts betrifft, das heute noch kaum in Museen vertreten ist, so stellt sich in Schoonhoven ein ähnliches Problem wie in Birmingham oder Amsterdam. Mehr Gewißheit über die Produktion dieser Zeit kann erst erlangt werden, wenn die Arbeiten in Museen, Antiquitätengeschäften und an Auktionen erscheinen. Gegenwärtig lassen sich nur einige wenige Namen von Goldschmieden nachweisen.

So weiß man beispielsweise, daß Jan Barthel zwischen 1827 und 1860 in Schoonhoven Silberspielzeug herstellte und im Laufe seiner Tätigkeit verschiedene Marken benützte. Zwischen 1827 und 1837 bestand seine Marke aus den Anfangsbuchstaben I (und nicht J) und B, wobei jedem Buchstaben zwei übereinandergestellte Punkte folgen, das Ganze entweder innerhalb eines Quadrates oder eines länglichen Sechsecks. Zu jener Zeit schuf er bestimmt holländische Figurengruppen, vielleicht auch Geräte. Zwischen 1834 und dem Ende seiner Schaffensperiode benützte Barthel noch zwei andere Marken, die leicht zu erkennen sind, wie übrigens alle holländischen Marken des 19. Jahrhunderts. Die erste besteht aus dem Buchstaben B, gefolgt von der Zahl 136, innerhalb eines länglichen Sechsecks. Die zweite zeigt dasselbe B, diesmal über der Zahl 136, innerhalb eines Quadrates. Ⓜ

Willem de Pleyt, der von kurz vor 1850 bis 1878 in Schoonhoven tätig war, versuchte sich ebenfalls in der Herstellung von Miniaturen. Es ist von ihm zumindest eine Weinprobierschale aus dem Jahre 1849 bekannt, die 1975 in Amsterdam verkauft wurde. Die Marke Pleyts besteht aus seinen Initialen WP, gefolgt von der Zahl 95, innerhalb eines Rechtecks, oder, als Variante, aus denselben Buchstaben WP über der Zahl 95, innerhalb eines Quadrates. Willem de Pleyt starb wahrscheinlich im Jahre 1878; sein Geschäft wurde von seiner Witwe übernommen und bis 1892 weitergeführt. Sie benützte eine eigene Marke mit den Anfangsbuchstaben AdP innerhalb eines Quadrates. Leider ist nicht bekannt, ob sie Silberminiaturen herstellte. Ⓜ

Es gab mehrere Goldschmiede namens Pleyt in Schoonhoven, darunter einen G. de Pleyt, der zwischen 1875 und dem Ende des Jahrhunderts tätig war. Seine Marke besteht aus den jeweils von einem Punkt gefolgten Initialen G.P. innerhalb eines Quadrates. Diese einfache Marke gleicht jener von G. Ponsioen (1819–1823), ebenfalls aus Schoonhoven.

Im Jahre 1975 machte ein Amsterdamer Auktionslokal einen weiteren in der Herstellung von Silberminiaturen spezialisierten Meister bekannt: J. van der Dussen, von dem verschiedene Stücke angeboten wurden, unter anderem ein kleines Teeservice mit Teekanne (*trekpotje*), Milchkrug, Zuckerdose und zwei Tassen mit Untertellern auf einem rechteckigen Tablett. Es steht somit außer Frage, daß dieser zwischen 1912 und 1921 tätige Meister ein Spezialist für Miniaturen war. J. van der Dussen war der Sohn eines anderen Goldschmieds, G. van der Dussen, der 1866 in Schoonhoven zu arbeiten begann. Da die drei Marken des Sohnes im selben Jahr eingetragen wurden, in dem der Vater aufhörte, die seinen zu benützen, darf angenommen werden, daß der Sohn die väterliche Werkstatt auf eigene Rechnung übernahm. Bisher entdeckte man noch keine Arbeit, die dem Vater zugeschrieben werden könnte. Ein dritter Goldschmied gleichen Namens, L. van der Dussen, der Ⓜ

vermutlich der Bruder von J. van der Dussen ist, war von 1904 bis 1920 in Schoonhoven tätig. Seine Marke weist die Initialen LD innerhalb eines Ovals auf.

Des weiteren sind verschiedene Silberminiaturen von H. Zieldorff bekannt, der zwischen 1889 und 1903 arbeitete. Es handelt sich einmal mehr um einen recht unübersichtlichen Familienbetrieb, denn als dieser Meister starb, übernahm seine Witwe die Werkstatt und ließ ihre eigene Marke eingravieren. Sie benützte sie bis 1918. In Schoonhovener Schriftstücken wird zudem ein J. Zieldorff erwähnt. Diesmal handelt es sich um den Sohn, der 1918 die Werkstatt übernahm, als seine Mutter sich zurückzog. Wie sein Vater stellte auch er eine verhältnismäßig große Menge an Miniaturen her. Es ist daher mehr als wahrscheinlich, daß die Mutter, die gewissermaßen die Verbindung zwischen Vater und Sohn bildete, der Familientradition folgend gleichfalls Miniatursilber schuf.

Die Familie Rond, ebenfalls Goldschmiede dieser Stadt, stellt einen weiteren schwierigen Fall dar. Am Ende des 19. Jahrhunderts begegnet man drei Goldschmieden dieses Namens in Schoonhoven. Einer davon, C. L. Rond, hinterließ zahlreiche Silberminiaturen, was die Nachforschungen erheblich erleichtert. Das Museum von Utrecht besitzt von ihm einen kleinen, 60 mm hohen Schirmständer, in dem sich noch ein Schirmchen befindet, und einen 60 mm hohen Papageienkäfig. Neben ihm gibt es noch zwei weitere Goldschmiede dieses Namens in Schoonhoven, dazu zwei Meister mit gleichen Vor- und Nachnamen in Gouda und Amsterdam. Weitere Rond findet man in Den Haag, Rotterdam und Oudshoorn, ohne daß man dabei den Verwandschaftsgrad zwischen den einzelnen Familienmitgliedern mit Sicherheit bestimmen könnte. Erfahrungsgemäß folgen jedoch, wenn ein Mitglied einer Familie einen bestimmten Arbeitsbereich gewählt hat, in neun von zehn Fällen andere seinem Beispiel. Doch alle bisher untersuchten Miniaturen weisen ausschließlich die Marke von C. L. Rond auf; sie besteht aus den Anfangsbuchstaben CR, gefolgt von der Ziffer 1.

Während des 19. Jahrhunderts stellten Dutzende von Goldschmieden in Schoonhoven Miniatursilber her, wobei die meisten einer bestimmten Handwerkerfamilie angehörten. Noch heute sind 40 Werkstätten in Betrieb; in einigen davon werden weiterhin Miniaturen geschaffen. Das wichtigste Herstellungszentrum für Silberminiaturen ist die «Schoonhovensche Zilverfabriek H. Hooijkaas», die seit 1864 besteht und am Klooster No. 1 liegt. Sie stellt heute noch in großen Mengen Miniatursilber her und verfügt über eine unbegrenzte Auswahl an Modellen, darunter all die winzigen Gegenstände, die die Freude der Besitzer im 18. Jahrhundert bildeten: Kutschen, die von zwei, drei, vier oder sogar zehn Pferden gezogen werden, Ziegen, die vor Karren gespannt sind, Karusselle, Figurengruppen (sogar ein recht moderner Eisverkäufer ist dabei), Schubkarren aller Art, Hundevorführer, von Pferden gezogene Schiffe, kochende Frauen, Kanonen, die von berittenen Pferden gezogen werden, Wäschepressen, aber auch Kaffee- und Teegeschirr, Waffeleisen, Kaffeemühlen, Kamin- und Standuhren, Leuchter, Kerzenhalter, Segelschiffe mit zwei, drei oder vier Masten und Karavellen mit gehißten Segeln. Im Katalog der Firma Hooijkaas wird das holländische Silberspielzeug in seiner ganzen Vielfalt angeboten.

Eine weitere Firma gleichen Namens, die des H. Hooijkaas, war zwischen 1875 und 1924 in Betrieb und stellte ebenfalls eine große Anzahl solcher Nippsachen

148–153 Modernes Silberspielzeug, wie es heute die Firma «Schoonhovensche Zilverfabriek H. Hooijkaas» herstellt

LD   1904–1920
Dussen, L. van der

.H.Z.   1889–1903
Zieldorff, H., Sr.

HZ)   H·Z·)   1904–1918
Zieldorff, Witwe

JZ*   1918–1937
Zieldorff, J., Jr.

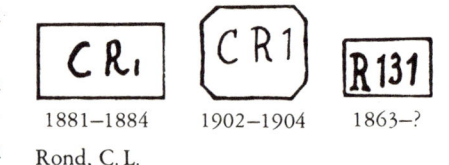

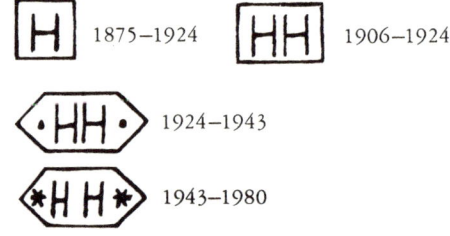

CR₁   CR1   R 131
1881–1884   1902–1904   1863–?
Rond, C. L.

H   1875–1924   HH   1906–1924
·HH·   1924–1943
H H   1943–1980
Hooijkaas, H., Schoonhovensche Zilverfabriek

H13   H.13   H.13.
1875–1924   1883–1924
Hooijkaas, H.

148

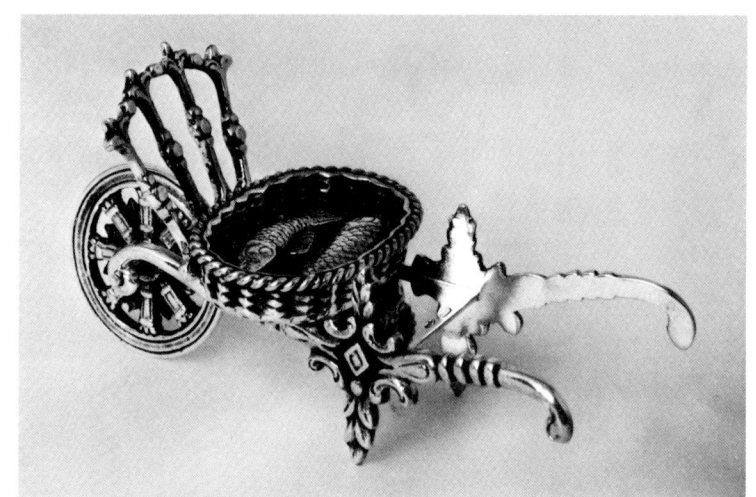

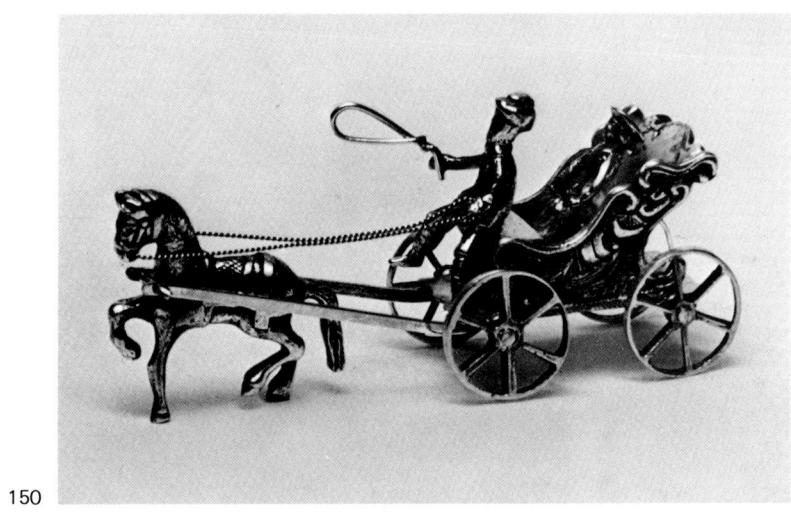

149

150

151

152

153

154

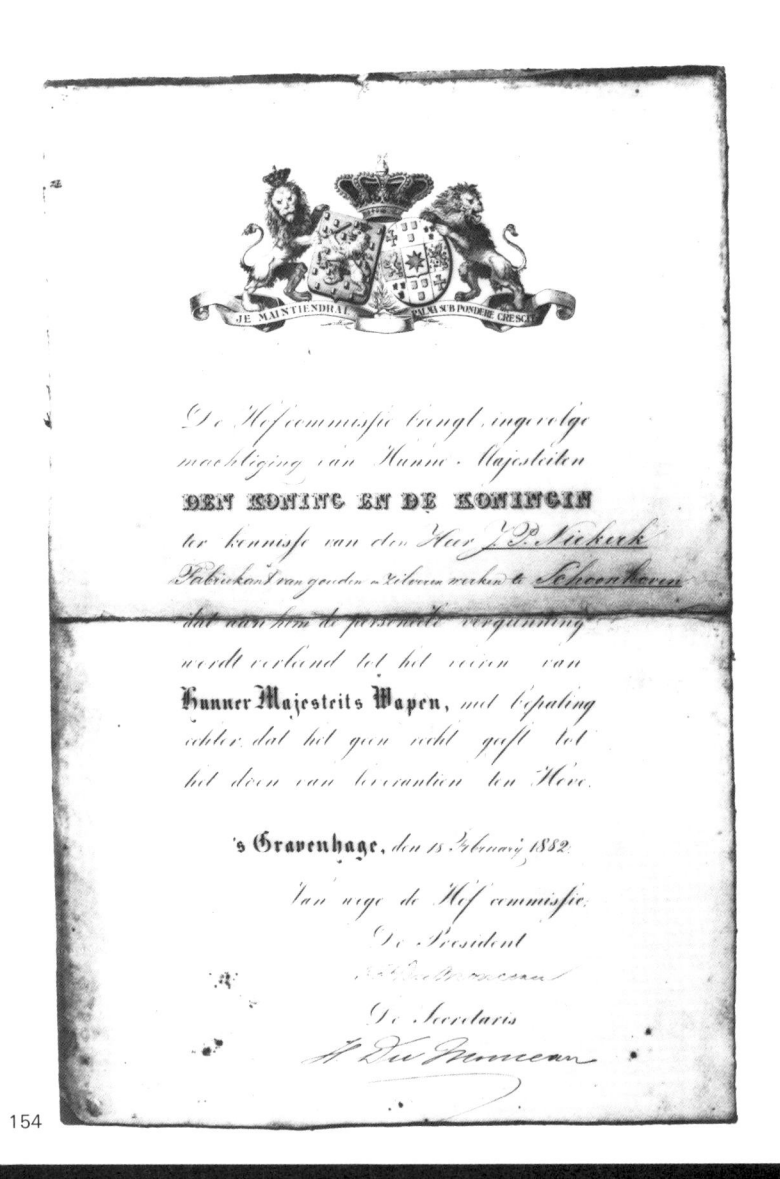

155

154 Amtliche Urkunde aus dem Archiv der Firma J. P. Niekerk, Schoonhoven. Das Dokument erklärt diese Firma zum Hoflieferanten. Es trägt das Datum vom 18. Februar 1882. Einige Monate zuvor hatte die Firma Niekerk die Königin Emma der Niederlande mit einer Sammlung von Silberminiaturen beliefert.

155 Drei außergewöhnliche Silberminiaturen, die am Ende des 19. Jh. von der Firma J. P. Niekerk, Schoonhoven, hergestellt wurden. Diese Aufnahme wurde vor kurzem im Archiv der Firma entdeckt. Die Miniaturen, die ursprünglich wohl für wichtige Persönlichkeiten bestimmte Geschenke waren, sind verschollen. Der Gegenstand in der Mitte zeigt den Käsemarkt von Alkmaar. Das Gebäude ist eine getreue Miniaturnachbildung des berühmtesten Monumentes der Stadt, das ein Meisterwerk der Architektur des 14. Jh. darstellt. Die Maße der Miniaturen sind nicht bekannt.

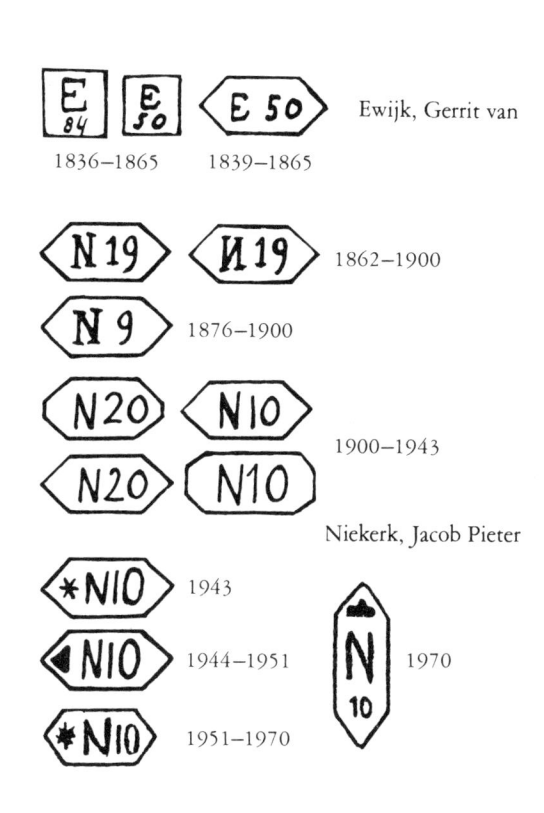

Ewjik, Gerrit van
1836–1865
1839–1865

1862–1900

1876–1900

1900–1943

Niekerk, Jacob Pieter

1943

1944–1951

1970

1951–1970

1900–1902   Niekerk, J. P., Groningen

Niekerk, Gebrüder, Groningen
1902–1927

her. Man findet ihre Marke mit dem Buchstaben H, gefolgt von der Ziffer 13, auf zahlreichen Gegenständen. Daneben wird eine Firma H. Hooijkaas zwischen 1913 und 1947 in Den Haag nachgewiesen. Es handelt sich dabei wahrscheinlich einfach um eine Zweigstelle, denn beide Unternehmen benützen dieselbe Marke. Aus Mangel an ernstzunehmenden Quellen ist es heute praktisch unmöglich, die Geschichte dieser Firmen zurückzuverfolgen.

Eine andere, heute noch blühende Firma in Schoonhoven, die des J. P. Niekerk, darf sich rühmen, seit 1836 Silberspielzeug herzustellen. Heute ist sie zwar weniger bedeutend als die Firma Hooijkaas, dafür aber wesentlich älter. Sie wurde 1836 durch den Goldschmied Gerrit van Ewijk gegründet. Dieser benützte für seine Marke den Buchstaben E neben der Ziffer 50, die entweder in ein Quadrat oder in ein Sechseck eingeschrieben sind. Diese Marken wurden bis 1865 benützt, als der alte Gerrit van Ewijk das Geschäft seinem Neffen, Jacob Pieter Niekerk, überließ. Von 1866 bis heute blieb die Leitung der Firma über vier Generationen ununterbrochen in den Händen der Familie Niekerk. Gegenwärtig ist Jan Jacob Niekerk Direktor. Seit ihrer Gründung im Jahre 1836 stellte die Firma vorwiegend Silberspielzeug her. Ihre Blütezeit fiel zwischen die Mitte des 19. Jahrhunderts und den Beginn des Ersten Weltkriegs. Im Laufe des 19. Jahrhunderts genoß die Firma ein solches Ansehen, daß Ihre Majestät, die Königin Emma der Niederlande, im Jahre 1881 eine ganze Sammlung von Silberminiaturen bei ihr bestellte. Es ist nicht bekannt, ob die Königin diese Miniaturen als Geschenk oder zum eigenen Gebrauch herstellen ließ. Dank dieses schmeichelhaften Auftrags wurde die Firma Niekerk zum offiziellen Silberlieferanten des königlichen Hofes der Niederlande. Angesichts des blühenden Geschäfts eröffnete man im Jahre 1899 eine Zweigstelle in Groningen, die bis 1927 aktiv war.

Die alten von der Firma Niekerk hergestellten Miniaturen sind ausnahmslos von sehr hoher Qualität. In den Sammelbüchern der Firma sind sehr interessante Stücke aus dem 19. Jahrhundert zu sehen. Einige würden heutzutage auf Auktionen hohe Preise erzielen, namentlich die Dioramen, wie jenes vom Alkmaar Kaaswaag (dem Käsemarkt von Alkmaar), die Schlittschuhlaufszenen, die Jahrmärkte und die kleinen Fischerhäfen. Diese Dioramen sind verhältnismäßig große Silberarbeiten und stellen unseres Wissens im Bereich des Miniatursilbers eine Besonderheit dar. Niemand weiß heute, was aus ihnen geworden ist; nur noch die vergilbten Fotografien, die die Firma in ihren Archiven aufbewahrt, zeugen von ihrer Existenz.

Niekerk stellte im Laufe des 19. Jahrhunderts Gegenstände verschiedenster Art her, Möbel, vor allem Kommoden, und – seltener – Tragstühle mit Figuren, Segelschiffe und Geräte. Daneben produzierte die Firma Kopien von Arbeiten aus dem 17. Jahrhundert, beispielsweise Schlangenpokale, ähnlich jenen, die Boele Rijnhart im 17. Jahrhundert in Amsterdam schuf. Auch Schalen in der Art der *Hansje in de kelder,* wie man sie einst in Holland den werdenden Müttern schenkte, wurden hergestellt, sowie 25 bis 55 mm hohe Becher, eine Spezialität der alten friesischen Goldschmiede. Die erhaltenen Abbildungen zeigen, daß es sich um äußerst genaue Nachahmungen handelte, deren von Hand gravierte Verzierungen genau mit jenen des 17. Jahrhunderts übereinstimmten. Es ist nicht bekannt, ob diese Kopien aus der zweiten Hälfte des 19. Jahrhunderts pflichtgemäß markiert wurden und welches Schicksal sie erfuhren. Sie könnten sich heute ohne weiteres irgendwo in Europa oder sogar in den USA befinden, denn viel Silberspielzeug wurde exportiert. In den alten Verkaufsregistern der Firma sind allein für das Jahr 1881 Sendungen nach London, Paris, Berlin, Zürich, Budapest, Montreal, New York, Washington, Boston, Cleveland, Philadelphia und Lincoln vermerkt. So erhielt die Firma Niekerk im Jahre 1915 an den Ausstellungen von San Francisco und San Diego Ehrenmedaillen. Damals waren sowohl Holland als auch die Vereinigten Staaten neutral.

Die Tatsache, daß nicht nur die Firma Niekerk, sondern auch andere Firmen vor dem Ersten Weltkrieg so viele Kopien von Werken des 17. Jahrhunderts herstellten, ist beunruhigend, zumal nicht feststeht, ob diese Arbeiten vorschriftsgemäß markiert wurden. Die wichtigste Entdeckung, die in den Archiven der Firma Niekerk gemacht wurde, ist, daß Niekerk während ihrer Blütezeit oft andere holländische Firmen mit Arbeiten beauftragte, wenn sie selber den zahlreichen Bestellungen nicht nachkommen konnte. Dank dieser Zusammenarbeit konnten einige bisher unbekannte Firmen entdeckt werden. So wurden beispielsweise die Silberminiaturen von Niekerk manchmal von anderen Werkstätten in Schoonhoven angefertigt, von J. van der Dussen, G. und M. de Pleyt, was keine Neuigkeit bedeutet, aber auch von Jan Dirk Wendels, bei dem man oft bezweifelt hatte, daß er Miniatursilber geschaffen haben könnte, von P. Heerens und C. Rietveld. Auch Goldschmiede aus anderen Städten hatten am großen Aufschwung der Firma Niekerk teil, wie Zwanenburg in Sneek, die van Straten, die Verhoogt und H. Preyer in Hoorn, A. J. H. Ruiter in Amsterdam und die drei heute nicht mehr ausfindig zu machenden Firmen Boersma, Klein und Lodewijk van Beieren.

Wenn diese Firmen Silberminiaturen an Niekerk lieferten, ist auch anzunehmen, daß sie auf eigene Rechnung welche herstellten. Mit Sicherheit gilt dies für Wendels, Heerens, Rietveld in Schoonhoven, Ruiter in Amsterdam und Preyer, den Fälscher aus Hoorn, der sich nicht scheute, seine Arbeiten mit falschen Amsterdamer Marken zu versehen.

Über die meisten dieser heute nicht mehr bestehenden Firmen sind nur wenige Einzelheiten bekannt. Man weiß jedoch zumindest, daß P. Heerens zwischen 1902 und 1941, C. Rietveld zwischen 1865 und 1922 und Jan Dirk Wendels zwischen 1880 und 1947 tätig waren. In der Miniatursilbersammlung des Centraal Museum von Utrecht befindet sich eine *loddereindoos,* d.h. ein kleines Gefäß, das dazu bestimmt war, *l'eau de la Reine* aufzunehmen, eine Art von Parfum aus dem 18. Jahrhundert, dessen französischer Name phonetisch ins Holländische übertragen wurde. Diese Miniaturdose (49 × 35 × 24 mm) weist die Marke von Wendels mit dessen Initialen WR und der Zahl 80 auf, zudem den Jahresbuchstaben C für das Jahr 1891.

Die Marken der Firma Niekerk zeigen alle den Buchstaben N in Begleitung einer Zahl, die, je nach Zeit, die 9, 19, 20 oder 10 sein kann.

Wahrscheinlich hielten sich einige Schoonhovener Goldschmiede des 19. Jahrhunderts nicht immer an die in den Niederlanden üblichen Vorschriften, was die Markierung der Edelmetalle betraf. So gibt es zweifelsohne auch Fälschungen. Zumindest C. van der Aa, ein Meister aus der zweiten Hälfte des 19. Jahrhunderts, versah seine Miniaturgeräte mit falschen alten Marken, wie einer Lilie oder einer

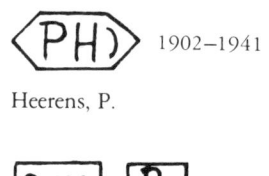

Rose. Dabei war van der Aa aber taktvoll genug, auch seine eigene Marke hinzuzufügen, in ganz kleinem Format, um ja nicht die Aufmerksamkeit auf sie zu lenken. Diese Marke dürfte aber auch auf Arbeiten, die kein falsches Zeichen tragen, Ⓜ zu finden sein. Sie besteht aus den Anfangsbuchstaben CA, gefolgt von der Zahl 132, innerhalb eines Rechtecks.

Das während des 19. Jahrhunderts durch die Gold- und Silberschmiede von Schoonhoven geschaffene Silber ist folglich in keiner Weise dazu geeignet, heutigen Liebhabern alter Miniaturen Vertrauen einzuflößen. Denn niemand weiß, ob die Kopien pflichtgemäß markiert wurden. Möglicherweise erhielten sie überhaupt keine Punzen, was einem Fälscher die Arbeit wesentlich vereinfachen würde. Glücklicherweise sind aber auch Werke erhalten geblieben, die ehrliche Marken aufweisen.

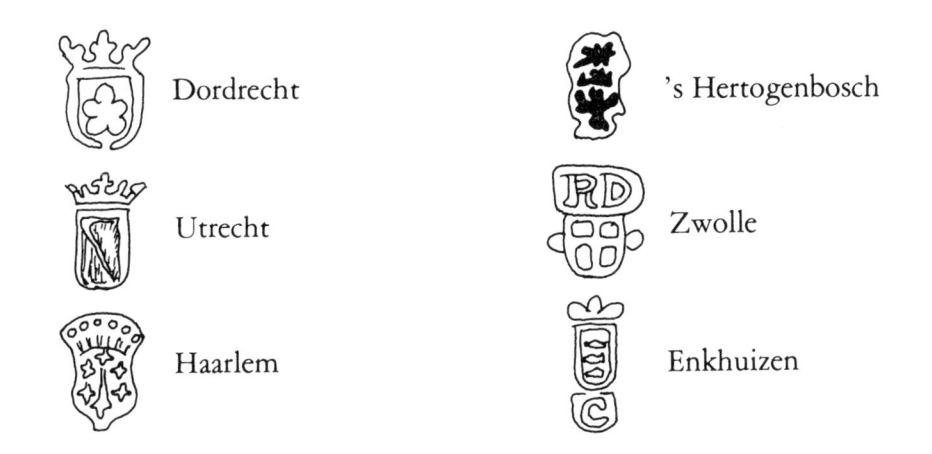

(Wappen)	Dordrecht	(Wappen)	's Hertogenbosch
(Wappen)	Utrecht	(Wappen)	Zwolle
(Wappen)	Haarlem	(Wappen)	Enkhuizen

Weitere holländische Städte

In Amsterdam wurden, vor allem im Laufe des 18. Jahrhunderts, die meisten Silberminiaturen von allen Städten der Niederlande hergestellt, eine nicht weiter erstaunliche Tatsache, denn Amsterdam war seit jeher eine blühende Stadt mit einem riesigen Hafen, in dem Schiffe aus aller Welt anlegten. In dieser Handelsmetropole waren die reichsten Kaufleute und Patrizier des Landes ansäßig und bildeten zu allen Zeiten eine ideale Kundschaft für die zahlreichen Gold- und Silberschmiede der Stadt. Es gibt nichtsdestoweniger andere Städte, die kleiner und weniger wohlhabend waren, in denen aber auch Miniatursilber entstanden ist. Zwar war ihre Produktion weniger umfangreich, doch in qualitativer Hinsicht können sie durchaus einem Vergleich mit den in Amsterdam entstandenen Werken standhalten. Die mehr oder weniger spezialisierten Handwerker dieser kleinen Städte sind im allgemeinen außerhalb der Niederlande kaum bekannt, und in den wenigen Artikeln, die sich bisher mit dem Miniatursilber beschäftigten, werden ihre Namen nicht erwähnt. Die meisten Städte, in denen nur mehr oder weniger gelegentlich Silberminiaturen geschaffen wurden, blicken jedoch auf eine lange und reiche Tradition der Goldschmiedekunst zurück. Einmal mehr übersahen die Historiker die Hersteller von Kleinarbeiten und das Silberspielzeug.

Dies gilt auch für Dordrecht, eine Stadt, die im 17. Jahrhundert so ruhig gewesen sein muß, daß des öfteren holländische Maler am Ufer des Waal ihre Staffelei aufstellten. Dordrecht besitzt den ältesten Hafen der Provinz Holland, der am Vereinigungspunkt der meisten schiffbaren Kanäle liegt. Im alten Hafenviertel der Stadt bieten heute noch die alten Gebäude und Straßen einen prachtvollen Anblick. Es ist unbekannt, zu welchem Zeitpunkt man damit begann, Gold und Silber zu schlagen, es muß aber sehr weit zurückliegen. Aufgrund alter Schriftstücke läßt sich das Vorhandensein einer Gilde der Gold- und Silberschläger seit dem Jahre 1367 nachweisen. Bereits 1501 wurde beschlossen, alle innerhalb der Stadtmauern von Dordrecht hergestellten Silberarbeiten mit einer Marke zu versehen. Das älteste Markenverzeichnis der Stadt stammt vom 2. Februar 1502. Der Grund, weshalb die Meister von Dordrecht für ihre Stadtmarke nicht das Stadtwappen benützten, wie das sonst üblich war, ist unbekannt. Jedenfalls wählten sie eine Rose als Emblem. Seit jener Zeit erfuhr die berühmte Rose von Dordrecht viele Veränderungen, aber die Goldschmiede verzichteten niemals auf sie. Auch die Jahresbuchstaben wurden hier sehr früh eingeführt, und seit 1663 kam noch eine vierte Marke mit dem holländischen Löwen hinzu, von der ebenfalls einige Varianten bekannt sind.

S. 125   Die erste Stadtmarke zeigte eine gekrönte Rose ohne Einfassung. Im Laufe der Jahre öffnete sich diese Rose, wurde flacher, danach kleiner, um sich schließlich in eine Art von fünfblättriger Blume an einem Zweiglein, das durch zwei Blätter geschmückt war, zu verwandeln. Erst seit dem 18. Jahrhundert wurde die Rose von einem Wappenschild umrahmt. Auch die über der Rose stehende Krone änderte des öfteren ihr Aussehen.

Wie es in ganz Holland der Fall war, arbeiteten auch die Goldschmiede von Dordrecht zunächst ausschließlich für die Kirchen, Klöster, Gilden und das Rathaus. Seit dem 18. Jahrhundert begannen sie jedoch, vorwiegend Haushaltgeräte herzustellen, die sie den reichen Handelsleuten der Stadt verkauften. Sie schufen auch Silberspielzeug, das wahrscheinlich für die Kinder der reichen Kaufleute bestimmt war. Diese Spielsachen wurden nie in so großem Rahmen exportiert, wie dies in Amsterdam der Fall war. Vermutlich gab es nie viele Hersteller von Miniatursilber. Gegenwärtig sind drei Dordrechter Meister bekannt, die im Laufe des 18. Jahrhunderts Silberminiaturen anfertigten. Ein vierter, auswärtiger Goldschmied, Jan van Eck, arbeitete im nahen Schoonhoven, wo es kein Prüfamt gab. Auch er prägte seinen Arbeiten demzufolge die Dordrechter Rose auf. Nach dem gegenwärtigen Stand der Forschungen darf man annehmen, daß im 17. Jahrhundert wahrscheinlich kein einziger Miniaturgegenstand in Dordrecht entstanden ist, ganz im Gegensatz zu der Entwicklung, die das Miniatursilber in Amsterdam, in den friesischen Städten und in Groningen kannte.

Der älteste bisher nachgewiesene Goldschmied von Dordrecht wurde erst im Oktober 1740 geboren. Es handelt sich um Johannes Keeman, der um 1763 Meister wurde und 1819 starb. Im französischen Sprachbereich stellt man sich oft die Frage, ob dieser Meister Gold verarbeitet habe oder nicht. Im Zivilregister der Stadt, das 1811, unter französischer Besetzung, erstellt wurde, ist er als *orfèvre* eingetragen. Nun unterscheidet aber die französische Sprache, im Gegensatz zur deutschen, englischen oder niederländischen, nicht zwischen einem Goldschmied und einem Silberschmied. Sicher ist, daß Johannes Keeman *silversmith* war, ein guter Handwerker, der nicht ausschließlich Silberminiaturen herstellte. Es sind von ihm eine große Anzahl an Leuchtern, Tabak- und Schnupftabakdosen, Teebüchsen usw. bekannt, dagegen nur einige wenige Miniaturen, darunter ein runder, nur 45 mm hoher Tisch mit dem Datum 1790, der sich in einer niederländischen Privatsammlung befindet, sowie ein 62 mm hoher ovaler Weinkühler mit zwei Griffen, 1795 datiert, heute im Museum von Dordrecht. Vielleicht tauchen eines Tages weitere Miniaturen dieses Meisters auf. Er benützte wenigstens drei verschiedene Marken, unter anderem eine mit den Initialen IK innerhalb eines Quadrates. Eine andere, etwas kompliziertere Marke besteht aus den Buchstaben IK über einem sechseckigen Stern innerhalb eines gekrönten Wappenschildes. In beiden Fällen sind die Buchstaben durch einen Punkt auf halber Höhe getrennt. Die dritte Marke weist ein einfaches dreiblättriges Kleeblatt in einem Wappenschild auf.

156 Einspänniger Wagen von Jacob Dubbe, Dordrecht. Datiert 1790. H: 35 mm, L: 60 mm. *Daneben:* Auf dem Wagen befindliche Marken: die Meistermarke, die Rose von Dordrecht und der Jahresbuchstabe für 1790. Museum Mr. S. van Gijn, Dordrecht

157 Wagen, eine Art Vorgänger der Kutsche, von Jacob Dubbe, Dordrecht. Datiert 1801. H: 30 mm. *Daneben:* Auf dem Wagen befindliche Marken. Museum Mr. S. van Gijn, Dordrecht

158 Zwei Pferdepaare von Jacob Dubbe, Dordrecht. Das eine Paar trägt das Datum 1791, das andere 1801. H: 28 mm. *Daneben:* Auf dem Pferdepaar von 1801 befindliche Marken. Museum Mr. S. van Gijn, Dordrecht

159 Tabaktopf von Jan Straatman, Meister in Utrecht seit 1732. Jahresbuchstabe Y. H: 25 mm. *Daneben:* Auf dem Tabaktopf befindliche Marken. Man erkennt das Stadtzeichen Utrechts, den Jahresbuchstaben Y und die Meistermarke mit den Initialen IS. Centraal Museum, Utrecht

160 Holländisches *pijpencomfoor* von Jan Straatman, Utrecht. Datiert 1759. L: 87 mm; D: 15 mm. *Daneben:* Auf dem *pijpencomfoor* befindliche Marken. Centraal Museum, Utrecht

161 *Kuispedoor* (Spucknapf) von Jan Straatman, Utrecht. Datiert 1733. Es handelt sich dabei um eine der ersten Miniaturen dieses Meisters. H: 29 mm. Centraal Museum, Utrecht

162 In Haarlem hergestellte Wandleuchter. Um 1710. H: 85 mm. Sotheby's, London

163 Wasserkessel mit der Marke der Stadt Haarlem. Die Meistermarke ist unleserlich; es könnte sich um eine Art Vogel innerhalb eines Schildes handeln. 17. Jh. H: 51 mm. Victoria and Albert Museum, London

Keeman, Johannes (1740–1819)

156

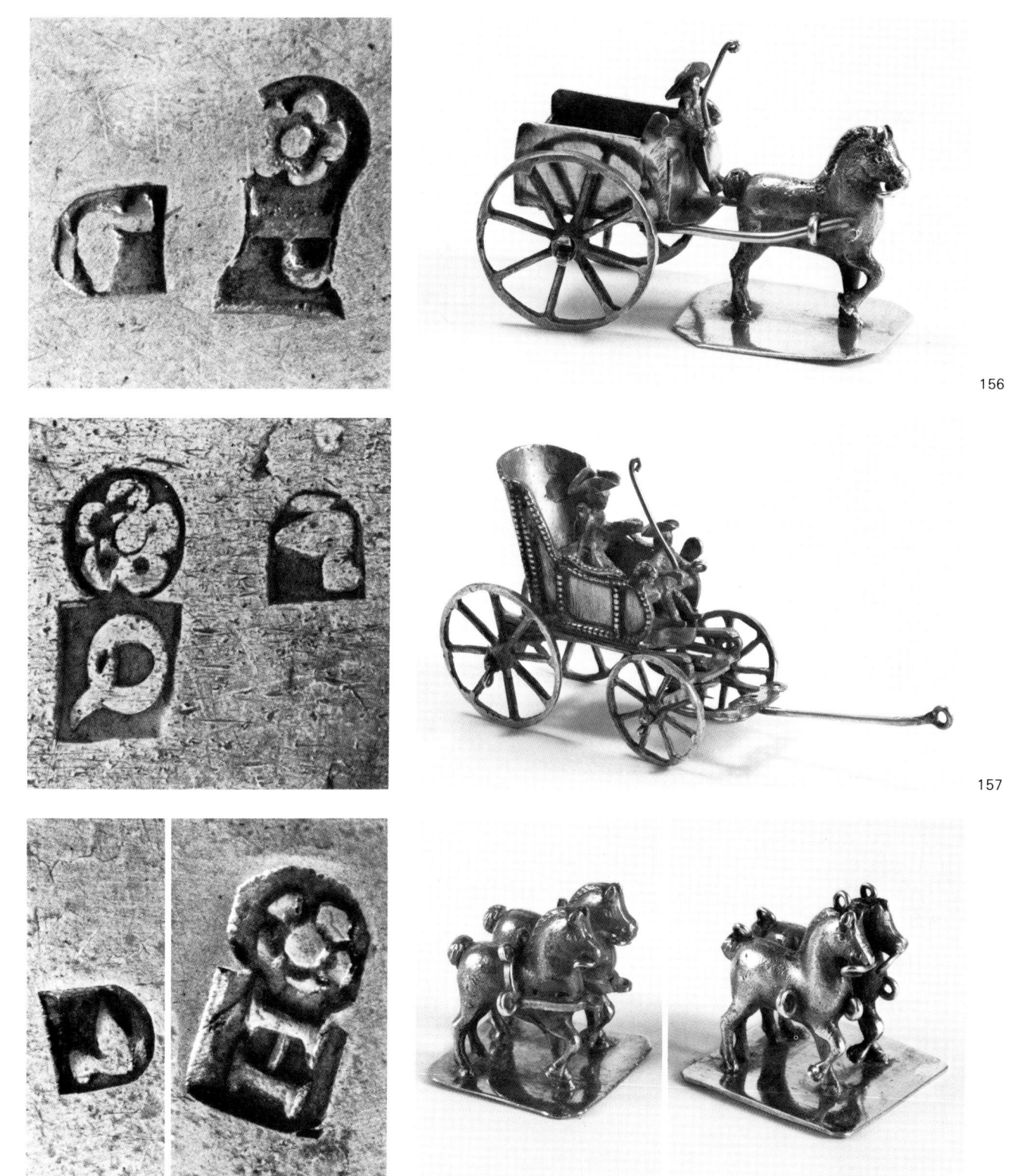

157

158

159

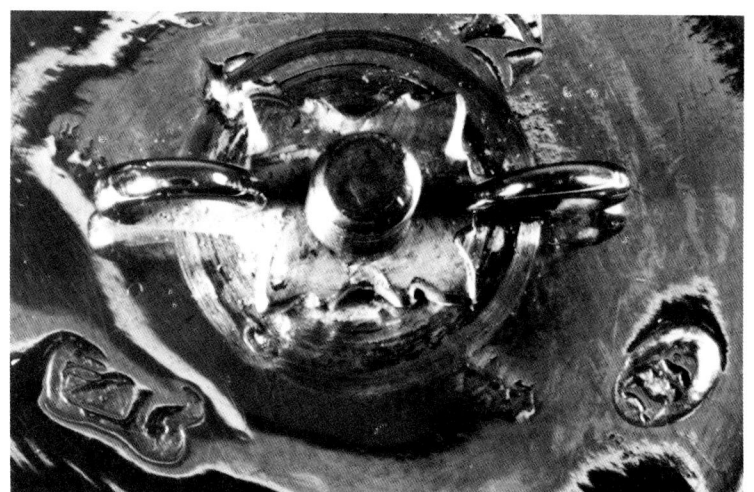

160

161

162

163

164

165

166

167

168

169

170

171

172

173

164 Schaufel mit gedrehtem Stiel, die die Marke des Haarlemer Goldschmieds Leendert Prenger aufweist. 1727. Sotheby's, Amsterdam

165 Spiegel mit Filigranrahmen, von einem nicht-identifizierten Goldschmied aus Leiden. 18. Jh. H: 118 mm, B: 57 mm. Centraal Museum, Utrecht

166 In Filigran gearbeitete ovale Silberschale von einem unbekannten holländischen (?) Meister. 18. Jh. L: 41 mm, B: 35 mm, H: 16 mm. Centraal Museum, Utrecht

167 Holländische (?) Dose aus Silberfiligran, die eine nicht-identifizierte Marke mit einem gekrönten steigenden Löwen innerhalb eines Wappenschildes sowie eine unleserliche Marke aufweist. 18. Jh. L: 59 mm, B: 43 mm, H: 25 mm. Centraal Museum, Utrecht

168 Holländischer Wasserkessel. Auf dem Boden zwei unleserliche Marken, mit der kleinen Axt gekennzeichnet. 17. Jh. H: 47 mm. Centraal Museum, Utrecht

169 Schale vom Typus *Hansje in de kelder* im Stil des 17. Jh., die jedoch aus der zweiten Hälfte des 18. Jh. stammt. Nicht-identifizierter Meister. H: 53 mm; D: 59 mm. Centraal Museum, Utrecht

170 Holländische Flasche. Meister und Herkunftsort unbekannt, mit einem gekrönten B gekennzeichnet. Diese Art von Gegenstand kommt nur sehr selten in Miniaturausführung vor. 18. Jh. H: 45 mm. Centraal Museum, Utrecht

171 Weinprobierschale. Ohne Marken. Meister und Herkunftsort unbekannt. 18. Jh. H: 26 mm; D (ohne Griffe): 50 mm. Centraal Museum, Utrecht

172 Teekanne mit lilienförmigem Deckelgriff und einem in einen Vogelkopf auslaufenden Schnabel. Ohne Marken. 18. Jh. H: 33 mm. Centraal Museum, Utrecht

173 Holländische Teeurne. Ohne Marken. Um 1740. Victoria and Albert Museum, London

Hoogwinkel, Leendert (1749–1831)

Dubbe, Jacob (tätig 1776–nach 1811)

Leendert Hoogwinkel ist der zweite bekannte Goldschmied der Stadt Dordrecht. Er wurde am 17. September 1749 geboren und starb 1831 im Alter von 82 Jahren. Seine Laufbahn begann gegen 1783 in einer Werkstatt an der Voorstraat, in der Nähe des Dordrechter Rathauses. Unter den Tausenden von holländischen Goldschmieden des 18. Jahrhunderts ist er der einzige, dessen Aussehen bekannt ist. Ein Ganzbildnis von ihm und seiner Frau, Maria Cornelia Kuykhoven, befindet sich im Museum seiner Geburtsstadt. Es ist nicht bekannt, ob er in großen Mengen Miniatursilber schuf. In Dordrecht gibt es aus seiner Hand einen hübschen 41 mm hohen Becher in Zylinderform, auf dem das Datum 1813 eingraviert ist. Es dürften noch andere Miniaturen existieren, denn Hoogwinkel war ein Fachmann auf diesem Gebiet, bekannt für seine fischförmigen Schnupftabakdosen.

Im 18. Jahrhundert war Jacob Dubbe eindeutig der bedeutendste Hersteller von Silberminiaturen der Stadt. Am 6. Januar 1776 in Dordrecht geboren, müßte er bereits 1790 seinen Meisterbrief erhalten haben, wenn man sich auf die ältesten Arbeiten, die seine Marke tragen, stützt. Da es selbst in Holland mehr als unwahrscheinlich ist, daß ein Handwerker mit 14 Jahren Meister wird, muß angenommen werden, daß das angegebene Geburtsdatum nicht stimmt. Jedenfalls war er noch 1814, am Ende der französischen Besetzung, in Dordrecht tätig. Dubbe schuf kleine Holländer Figuren in einem ganz persönlichen Stil. Ob er auch Geräte herstellte, steht nicht fest, ist aber durchaus möglich. Das Museum Mr. S. van Gijn besitzt einige interessante Arbeiten dieses recht ungewöhnlichen Meisters, namentlich zwei Paar 28 mm hohe Pferde, die sozusagen miteinander identisch sind, von denen aber das eine aus dem Jahre 1791, das andere aus dem Jahre 1801 stammt. Dies zeigt einmal mehr, wie einige auf Silberminiaturen spezialisierte Handwerker immer wieder dieselben Formen benützten. Eine zweite interessante Arbeit ist ein zweirädriger Einspänner mit Pferd und einem auf dem Bock sitzenden Kutscher, wobei das Zugtier allein auf einem rechteckigen, flachen Untersatz steht. Diese Arbeit trägt das Datum 1790. Ein weiteres Spielzeug, ein offener Wagen mit zwei davorgespannten Pferden, befindet sich im Museum seiner Geburtsstadt. Das kleine Fahrzeug hat zwei kleine Vorderräder und zwei größere Hinterräder und wird von einem Kutscher geführt, der mit der Peitsche in der Hand auf seinem Bock sitzt, während ein einziger Passagier den Rücksitz einnimmt. Dieses kleine Meisterwerk ist nur 30 mm hoch und 1801 datiert. Vermutlich stellte Jacob Dubbe während mehrerer Jahre solches Spielzeug her. Seine Marke ist verhältnismäßig einfach und besteht aus den Initialen ID über einem T innerhalb eines Quadrates oder eines Rhombus. Er benützte aber vor allem auch eine Marke mit dem Emblem einer Ente innerhalb eines Wappenschildes. Ein anderer, unbekannter oder, genauer gesagt, noch nicht identifizierter Meister von Dordrecht schuf gegen Ende des 18. Jahrhunderts ähnliche Silberminiaturen wie Dubbe. Es gibt von ihm ein einziges Stück im Museum dieser Stadt, das einen Hundezwinger darstellt, mit einem Hund im Vordergrund, auf einer 70 mm langen, rechteckigen Basis. Diese Basis weist neben der nicht-identifizierten Meistermarke den Buchstaben S als Beschauzeichen der Stadt Delft für das Jahr 1795 auf. Der Zwinger selbst kann dagegen dem dritten Viertel des 18. Jahrhunderts zugeschrieben werden und trägt die Rosenmarke der Stadt Dordrecht. Das Museum Mr. S. van Gijn veröffentlichte diese in seinem Katalog für Silberarbeiten. Wir geben sie hier zur Information weiter, in der Hoffnung, daß sie zur Entdeckung weiterer Arbeiten dieses ausgezeichneten Meisters führen.

Im Nordosten von Dordrecht befindet sich eine andere für ihre Goldschmiedekunst bekannte Stadt: Utrecht, das *Trajectum ad Rhenum* der Römer. Diese stolze Stadt blickt auf eine lange Tradition zurück. Sie besaß bereits im 14. Jahrhundert ihre ersten Gold- und Silberschmiede, die jedoch was die Herstellung von Silberminiaturen betrifft, nicht dem Beispiel ihrer Amsterdamer Kollegen folgten. Dabei waren die Bedingungen sehr günstig in dieser reichen und blühenden Stadt. Der älteste niederländische Silbergegenstand, der mit der Meistermarke und einem Jahresbuchstaben versehen ist, stammt aus Utrecht und wurde 1362 von Elyas Seerpert geschaffen, zu einer Zeit also, als noch keine Verordnung den Goldschmieden das Punzieren ihrer Werke vorschrieb. Der erste diesbezügliche Erlaß erging erst 1382. Das Utrechter Silber aus der Zeit vor dem Erscheinen der berühmten Meister der Familie van Vianen ist noch verhältnismäßig wenig bekannt.

Adam van Vianen, der älteste, wurde 1569 geboren, sein Bruder Paulus um 1570 und schließlich dessen Sohn Christian im Jahre 1593. Die beiden letzten sind wohl die im Ausland bekanntesten und angesehensten holländischen Goldschmiede.

Im Laufe des 17. Jahrhunderts erscheinen in Utrecht zahlreiche Goldschmiede, darunter Frans Eelioet aus Antwerpen, Pieter Vivant, Adriaen van Aller, Michel de Bruijn van Berendrecht und, gegen Ende des Jahrhunderts, Thijnen van Leeuwen und Johannes Reesant. Ihre Blütezeit durchlief die Utrechter Goldschmiedekunst während des 18. Jahrhunderts. Zwischen 1700 und 1750 waren mindestens 100 bedeutende Meister in der Stadt tätig. Viele verkauften ihre Arbeiten nach England. Erst seit dem Jahre 1702 wurde die berühmte Marke von Utrecht mit dem gekrönten Wappen der Stadt auf die Silberarbeiten geprägt. Sie wurde bis 1798 beibehalten, als die französischen Revolutionäre, die das Land besetzten, die alten Gilden auflösten. Dabei muß auf die beinahe einzigartige Tatsache hingewiesen werden, daß die Utrechter Goldschmiede – im Gegensatz zu allen andern Meistern der holländischen Provinz – den seit 1663 verwendeten holländischen Löwen nie benützten. Um einen Feingehalt des Silbers von mindestens 934/1000 zu garantieren, begnügten sie sich damit, zweimal die Marke ihrer Stadt anzubringen. Das war – zu deren eigenem Unglück – nur wenigen Fälschern bekannt.

S. 125

Einige Goldschmiede bemühten sich noch im 19. Jahrhundert, leider vergeblich, in ihrer Stadt die große Tradition aufrechtzuerhalten. Man ging in Utrecht, wie anderswo, bald zu industriellen Herstellungsverfahren über. Dabei gab es zwei bedeutende Firmen, deren Silber zwar nicht mit den alten Arbeiten zu vergleichen, aber dennoch von sehr hoher Qualität ist. Die eine war die «Utrechtse Fabriek voor Zilverwerken C. J. Begeer» (1868–1920), die andere wurde 1856 von Gerrit Brom gegründet und wechselte bis 1962 mehrmals ihren Namen.

Trotz dieser langen Tradition stellte im 18. Jahrhundert nur ein Goldschmied Silberminiaturen her: Jan Straatman, der 1732 sein Meisterrecht erlangte. Das Centraal Museum von Utrecht besitzt von diesem Meister einen *kuispedoor*, einen 29 mm hohen Spucknapf, ein Gerät, das unseres Wissens niemals außerhalb der Niederlande hergestellt wurde. Im selben Museum befindet sich auch ein bemerkenswerter 25 mm hoher Tabaktopf sowie ein der für Holland charakteristischen *pijpencomfoor*, das etwa die Form eines englischen *chafing dish* hat. Die Marke Jan

161

159

160

Straatman, Jan (tätig Mitte 18. Jh.)

Straatmans besteht aus seinen Initialen I (nicht J) und S innerhalb eines Ovals.

Ein einziger Meister für eine Stadt wie Utrecht bedeutet natürlich sehr wenig. Das Centraal Museum von Utrecht besitzt eine bedeutende Sammlung von Silberminiaturen, darunter mehrere Werke, die ihm 1975 von Frau A. M. E. B. Wittewaal-von Mansbach vermacht wurden. Außerdem umfaßt die Sammlung einige sehr seltene und bemerkenswerte Stücke von drei Amsterdamer Künstlern, Abraham Vilelle, Jan Borduur und Abraham Effemans. Von Jan Straatman dagegen besitzt das Museum nur die beiden bereits erwähnten Werke. Schließlich möchten wir noch einen kleinen Laternenanzünder erwähnen. Er weist eine Marke mit den Buchstaben MG innerhalb eines Quadrates auf, die dem Goldschmied M. L. Gezel aus Utrecht zu gehören scheint.

In dieser Sammlung sind ebenfalls einige Arbeiten mit gefälschten Marken zu sehen, die als Dokumente durchaus ihre Bedeutung haben, wenn das auch in manchen Liebhaberkreisen nicht anerkannt wird. Eines dieser Werke weist drei höchst phantasievolle Marken auf, eine mit dem Wappen der Stadt, eine mit fünf Sternen und eine dritte mit einem Segelschiff. Auf demselben Gegenstand findet man außerdem eine bestimmt echte Meistermarke mit den Initialen MEV, die wahrscheinlich aus dem 20. Jahrhundert stammt, aber bisher nicht identifiziert werden konnte, da sie nicht in *Meestertekens* steht. Viele Stücke der Museumssammlung tragen kein Meisterzeichen, können aber trotzdem dem 18. Jahrhundert zugeschrieben werden, denn sie weisen fast alle die Feingehaltsmarke auf, die zur Zeit des Holländischen Königreiches benützt wurde.

Während in den friesischen Städten und vor allem in Amsterdam zahlreiche Gold- und Silberschmiede seit dem 17. Jahrhundert Silberspielzeug herstellten, ist wie in Utrecht auch in Haarlem zu jener Zeit kein Miniatursilber entstanden. Dabei hat auch Haarlem eine lange Tradition der Goldschmiedekunst. Im 17. Jahrhundert waren in dieser Stadt viele ausgezeichnete Meister tätig, wie Jan Lourisz Akersloot, Jacob Pietersz van Alckemade, Hendrik Davidtsz, Pieter Gornelisz Ebbekin und Gaeff Meyndertsz, die damals großes Ansehen genossen. Aber während des ganzen 17. Jahrhunderts scheint nur ein einziger Goldschmied Miniaturen geschaffen zu haben: Michiel Maenbeke, der 1634 in Haarlem zur Welt kam. Da er einige Jahre in Amsterdam verbrachte, wird er aber oft zu den Amsterdamer Meistern gezählt.

Im Laufe des 18. Jahrhunderts hingegen stellten mehrere Haarlemer Meister Miniaturen her. Dabei war ein heute unbekannter Meister am produktivsten. Er arbeitete zwischen 1705 und 1740, und man begegnet seinen Arbeiten in vielen Museen. Dieser anonyme Goldschmied schuf sowohl Haushaltgeräte als auch Figurengruppen. Alle seine Arbeiten tragen eine Marke mit einem Bock (der manchmal auch als Hirsch angesehen wird) innerhalb eines Wappenschildes, weshalb man ihn als «Meister mit dem Bock» bezeichnet. Als das Frans Hals Museum in Haarlem 1975 der lokalen Goldschmiedekunst eine Ausstellung widmete, liehen viele Privatsammler und verschiedene Museen dazu einige Werke dieses unbekannten Meisters aus. Darunter befanden sich ein 101 mm großer Seiltänzer, der den Jahresbuchstaben V (1706) aufweist, ein 35 mm großer Musketier aus dem Jahre 1732, ein 40 mm großer Seiltänzer von 1735, ferner ein 85 mm großes geschlachtetes Schwein, das kreuzweise aufgehängt ist. Auch einige schöne Haus-

1876–1912   1903–1912

Gezel, M. L. (tätig 1876–1912)

Maenbeke, Michiel (1634–Ende 17. Jh.)

Meister mit dem Bock (tätig ca. 1704–1737)

haltgeräte waren bei dieser Gelegenheit zu sehen, darunter ein 189 mm langes, ovales, vierbeiniges Tablett mit einem eingravierten sechseckigen Stern, eine kleine
127 Bratpfanne mit zwei Fischen, die mit Stiel 90 mm lang ist, zwei 55 mm hohe runde
128 Tische mit umklappbaren Tischplatten *(klaptafel)*, wovon der eine mit eingravierten Tulpen und Heliotropen verziert ist, und schließlich ein Paar 70 mm hohe Leuchter. Das Westfries Museum in Hoorn nahm an dieser Ausstellung mit drei
126 nur 12 mm hohen Tassen samt Untertellern teil, die mit einem eingravierten Blumenmuster verziert sind. Von demselben Meister ist außerdem eine schöne 55 mm hohe Teedose bekannt.

Haarlem scheint die Heimat der nicht-identifizierten Meister zu sein. Denn neben diesem «Meister mit dem Bock» gibt es auch einen «Meister mit der ausge-
Ⓜ streckten Hand», dessen Marke eine offene Hand innerhalb eines Kreises zeigt. Eine 50 mm hohe Wiege mit Flechtmuster, heute im Westfries Museum in Hoorn, weist diese Marke auf.

Zwei weitere Haarlemer Goldschmiede wurden bisher zu den gelegentlichen Herstellern von Miniatursilber gezählt, eine Annahme, die wir bezweifeln möchten. Der eine schuf anfangs des 18. Jahrhunderts einen 40 mm hohen Salznapf, der andere etwas später eine 90 mm lange Schaufel. Damit ist jedoch noch nichts bewiesen. Es gibt eine Menge Salzgefäße aus allen Ländern, die höchstens 25 mm messen und deshalb noch keine Miniaturen sind. Was die Miniaturschaufeln betrifft, so handelt es sich einfach um besondere, für einige Nahrungsmittel bestimmte Löffel. Man müßte sonst auch alle Senflöffelchen als Miniaturen
Ⓜ betrachten. Die Marken dieser beiden unbekannten Meister, die man vielleicht doch eines Tages auf echten Miniaturen entdecken wird, bestehen für den einen aus einer Tulpe innerhalb eines aufrechten Ovals, für den andern aus einer seltsamen Figur, die eine Sirene darstellen könnte, innerhalb eines Kreises. Die zweite Marke sieht übrigens jener von Cornelis Zoutman ähnlich, der am Ende des 18. Jahrhunderts in Haarlem tätig war.

Über den Goldschmied Leendert Prenger sind verhältnismäßig wenige Einzelheiten bekannt. Er arbeitete während des zweiten Viertels des 18. Jahrhunderts in Haarlem, und alles scheint darauf hinzuweisen, daß er sich in der Herstellung von Kleinarbeiten und von Silberspielzeug spezialisiert hatte. Mehrere Stücke, die seine Marke aufweisen, wurden vor einiger Zeit durch Mak van Waay, ein bekanntes Amsterdamer Auktionsgeschäft, verkauft. Besondere Beachtung verdient eine
164 42 mm lange Schaufel mit gedrehtem Stiel. Dieser Meister ist außerdem in ver-
Ⓜ schiedenen Sammlungen vertreten. Seine Marke besteht aus den kursiv geschriebenen Anfangsbuchstaben LP innerhalb eines Ovals. Zweifellos benützte er Marken unterschiedlicher Größe, zumindest eine kleine und eine große.

Besser unterrichtet ist man über das Schaffen von Casparus Janszonius, der zwischen 1730 und 1770, seinem Todesjahr, tätig war. Er hinterließ zahllose Silbergegenstände in normaler Größe, war Mitglied der Haarlemer Gilde und sogar Zunftmeister. Wahrscheinlich schuf auch er zum Vergnügen Silberminiaturen. Dies bezeugt ein schöner Miniaturbecher, ein *avondmaalsbeker*, wie man sie im 17. Jahrhundert in Vriesland und Haarlem herzustellen pflegte. Dieser prachtvoll gravierte, 35 mm hohe Becher wurde vor einiger Zeit durch Mak van Waay in Amsterdam verkauft. Wahrscheinlich gibt es noch weitere Miniaturen dieses Mei-

174 Kupferner Bettwärmer mit Silbergriff. Ohne Marken, Meister und Herkunftsort unbekannt. 18. Jh. L (mit Griff): 109 mm. Centraal Museum, Utrecht

175 Holländischer Kronleuchter, der mit dem gekrönten B gekennzeichnet ist. Meister und Herkunftsort unbekannt. 18. Jh. H: 118 mm, B: 166 mm. Centraal Museum, Utrecht

176 Lichtputzschere mit Halter, holländischer Herkunft, ohne Marken. Anfang 18. Jh. H des Halters: 32 mm. Victoria and Albert Museum, London

177 Seltsames holländisches Gießfaß in Form eines Salztopfs, das mit dem gekrönten B gekennzeichnet ist. Meister und Herkunftsort unbekannt. 18. Jh. H: 39 mm, B: 29 mm. Centraal Museum, Utrecht

178 Holländische Kaminplatte. Die mittlere Szene stellt den Triumph der Galatea dar. Um 1700. H: 60 mm. Victoria and Albert Museum, London

179 Holländisches Silberspielzeug, das mit einer Marke französischer Herkunft gekennzeichnet ist. 18. Jh. H: 45 mm, L: 63 mm. Victoria and Albert Museum, London

180 Holländischer Löffelhalter mit sechs Löffeln, der mit dem gekrönten B gekennzeichnet ist. Meister und Herkunftsort unbekannt. 18. Jh. H: 55 mm. Centraal Museum, Utrecht

🖐

Meister mit der ausgestreckten Hand (tätig 18. Jh.)

🌷

Eine Tulpe in einem aufrechten Oval

⟨LP⟩

Prenger, Leendert (tätig 2. Viertel 18. Jh.)

174

175

176

177

178

179

180

181

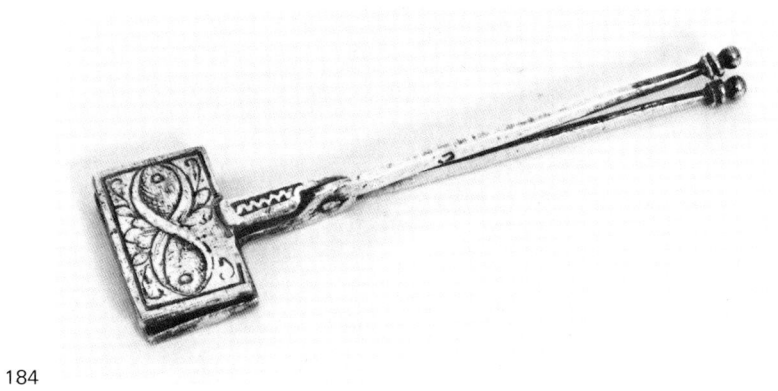

182

183

184

185

181 Vier Stühle von einem nicht-identifizierten holländischen Meister. Mitte 19. Jh. H: 41 mm. Centraal Museum, Utrecht

182 Teekessel mit Kocher, ein recht seltenes Stück, von einem nicht-identifizierten holländischen Meister. Anfang 19. Jh. H: 107 mm. Centraal Museum, Utrecht

183 Kanapee im Louis-XV-Stil, von einem nicht-identifizierten holländischen Meister. 19. Jh. B: 58 mm. Centraal Museum, Utrecht

184 Holländisches Waffeleisen von einem unbekannten Meister. 19. Jh. L: 75 mm. Centraal Museum, Utrecht

185 Spinnrad von einem nicht-identifizierten holländischen Meister. 19. Jh. H: 70 mm. Centraal Museum, Utrecht

Janszonius, Casparus
(tätig 1730–1770)

Reynalda, Rijner
(tätig Anfang 18. Jh.)

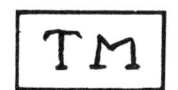

Meervoort, Thomas van
(tätig 2. Hälfte 18. Jh.)

1873–?
Velteman, J. J.
(tätig Ende 19. Jh.)

Diese Marke ist mit jener von A. H. F. Valk (tätig 1906–1925) aus Steenbergen nahezu identisch.

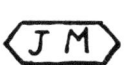

1868–1873
Menten, J
(tätig 1868–1873)

sters. Seine Marke besteht aus den kursiv geschriebenen Initialen CJ innerhalb eines Kreises.

Auch über den am Anfang des 18. Jahrhunderts in Haarlem tätigen Goldschmied Rijner Reynalda hat man mehr Gewißheit. Er konnte aufgrund mehrerer Werke mit Sicherheit identifiziert werden. Das Museum von Groningen besitzt von ihm eine winzige 1738 datierte Silberschale von nur 20 mm Durchmesser. Mehrere Stücke wurden auf Auktionen angeboten, unter anderem eine kleine Männerfigur, die ein Schwein vor sich hertreibt, aus dem Jahre 1741. Reynalda scheint demzufolge nicht nur Geräte, sondern auch Figuren hergestellt zu haben, wie das bei den meisten Holländer Meistern der Fall war.

Schließlich bestehen auch bei Laurens de Pauw, der 1715 in Haarlem sein Meisterrecht erlangte, Zweifel darüber, ob er Miniaturen herstellte. Gewiß verließen zahlreiche Kleinarbeiten seine Werkstatt, darunter ebenfalls eine 90 mm lange Schaufel – ein bei kleinen Schaufeln gängiges Maß –, doch winzige Schachteln, Schaufeln und Salzgefäße gab es seit jeher, ohne daß man sie als eigentliche Miniaturen betrachten dürfte. Der gegenwärtige Stand der Forschungen erlaubt es nicht, in Laurens de Pauw einen Hersteller von Miniatursilber zu sehen. Wir möchten aber doch darauf hinweisen, daß *pauw* «Pfau» bedeutet, und daß demzufolge seine Marke einen Pfau innerhalb eines Ovals darstellt.

Neben den erwähnten Arbeiten wurden nur sehr wenige Miniaturen in anderen Städten der Niederlande entdeckt. In der Stadt 's Hertogenbosch, die von den Holländern oft einfach Den Bosch genannt wird, war in der zweiten Hälfte des 18. Jahrhunderts ein Hersteller von Silberminiaturen, Thomas van Meervoort, tätig. Das Museum von Groningen besitzt von diesem Meister ein Sieb mit zwei Griffen von 60 mm Durchmesser, das seine Marke und den Jahresbuchstaben für 1744 aufweist. Das Zeichen van Meervoorts besteht aus den Anfangsbuchstaben TM innerhalb eines Rechtecks. Schließlich sei noch erwähnt, daß auf einer Auktion, die am 20. Januar 1975 in Amsterdam stattfand, ein Miniatursieb mit zwei Griffen und ausgezacktem Rand von der Hand eines Meisters aus 's Hertogenbosch namens V. Ginderen verkauft wurde. Bisher gelang es nicht, diesen Goldschmied, der in *Meestertekens* nicht verzeichnet ist, ausfindig zu machen.

Mit Ausnahme von Zeeland entstand in vielen Städten der Niederlande Miniatursilber, manchmal sogar an ganz unerwarteten Orten, in kleinen Werkstätten unbekannter Dörfer. So ist man manchmal erstaunt, Miniaturen unbedeutender Meister in Museen zu finden, zumal dieselben Museen niemals Gegenstände normaler Größe dieser Meister aufbewahrt hätten. Das Nederlands Goud-, Zilver- en Klokkenmuseum in Schoonhoven (ehemals in Utrecht) bewahrt beispielsweise in seiner kleinen Miniatursilbersammlung einige Arbeiten eines J. J. Velteman auf, der am Ende des Jahrhunderts Silberminiaturen herstellte. Er besaß von 1873 bis zu einem unbekannten Zeitpunkt eine Werkstatt in der Stadt Zwolle. Dasselbe Museum besitzt auch einen Miniaturlöffel mit der Marke eines J. Menten aus Gendringen, einem kleinen Dorf an der deutschen Grenze, in einer Gegend, die die Holländer *Achterhoek*, d. h. «hinterste Ecke», nennen. Veltemans Marke ist leicht zu erkennen; sie besteht aus dem Buchstaben V, gefolgt von der Zahl 5, innerhalb eines Quadrates. Die Marke J. Mentens weist die Initialen JM entweder innerhalb eines Rechtecks oder innerhalb eines länglichen Sechsecks auf. Beide Goldschmiede gehören wohl, wie viele andere, zu jenen Handwerkern ohne Ruhm und Namen, die nicht in die Geschichte eingingen, deren Werke aber unbedingt erfaßt werden müssen, bevor es zu spät ist.

In der zur Zeit der Ostindischen Kompanie wohlhabenden Stadt Enkhuizen waren seit dem 17. Jahrhundert ebenfalls mehrere Goldschmiede tätig, die Silberminiaturen herstellten. Zum großen Bedauern der Sammler tragen die Werke aus jener Zeit nie Marken. So sind alle in Museen aufbewahrten Gegenstände dieser Stadt nur zugeschrieben, wie dies beispielsweise der Fall ist bei einem kleinen Tablett mit sechs winzigen Gläsern, das sich im Nederlands Goud-, Zilver- en Klokkenmuseum in Schoonhoven, der Stadt der Goldschmiede, befindet.

Weitere Marken auf niederländischen Silberminiaturen

	Das gekrönte O	Feingehaltsmarke, die zur Zeit des Holländischen Königreiches (1807–1812) benützt wurde. Ohne Steuergebühren		Der Löwe (2)	Marke für große Arbeiten von einem Feingehalt von 833/1000, die aber manchmal auf Miniaturen zu finden ist (1814–1953)
	Das gekrönte B	Feingehaltsmarke, die zur Zeit des Holländischen Königreiches (1807–1812) benützt wurde. Mit Steuergebühren		Das J auf schraffiertem Grund	Marke für Arbeiten lokaler Produktion (1814–1953) (1905–1953)
	Die kleine Axt	Marke für alte Silbergegenstände, die zwischen 1852 und 1927 wieder in Umlauf gesetzt wurden		Das Schwert mit dem Feingehalt	Heute noch für Kleinarbeiten benützte Marke, seit 1953 in Gebrauch
	Das Schwert	Das Schwert rechterhand wurde zwischen 1814 und 1905, das andere zwischen 1906 und 1953 für Kleinarbeiten benützt		Der Provinzlöwe von Holland	Seit 1663 in Holland und Ostfriesland benützte Garantiemarke für Arbeiten mit einem Feingehalt von 934/1000 und mehr (grote keur)
	Der Delphin	Steuermarke für Gold und Silber, die zwischen 1859 und 1893 benützt wurde		Der Provinzlöwe von Friesland	Seit 1696 in Friesland benützte Garantiemarke für Arbeiten mit einem Feingehalt von 934/1000 und mehr
	Der Schlüssel	Marke, die zwischen 1852 und 1953 den für die Ausfuhr bestimmten Arbeiten aufgeprägt wurde, und zwar immer auf der Feingehaltsgarantie		Der Wildschweinkopf	Marke für Kleinarbeiten, die vor 1813 entstanden und wieder in Umlauf gesetzt werden; Erlaubnis, den Gegenstand in den Handel zu bringen

Niederländische Jahresbuchstaben

Verzeichnis der Jahresbuchstaben, die im allgemeinen zwischen 1815 und 1960 in den gesamten Niederlanden benützt wurden. Vor Einführung dieses einheitlichen und praktischen Systems benützte jede Stadt ihre eigenen Jahresbuchstaben, was heute manchmal die Datierung von Werken erheblich erschwert, wenn kein Buchstabenverzeichnis der Stadt vorhanden ist. Die Schwierigkeit ist um so größer, als einige Städte, wie Amsterdam, 's Hertogenbosch, Delft, Dordrecht, Den Haag und Utrecht, ein solches System schon um die Mitte des 16. Jahrhunderts einführten.

F	1815	B	1836	X	1857	t	1878	P	1899	K	1920	G	1941
G	1816	C	1837	Y	1858	u	1879	Q	1900	L	1921	H	1942
H	1817	D	1838	Z	1859	v	1880	R	1901	M	1922	I	1943
J	1818	E	1839	a	1860	w	1881	S	1902	N	1923	J	1944
K	1819	F	1840	b	1861	x	1882	T	1903	O	1924	J	1945
L	1820	G	1841	c	1862	y	1883	U	1904	P	1925	Z	1945-'46
M	1821	H	1842	d	1863	z	1884	V	1905	Q	1926	M	1947
N	1822	I	1843	e	1864	A	1885	W	1906	R	1927	N	1948
O	1823	K	1844	f	1865	B	1886	X	1907	S	1928	N (crown)	1948
P	1824	L	1845	g	1866	C	1887	Y	1908	T	1929	O	1949
Q	1825	M	1846	h	1867	D	1888	Z	1909	V	1930	P	1950
R	1826	N	1847	i	1868	E	1889	A	1910	W	1931	Q	1951
S	1827	O	1848	k	1869	F	1890	B	1911	X	1932	R	1952
T	1828	P	1849	(III)	1870	G	1891	C	1912	Y	1933	S	1953
U	1829	Q	1850	m	1871	H	1892	D	1913	Z	1934	T	1954
V	1830	R	1851	n	1872	J	1893	E	1914	A	1935	U	1955
W	1831	S	1852	o	1873	K	1894	F	1915	B	1936	W	1956
X	1832	T	1853	p	1874	L	1895	G	1916	C	1937	X	1957
Y	1833	U	1854	q	1875	M	1896	H	1917	D	1938	y	1958
Z	1834	V	1855	r	1876	N	1897	I	1918	E	1939	Z	1959
A	1835	W	1856	s	1877	O	1898	J	1919	F	1940	a	1960

Großbritannien

London

Die Geschichte der Londoner Goldschmiedekunst reicht – wie jene der meisten großen europäischen Städte – weit ins Mittelalter zurück. Die englischen Historiker scheinen aber mehr Geduld und Ausdauer zu besitzen als die Forscher anderer Länder. Sie verfügen außerdem über eine größere Anzahl an Urkunden, Registern und sonstigen alten Dokumenten, die auf dem Kontinent schon längst zerstört worden wären. Die Londoner hatten schon im Mittelalter ihre Zunft, die noch heute besteht, und die seit jeher die Tradition der Goldschmiedekunst hochhielt und die damit verbundenen Dokumente aufbewahrte. London stellt daher in diesem Bereich eine Ausnahme dar. So konnten die Historiker ohne Schwierigkeiten herausfinden, daß bereits 1180, ein gutes Jahrhundert nach der Landung Wilhelms des Eroberers, ein Versuch unternommen worden war, die Goldschmiede von London zu vereinigen. Im Jahre 1238 verordnete König Heinrich III. die Gründung einer Art von Kollegium, an dem sechs Meister der Stadt beteiligt waren, und beauftragte sie, ihre Handwerksgenossen zu beaufsichtigen, deren Arbeiten zu überprüfen und sie mit dem Leopardenkopf *(leopard's head)* zu markieren. Die erste eigentliche Zunft wurde jedoch erst im Jahre 1327 gegründet. Zur Zeit Eduards III., im Jahre 1363, wurden die innerhalb der Stadtmauern tätigen Goldschmiede schließlich dazu verpflichtet, ihre Arbeiten mit einem persönlichen Zeichen zu versehen. Von diesem Zeitpunkt an suchten sich auch die Londoner Meister die verschiedensten und manchmal verschrobensten Symbole für ihre Marken aus, die heute oft schwer zu entschlüsseln sind. Diese Art von Marken war bis fast Ende des 17. Jahrhunderts in Gebrauch, als man allmählich die Anfangsbuchstaben der Namen zur Punzierung einführte. Erst 1720 wurde festgelegt, daß die Meistermarke die Initialen von Vor- und Familiennamen aufweisen müsse. Da einige Londoner Meister beide Arten von Marken verwendeten, kam es zu verschiedenen irrtümlichen Zuschreibungen. In Großbritannien wurden Gold- und Silberarbeiten stets strengstens geprüft und punziert, was in anderen europäischen Ländern bei weitem nicht immer der Fall war. Seit 1544 mußten die Londoner Goldschmiede ihren Arbeiten eine weitere Marke, jene mit dem schreitenden Löwen *(lion passant),* aufprägen, die einen Feingehalt von 925/1000, d. h. den Sterling-

Feingehalt, garantierte. Spätestens 1560 wurden in der englischen Hauptstadt auch die Jahresbuchstaben zur Datierung der Werke eingeführt. Demzufolge müßte ein in London entstandenes Silberspielzeug in der Regel die vier genannten Marken aufweisen: die Meistermarke (anfangs meistens eine symbolische Figur, seit 1720 die Initialen), den Leopardenkopf *(leopard's head)* der aussagt, daß das Werk in London hergestellt wurde, den schreitenden Löwen, der den Feingehalt garantiert, sowie einen Jahresbuchstaben, der das Herstellungsjahr angibt. Die zwischen 1696 und 1720 entstandenen Arbeiten zeigen andere Marken. Denn als im Jahre 1696 der Feingehalt des Silbers auf 958,3/1000 festgelegt wurde, verschwanden der schreitende Löwe sowie der Leopardenkopf und wurden durch die Figur der Britannia und den abgerissenen Löwenkopf *(lion's head erased)* ersetzt. All diese Gesetzänderungen sollten später zu einigen groben Irrtümern in der Zuschreibung von Silberarbeiten führen, was durchaus begreiflich ist. Als man 1697 vorschriftsgemäß zum Britannia-Feingehalt überging, mußten alle Goldschmiede ihre Meistermarke ändern und mit den beiden ersten Buchstaben des Namens versehen. Im Jahre 1720, als man teilweise wieder auf den Sterling-Feingehalt zurückkam, nahmen einige Meister wiederum ihre frühere Marke an, während andere beide Zeichen beibehielten, das eine, mit den beiden ersten Buchstaben des Namens, für ihre Arbeiten mit dem Britannia-Feingehalt, das andere, mit den Anfangsbuchstaben von Vor- und Familiennamen, für Gegenstände mit dem Sterling-Feingehalt. Dieses Vorgehen hielt sich in London bis ins Jahr 1739, als verordnet wurde, daß alle Meistermarken die Initialen aufweisen müßten. Diese zeitweilig verworrene Lage machte sich auch im Bereich des Miniatursilbers bemerkbar und erschwerte die Zuordnung zu den verschiedenen Meistern.

Im Jahre 1739 kam leider zugleich der Beschluß heraus, die Silberminiaturen nicht mehr zu punzieren. Die meisten Spezialisten in diesem Fach prägten ihren *silver toys* jedoch weiterhin die Meistermarke auf, bei Arbeiten von hoher Qualität kam sogar der schreitende Löwe hinzu. Im Laufe des 19. Jahrhunderts dagegen wurde das Silberspielzeug nur noch selten markiert. Man kennt deshalb heute kaum einen Hersteller von Miniaturen aus dieser im übrigen wenig erfinderischen Periode.

Der Ausdruck *silver toys,* der heute in Großbritannien für kleine Möbel, Hausgeräte und verkleinerte Silbergegenstände aller Art angewendet wird, hatte während des 17. und des 18. Jahrhunderts eine andere Bedeutung. Damals bezeichnete das Wort *toy* (Spielzeug) einfach einen Miniaturgegenstand, eine Nippsache wie einen kleinen Nutzgegenstand aus Gold, Silber oder einem sonstigen Material. So waren die kleinen Essig- und Ölständer, die Schnupftabakdosen sowie zahlreiche andere Kleinarbeiten aus Silber, Kupfer oder Stahl einfach *toys.* Auch die berühmten Parfumfläschchen aus Chelsea-Porzellan in der Art *girl in the swing* waren *toys.* Man ist sich deshalb heute keineswegs im klaren darüber, ob jene englischen Meister des 18. Jahrhunderts, die sich *toymen* nannten, tatsächlich auch die Kategorie von Gegenständen schufen, die man heute als *silver toys* bezeichnet. Es ist daher sehr unsicher, sich auf die Zeitungsreklamen der damaligen Londoner *toymen* zu stützen, wie das einige Autoren taten, um zu bestimmen, ob dieser oder jener Goldschmied im Laufe des 18. Jahrhunderts Silberspielzeug, d.h. Miniaturgegenstände, produzierte oder nicht.

186 Bemerkenswerte Miniatur aus getriebenem Silber mit dem Londoner Jahresbuchstaben Q für 1663. Meistermarke unleserlich. D: 38 mm. Christie's, London

187 Verschiedene Gegenstände vom Ende des 17. Jh. Oben eine Weinprobierschale aus der William-and-Mary-Zeit, datiert 1693 und mit der Marke des nicht-identifizierten Meisters mit den Initialen ET zwischen zwei Punkten gekennzeichnet (möglicherweise Jackson, S. 149). Bei den drei anderen Behältern handelt es sich um *toy porringers*, die eigentlich *dram cups* und nicht unbedingt Miniaturen sind. Der linke *porringer* stammt von einem nicht-identifizierten Meister und ist 1691 datiert. H: 28 mm, D: 51 mm. Die untere Schale trägt eine Marke mit den Initialen WF. D: 48 mm. Rechts eine Arbeit des Goldschmieds William Fleming. Datiert 1700. D: 43 mm. Christie's, London

188 Zwei englische Weinschalen aus dem 17. Jh. Die linke Schale weist eine Marke mit den Initialen TB über einer Art von großem Punkt auf. Um 1630. H: 89 mm. Die rechte ist mit den Initialen ET über einer Mondsichel gekennzeichnet. Obwohl nicht datiert, dürfte diese Schale um 1650 entstanden sein. H: 63 mm. Für die erste Marke vgl. Jackson, S. 116, für die zweite Jackson, S. 125. Christie's, London

189 Schreibzeug aus London. Um 1685. Die schwer lesbare Marke scheint aus den Initialen IC innerhalb eines Herzens zu bestehen. B: 67 mm. Victoria and Albert Museum, London

190–191 Seltenes Schreibzeug von George Manjoy. Datiert 1691. Manjoys Marke mit den Initialen GM, der schreitende Löwe, der gekrönte Leopardenkopf und der Jahresbuchstabe O sind auf Abb. 191 deutlich erkennbar. L: 86 mm, B: 67 mm. Christie's, London

192 Seltener, für die Zeit Wilhelms III. typischer Becher von Colin MacKenzie, Edinburgh. Um 1700. H: 68 mm. Christie's, London

187

186

188

189

190

192

191

193

194

195

196

197

198

193 Becher mit Fuß aus der Queen-Anne-Zeit von George Manjoy. Um 1705. H: 41 mm. Christie's, London

194 Deckelhumpen von George Manjoy mit allen vorgeschriebenen Marken und dem Jahresbuchstaben N für 1690–1691. Victoria and Albert Museum, London

195 Deckelhumpen im Stil der Zeit Jakobs II. von George Manjoy. Auf diesem sehr seltenen Stück sind alle vorgeschriebenen Marken vorhanden. Datiert 1686. H: 54 mm. Christie's, London

196 Einige Silberminiaturen von George Manjoy. Ende 17. Jh. – Anfang 18. Jh. Alle Gegenstände sind mit den vorgeschriebenen englischen Marken gekennzeichnet. Der linke Kocher ist von 1707, D: 48 mm, der rechte von 1710, D: 44 mm, der Kochkessel von 1699, D: 26 mm. Das Sieb ist 1691 datiert. L: 96 mm. Christie's, London

197 Weinprobierschale von George Manjoy mit dem Britannia Standard, dem abgerissenen Löwenkopf, dem Jahresbuchstaben und der Marke mit den Initialen MA, die Manjoy zur Zeit des Britannia Standard benützte. Datiert 1700. D: 41 mm. Christie's, London

198 Eine Reihe von Gegenständen vom Ende des 17. Jh. und Anfang des 18. Jh. *Oben:* Zwei Weinprobierschalen von George Manjoy, die linke 1700, die rechte 1690 datiert. D: 41 mm. *Mitte:* Zweihenklige Schale von einem Londoner Goldschmied, dessen Marke unleserlich ist. Datiert 1673. D: 48 mm. *Unten:* Drei achteckige Salzgefäße von George Manjoy, das mittlere datiert 1703, H: 41 mm, die beiden andern 1684, H: 26 mm. Christie's, London

Auf jeden Fall begannen die Londoner Meister – im Vergleich zu den Holländern – erst sehr spät mit der Herstellung von Silberminiaturen. Um die Mitte des 17. Jahrhunderts findet man in London noch kaum Silberspielzeug, während die Gold- und Silberschmiede in Amsterdam und in den friesischen Städten bereits ihre berühmten «Schlangenpokale» und die bezaubernden Becher mit den eingravierten Blumen-, Früchte- und Insektenmustern *en miniature* herstellten. Es gibt in London auch kein einziges Spielzeug im Renaissancestil, wie sie in Holland beliebt waren. An einer denkwürdigen Auktion von Miniatursilber, die 1972 bei Christie's in London stattfand, wurden drei Stücke von tadelloser Ausführung als die ältesten bekannten und punzierten britischen Silberminiaturen angeboten:

ein 29 mm hoher Miniaturkelch mit vergoldetem Inneren auf einem kuppelförmigen Fuß aus der Zeit um 1630 von einem unbekannten Meister (Marke: die Initialen TB über einer Art Punkt);   188

ein zweiter, 63 mm hoher Miniaturkelch mit säulenförmigem Fuß aus der Zeit um 1650, ebenfalls von einem unbekannten Meister (Marke: die Initialen ET über einer Sichel);   188

ein Gefäß in der Art einer Weinprobierschale, dessen Henkel waagrecht anstatt senkrecht angebracht sind, von 38 mm Durchmesser, wobei der sehr enge Gefäßbauch mit einem Blumenmuster in Relief geschmückt ist, datiert 1653 (Meistermarke unleserlich).   186

Wenn auch einige Londoner Goldschmiede um die Mitte des 17. Jahrhunderts gelegentlich Miniaturen schufen, kann von einem eigentlichen Aufschwung in diesem Bereich keine Rede sein. Weshalb und für wen hätte man auch damals in England Silberspielzeug hergestellt? Was mochte die Goldschmiede dazu bewogen haben, solche Nippsachen anzufertigen?

Viele Autoren sind sich darin einig, daß das Aufkommen der Puppenhäuser einen Einfluß auf diesen Zweig der Goldschmiedekunst ausübte, und bis zu einem gewissen Grad mag das auch stimmen. Allerdings gab es in England im 17. Jahrhundert noch keine Puppenhäuser, während sie in Holland schon in großer Anzahl vorhanden waren. Erst im 18. Jahrhundert erschienen vereinzelt die ersten englischen Puppenstuben, die kleiner und weniger luxuriös ausgestattet waren als ihre holländischen Vorbilder. Diese Spielhäuser waren in den allermeisten Fällen für Kinder bestimmt und wurden nur sehr selten für Erwachsene angefertigt. Die prachtvollen holländischen Puppenhäuser aus dem 17. Jahrhundert dagegen, mit ihren Möbeln aus Ebenholz, den Wandmalereien, Teppichen, Bildern berühmter Meister und Nippsachen in Delfter Fayence, konnten auch Haushaltgeräte aus Edelmetall enthalten.

England befand sich nie in einer ähnlichen Lage. Hier entstand das eigentliche Miniatursilber erst längere Zeit, nachdem die Stuarts mit Karl II. wieder auf den englischen Thron gelangt waren (1660). Vermutlich wurden die ersten Silberminiaturen am Ende des Jahrhunderts aus Holland eingeführt und hatten einigen Erfolg. Ein paar Goldschmiede dürften sich daraufhin entschlossen haben, es ihren holländischen Kollegen gleichzutun, nicht etwa indem sie aus Amsterdam oder anderen holländischen Städten importierte Arbeiten nachahmten, sondern indem sie selber Silberspielzeug nach eigenen Entwürfen anfertigten. Englands Beziehungen zu Holland verbesserten sich zudem, als Wilhelm von Oranien, Statthalter der

Niederlande, 1689 unter dem Namen Wilhelm III. König von England wurde. Erst nach den Einschränkungen, denen das Land zur Zeit Cromwells und der Republik unterworfen war, erlebten die Londoner Goldschmiede wieder eine Zeit relativen Wohlstands. Die ersten Silberminiaturen entstanden wahrscheinlich um 1680–1685 in sehr kleiner Zahl. Mehrere frühere Meister wurden als Hersteller von Miniatursilber bezeichnet, weil man von ihnen *toy porringers* – kleine zweihenklige Gefäße, in denen man Porridge servierte – gefunden hatte. Heute ist man sich in Fachkreisen aber mehrheitlich darüber einig, daß diese *toy porringers*, von denen sich zu viele im Handel befinden, in Wirklichkeit *dram cups* sind, kleine Schalen für starke alkoholische Getränke. Es handelt sich dabei also nicht um Miniaturen und auf keinen Fall um Spielzeug (vgl. dazu das Kapitel «Weitere britische Städte», Abschnitt «Dublin»).

Das Verzeichnis der auf Miniatursilber spezialisierten Londoner Meister wird somit nochmals um einige Namen kürzer. Wenn wir hier dennoch einige Abbildungen von *toy porringers* veröffentlichen, so geschieht es, weil sie sehr alte Kleinarbeiten aus Silber sind, die durchaus in eine Miniatursilbersammlung passen.

Zu den Herstellern von *toy porringers* gehören namentlich John Cole, William Andrews, Jonathan Bradley, William Fleming, Edward Jones, der seine Marke im Jahre 1697 einschlagen ließ, dessen Geschichte aber sehr verwickelt ist, und James Goodwin.

Bereits 1690 ließ sich Nathaniel Greene an der St. Martin's Lane nieder; seine Marke wurde jedoch erst 1699 eingeschlagen. Er schuf tatsächlich Silberspielzeug, und Sir Charles Jackson konnte seine Marke auf einem Miniaturbecher feststellen. Des weiteren besitzt das Philadelphia Museum of Arts ein Riechsalzfläschchen aus der Mitte des 17. Jahrhunderts von John Buckle (oder Buckler). Wer war dieser Meister? Die beiden bedeutendsten englischen Fachexperten, Sir Charles Jackson und Arthur Grimwade, erwähnen ihn nicht in ihren Nachschlagewerken, es sei denn, die von Jackson auf Seite 120 seines *English Goldsmiths and their Marks* abgebildete Marke gehöre John Buckle. Sie besteht aus den durch einen Punkt getrennten Initialen IB über einer Gürtelschnalle (englisch *buckle*) und zwischen zwei Punkten und soll mindestens aus dem Jahre 1633 stammen. In diesem Fall wäre Buckle der älteste oder einer der ältesten Hersteller von Silberminiaturen.

Nathaniel Lock, dessen erste Marke im Jahre 1697 eingetragen wurde, war ein *smallworker*, d.h. ein Hersteller von Kleinarbeiten. Von ihm stammt eine Miniaturschale aus der Queen-Anne-Zeit, die am 4. Juni 1974 durch Parke Bernet in New York verkauft wurde. Möglicherweise findet man seine Marke auch auf einem *dram cup*, der außerdem den Löwenkopf im Profil, die Britannia-Marke und den Jahresbuchstaben für das Jahr 1714–1715 aufweist und der sich heute in der Miniatursilbersammlung des Victoria and Albert Museum in London befindet. Die Marke mit den Initialen LO sieht jedoch eher jener ähnlich, die William Looker am 12. Juni 1713 einschlagen ließ.

Wie dem auch sei, bei Nathaniel Lock ist noch vieles unklar. Vielleicht gehört auch er zu den zahlreichen Herstellern von *toy porringers*, einer Kategorie von Handwerkern, zu der auch Matthew Pickering und Joseph Smith gezählt werden können, deren Marken man auf verschiedenen *toy porringers* entdeckte. Matthew Pickering, der seine Lehre bei Nathaniel Lock abschloß, erlangte 1703 sein Mei-

Cole, John
1697 eingeschlagen

Andrews, William
1697 eingeschlagen

Bradley, Jonathan
1697 eingeschlagen

Fleming, William
1697 eingeschlagen

Jones, Edward
1697 in zwei Größen eingeschlagen. Die kleinere Marke weist keinen Stern über dem O auf, dafür einen Punkt zwischen den Buchstaben.

Goodwin, James
Die beiden ersten 1710 eingeschlagen, die dritte 1721

Greene, Nathaniel
1699 eingeschlagen

Lock, Nathaniel
1697 und 1699 (drei) eingeschlagen. Die erste Marke war für Kleinarbeiten bestimmt.

Pickering, Matthew
1703 eingeschlagen

sterrecht. Seine Werkstatt lag in der Mugwell Street in London. Joseph Smith, Meister seit 1707, arbeitete, wie viele seiner Handwerkergenossen, an der Foster Lane. Er benützte zwei verschiedene Marken, die erste, von 1707, mit den beiden ersten Buchstaben seines Familiennamens (Britannia Standard) und die zweite, seit 1720, mit den Initialen von Vor- und Nachnamen (Sterling Standard). Ein weiterer Spezialist in der Herstellung von *dram cups* war George Beale, ein *smallworker*, der 1696 sein Meisterrecht erhielt und von dem drei verschiedene Marken bekannt sind. Alle drei weisen die beiden ersten Buchstaben seines Familiennamens auf, was eindeutig darauf hinweist, daß er seine Tätigkeit vor 1720 einstellte, eine Annahme, die noch dadurch bestärkt wird, daß die späteste bisher entdeckte Arbeit dieses Meisters den Jahresbuchstaben für das Jahr 1718 aufweist.

Es bleiben all die unbekannten Meister des 17. Jahrhunderts, jene Goldschmiede, deren Marken auf Miniaturen entdeckt wurden, die jedoch bisher selbst von Fachleuten nicht identifiziert werden konnten. Der bedeutendste dieser unbekannten Meister war während der ersten Hälfte des 17. Jahrhunderts tätig und zeichnete seine Arbeiten mit den Initialen TB. Im Jahre 1972 wurde von ihm ein 89 mm hoher Weinbecher aus der Zeit um 1630, mit balusterförmigem Fuß und vergoldetem Inneren, verkauft. In der Miniatursilbersammlung des Victoria and Albert Museum befinden sich mehrere Stücke dieses geheimnisvollen Meisters TB, der als der älteste von ganz England betrachtet werden kann. Im 17. Jahrhundert gab es aber noch ein gutes Dutzend solcher nicht-identifizierter Goldschmiede.

Schließlich muß der bedeutendste von allen, George Manjoy, erwähnt werden. Meister seit Ende des 17. Jahrhunderts, blieb er bis nach der Jahrhundertwende tätig. Sein Schaffen kennt im ganzen Land kaum etwas Ebenbürtiges, wenn man einmal vom Werk David Claytons absieht.

Das Miniatursilber im ausgehenden 17. und im 18. Jahrhundert

Vor kurzem stellte sich heraus, daß berühmte Marken auf Miniatursilber Goldschmieden zugeschrieben worden waren, die in Wirklichkeit nie eine Miniatur geschaffen hatten. Dabei handelt es sich um zwar bedauerliche, aber durchaus begreifliche Irrtümer, deren Ursache in jener Folge von Bestimmungsänderungen zu suchen ist, denen die Marken im Jahre 1697 und nach 1720 unterlagen. Infolge dieser Richtigstellungen mußten einige bedeutende Namen, deren Träger in den letzten Jahrzehnten als Hersteller von Miniaturen anerkannt waren, von der Liste der Spezialisten gestrichen werden. Im Augenblick äußern sich zudem mehrere englische Experten skeptisch über eine weitere Gruppe von Londoner Gold- und Silberschmieden des 18. Jahrhunderts, denen zahlreiche Silberminiaturen zugeschrieben werden. Dies beweist, daß selbst das strengste Prüfungssystem der Welt Mängel aufweisen kann; die Verwechslungen betreffen ausschließlich die Meistermarken, die sich oft sehr ähnlich sehen.

So bezeichneten verschiedene Autoren lange Zeit den Goldschmied George Middleton (1660–1745) als ersten bedeutenden Spezialisten. Laut ihnen soll er prachtvolle Miniaturen von großer Feinheit geschaffen haben, die alle eine Marke mit den Initialen GM nebst einer, zwei oder drei Sicheln aufweisen. In seiner

Smith, Joseph
1707 und 1720 eingeschlagen

Werkstatt an der St. Martin's Lane wäre eine außergewöhnliche Reihe von Geräten, Geschirrstücken und – vor 1710 – kleinen Möbeln im Stil des ausgehenden 17. Jahrhunderts entstanden. Laut manchen Behauptungen erhielt George Middleton im Jahre 1684 sein Meisterrecht, denn mehrere Miniaturen in verschiedenen Sammlungen weisen die Marke mit den Initialen GM und den Londoner Jahresbuchstaben für das Jahr 1684 auf. Alle diese Behauptungen stützen sich auf Angaben, die vor langer Zeit G. E. P. How machte, indem er endgültig entschied, daß die Marke mit den Initialen GM George Middleton und jene mit den Initialen MA dem Goldschmied Isaac Malyn an der Gutter Lane in London zuzuschreiben seien. Letzterer erhielt im Jahre 1710 seinen Meisterbrief und war hugenottischer Abstammung.

Die Urkunden der Londoner Goldschmiedezunft, der berühmten Goldsmiths' Hall, beweisen jedoch eindeutig, daß die Marke mit den Anfangsbuchstaben MA, die auf Silberminiaturen gefunden wurde, dem Goldschmied George Manjoy gehörte. Es handelt sich dabei um die beiden ersten Buchstaben seines Familiennamens, wie das bei Marken seit 1697 vorgeschrieben war. Der Meister benützte sie weiterhin, um seine Silberarbeiten mit einem Feingehalt von 958,3/1000 (Britannia Standard) zu zeichnen. Diese Feststellung, die Isaac Malyn um eine Reihe schöner Silberminiaturen brachte, erregte einiges Aufsehen. Wenn George Manjoy, der sich in den Goodman Fields, Lombard Street, in London niedergelassen hatte, für seine Silberarbeiten mit dem Britannia-Feingehalt vorschriftsgemäß eine Marke mit den beiden ersten Buchstaben seines Familiennamens benützte, mußte er, vor 1697 und nach 1720, notwendigerweise eine andere Marke für Silber mit dem Sterling-Feingehalt benützen. Jedenfalls besteht zwischen den Miniaturen, die die Marken GM und MA tragen, eine auffallend große Ähnlichkeit in der Ausführung, die schon seit jeher festgestellt wurde. Zudem gleichen sich die umstrittenen Marken, die denselben Umriß aufweisen.

Es sind gegenwärtig keine Unterlagen vorhanden, die zu einer eindeutigen Entscheidung in diesem Falle führen könnten, da alle möglichen Dokumente in einem Brand der Goldsmiths' Hall zerstört wurden. Trotz dieses Mangels an Beweisen zweifelt heute niemand mehr daran, daß die Marken GM und MA tatsächlich beide George Manjoy gehören, und daß George Middleton, der seine Tage als Bankier beendete, niemals Miniatursilber schuf.

Somit ist George Manjoy der erste in der Herstellung von Silberminiaturen spezialisierte Londoner Meister, der von 1684–1685 an eine verhältnismäßig umfangreiche Tätigkeit entfaltete. (Die Jahresbuchstaben wurden in London im Mai jeden Jahres geändert und nicht am 1. Januar.)

George Manjoy hinterließ einige Silberarbeiten von höchster Qualität, die oft selbst den zeitgenössischen Amsterdamer Miniaturen überlegen sind. Besonders bemerkenswert sind die Arbeiten im Queen-Anne-Stil, die er zu Beginn des 18. Jahrhunderts herstellte. Es können hier nicht alle seine Werke aufgezählt werden. Wir erwähnen nur einige Beispiele, um ein Gesamtbild von der Vielseitigkeit seines Talents zu geben. Auf einigen Arbeiten sind nicht alle vorgeschriebenen Marken angebracht, sondern nur die Meistermarke und der abgerissene Löwenkopf. Ganz selten begegnet man sogar Werken, die nur die Meistermarke tragen. In der Mehrzahl sind sie aber vollständig gekennzeichnet.

199 Kaminbesteck von George Manjoy. Datiert 1688. H: 60 mm, B: 101 mm. Die Kohlenzange trägt das Datum 1686. L: 86 mm. Christie's, London

200 Lichtputzschere mit Untersatz, von George Manjoy, mit dem Jahresbuchstaben für 1694–1695. L: 76 mm. Victoria and Albert Museum, London

201 Miniaturmöbel mit vier Gegenständen von George Manjoy. Zwei Leuchter, 1686, H: 44 mm; Wandleuchter, 1685, H: 82 mm; zweihenkliger Behälter *(dram cup)*, 1710, H: 40 mm. Christie's, London

202 Teedose von George Manjoy. Um 1710. H: 31 mm. City Art Gallery, Manchester

203 Seltener Kabinettschrank im Stil des ausgehenden 18. Jh., der George Manjoys Marke trägt. Londoner Jahresbuchstabe B in gotischer Schrift für 1703–1704. H: 90 mm. Victoria and Albert Museum, London

204 *Dram cup* mit dem Britanniazeichen, dem abgerissenen Löwenkopf und dem Londoner Jahresbuchstaben für 1714–1715. Die Marke ist teilweise unleserlich, man kann aber noch die Initialen LO (wahrscheinlich William Looker) erkennen. Victoria and Albert Museum, London

205 Trichter aus der Queen-Anne-Zeit von Alexander Hudson. Datiert 1704. H: 48 mm. Christie's, London

206 Zwei seltene Leuchter, die die Marke des Londoner Goldschmieds John East, Meister seit 1697, aufweisen. H: 56 mm. Yale University Art Gallery, New Haven (Sammlung Mabel Brady Garvan)

Manjoy, George
Die ersten vier Marken stammen aus der Zeit vor 1697 und wurden lange George Middleton zugeschrieben. Man fand sie auf Silberminiaturen, die von 1684 an enstanden sind. Die dritte Marke, die Jackson auf einem 1691 datierten Becher feststellte, hat solche Ähnlichkeit mit den anderen Zeichen der ersten Periode von George Manjoy, daß sie ihm höchst wahrscheinlich gehört. Die drei anderen Marken datieren vom Anfang des 18. Jahrhunderts. Die beiden letzten Marken, bei Grimwade erwähnt, sind nicht sicher.

199

200

201

202

203

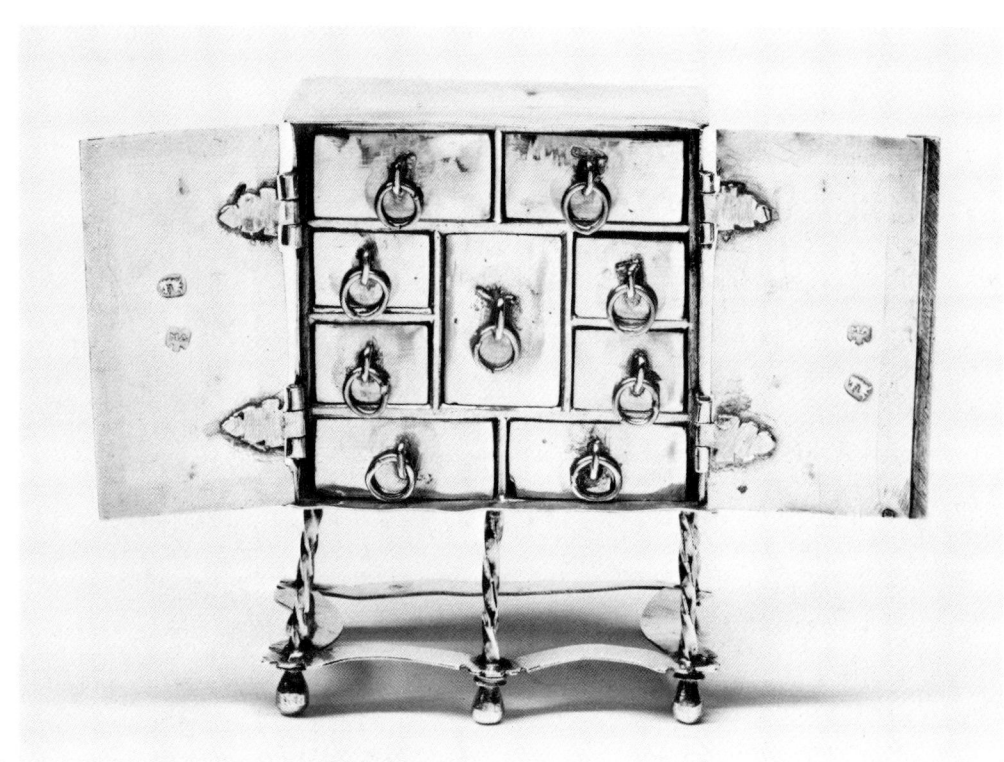

204

205

206

207

208

209

210

207 Auswahl von Londoner Silberminiaturen, mit Ausnahme der vier Messer, die französischer Herkunft sind und aus dem 18. Jh. stammen. Die vier Tassen mit Untertellern aus der Zeit Georgs II. tragen eine unleserliche Marke. Runde Zuckerschale von John Hugh Le Sage, um 1735, D: 35 mm. Milchtopf von David Clayton, um 1710, H: 36 mm. George Manjoy schuf den großen Wasserkessel, H: 60 mm, die Kakaokanne, H: 60 mm, die Teedose, H: 71 mm, die Teekanne, H: 54 mm, und die vier Teller, D: 30 mm. Christie's, London

208 Vier Unterteller von David Clayton. Um 1725. D: 28 mm. City Art Gallery, Manchester

209 Zwei Kredenzteller von David Clayton. Um 1725. D: 56 mm. City Art Gallery, Manchester

210 Auswahl von Londoner Silberminiaturen. Die Löffel sind von Samuel Hennell, um 1810. Der Kochtopf links stammt von John Hugh Le Sage, um 1735, H: 26 mm, der rechte ist eine spätere Arbeit von David Clayton. Der Humpen links außen stammt von George Manjoy, die drei anderen sowie der kleine Milchtopf, der um 1720 entstand, und die vier achteckigen Salznäpfe wurden von David Clayton geschaffen. Christie's, London

H·S
Hennell, Samuel
1811 eingeschlagen, kommt nur
auf kleinen Löffeln vor

An erster Stelle sei ein 1713 datiertes Tafelservice im Queen-Anne-Stil genannt. Es besteht aus einem Teekrug, einer Kaffeekanne und einem Wasserkessel mit Kocher. Der kugelförmige Teekrug mit S-förmigem Griff und leicht gewölbtem Deckel ist nur 54 mm hoch. Die kegelförmige Kaffeekanne mit geradem Ausgußschnabel und einem im rechten Winkel dazu ansetzenden S-förmigen Henkel hat eine Höhe von 60 mm. Der dazu passende Wasserkessel ist ebenfalls kugelförmig und, samt Kocher, 105 mm groß. Es schließen sich an:

Eine kegelförmige 60 mm hohe Kakaokanne aus dem Jahre 1712 mit geradem Schnabel und einem S-förmigen, flachkantigen Henkel, der im rechten Winkel zum Schnabel angebracht ist. Sie weist alle vier vorschriftsgemäßen Londoner Marken auf. Der Deckel ist mit der Meistermarke und dem abgerissenen Löwenkopf versehen.

Ein 63 mm hoher kegelförmiger Wasserkessel im Queen-Anne-Stil, datiert 1707. Der Deckel ist leicht gewölbt, der Griff balusterförmig, die Ansatzstellen des Griffes und Schnabels sind mit Einlegearbeiten verziert. Bei diesem Stück wurden alle Pflichtmarken an der Gefäßweite und der Löwenkopf im Profil auf dem Deckel angebracht.

Ein *porringer* im Queen-Anne-Stil mit zwei senkrechten Henkeln. Der untere Teil des Gefäßes ist gerippt, der leicht gewölbte Deckel mit einem balusterförmigen Griff versehen. Der Gegenstand ist 40 mm hoch und 1710 datiert.

Eine Pfanne im Queen-Anne-Stil mit flachkantigem Stiel, die insgesamt 61 mm lang und 1705 datiert ist.

Eine Früchteschale im Queen-Anne-Stil, von 73 mm Durchmesser und 25 mm Höhe, mit leicht erhöhtem Rand, dessen Innenseite mit Eierleisten verziert ist. Dieses Stück weist nur die Meistermarke und den abgerissenen Löwenkopf auf und stammt aus der Zeit um 1705.

Ein 41 mm hoher Becher mit achteckigem Bauch, auf einem balusterartigen Fuß, der auf einem Sockel in Form einer achteckigen Blume ruht. Er trägt nur die Meistermarke und den abgerissenen Löwenkopf und ist um 1705 entstanden.

Ein 41 mm hoher achteckiger Salznapf auf enger runder Basis, der die ganze Reihe von Marken im Innern des Kelches aufweist und 1703 datiert ist.

Eine 41 mm hohe Schale im Queen-Anne-Stil mit einem von drei Kreisen durchbrochenen Griff, datiert 1700.

Eine mit der oben erwähnten identische Schale der William-and-Mary-Zeit, 41 mm hoch, datiert 1690.

Ein kleiner Kochkessel mit beweglichem Henkel, auf runder Basis, von 22 mm Höhe und 25 mm Durchmesser, der alle vorgeschriebenen Marken aufweist und 1699 datiert ist.

Eine Schaumkelle mit zylindrischem Stiel, deren Schale von blumenförmigen Löchern durchbrochen ist und die mit allen vier Marken, darunter dem Jahresbuchstaben für 1699, versehen ist.

Man könnte diese Aufzählung noch lange fortsetzen, denn George Manjoy schuf von allen möglichen Gegenständen Miniaturen: Kaminfeuergeräte, Möbel, Löschgeräte, Tintenfäßchen, Becher mit oder ohne Deckel, Kochtöpfe, Bratpfannen, Leuchter, davon einige bereits seit 1686, Handleuchter, teilweise 1685 datiert, Wandleuchter, Salznäpfe mit dem Datum 1684, Tee- und Kaffeegeschirr, Teller,

Tassen mit Untertellern, Schalen und vieles andere mehr. Hinzu kommen ein Destillierkolben für Whisky, ein Bett im Stil der Zeit Karls II. und eine winzige Punschschale mit Kelle aus dem Jahre 1687.

Die Tatsache, daß George Manjoy 1687 eine Punschschale herstellte, zeigt, wie aufmerksam er die Stilentwicklung seiner Zeit verfolgte. Die Punschschale ist keine englische Erfindung, wie meist angenommen wird, sondern wurde um 1680 in London eingeführt. Das älteste bekannte Exemplar stammt aus dem Jahre 1680 und befindet sich in der Sammlung der Tuchmacherzunft in London.

In der Miniatursilber-Sammlung, die 1937 in der Praxis eines englischen Provinzanwaltes entdeckt und über die damals in Zeitungen und Fachzeitschriften viel geschrieben wurde, fand man ebenfalls zahlreiche Werke Manjoys, darunter ein vollständiges Kaminbesteck aus dem Jahre 1690 mit Windschutzplatte, Schürhaken, Schaufel und Kohlenzange, ferner vier Stühle, ein Ruhebett, ein Becher, ebenfalls aus dem Jahre 1690, eine Punschschale sowie eine Lichtputzschere von 1693. In Dutzenden von Museen sind Arbeiten Manjoys zu sehen, und es gibt kaum eine Privatsammlung ohne Werke, die seine Marke tragen.

Vermutlich ließ George Manjoy seine erste Marke mit den Initialen GM und den drei Mondsicheln, von denen zwei über den Buchstaben und eine darunter liegen, am Ende des Jahres 1684 oder ganz zu Beginn des folgenden Jahres einschlagen; jedenfalls sind keine früheren Werke bekannt.

Ⓜ John East, Lehrling bei George Cawthorne und Lehrmeister des bereits erwähnten William Andrews, war seit 1696 Meister an der berühmten Foster Lane in London. Auch er stellte Silberspielzeug her. Die Yale University Gallery of Fine Arts (USA) besitzt von ihm zwei Miniaturhandleuchter mit dazugehörenden Löschhütchen, was die Vermutung erlaubt, daß noch weitere Miniaturen dieses Meisters vorhanden sind. Allerdings waren in London gleichzeitig drei Goldschmiede dieses Namens tätig.

Auch Matthew Madden kann einem Vergleich mit George Manjoy nicht standhalten. Von diesem damals an der Ball Alley, Lombard Street, in London tätigen Meister sind zwei Miniaturstühle im Stil des ausgehenden 17. Jahrhunderts bekannt. Sie befinden sich in einem berühmten englischen Puppenhaus, dem Wesbrook Baby House. Man muß aber auch in diesem Fall sehr vorsichtig sein, denn Ⓜ die Marke Matthew Maddens weist dieselben Anfangsbuchstaben MA auf, die man auch auf Manjoys Zeichen findet; die erste wurde 1699, die zweite 1700 geprägt.

Der Name eines weiteren Goldschmieds ist in keinem der oft unvollständigen und zum Teil dilettantischen Verzeichnisse von Londoner Miniatursilber-Herstellern angeführt. Es handelt sich um Robert Keble (oder Keeble), Meister seit 1706, der ebenfalls an der Foster Lane tätig war. Die Folger's Coffee Company in Kansas City besitzt von diesem Meister eine recht außergewöhnliche, nur 89 mm hohe Kaffeekanne im Queen-Anne-Stil. Die kegelförmige Kanne besitzt einen Griff aus Ebenholz und einen – für diesen Stil charakteristischen – stark gewölbten Deckel mit eichelförmigem Griff sowie einen in einen Vogelkopf auslaufenden Schnabel. Vermutlich schuf Keble noch andere Miniaturen.

Ein Zeitgenosse Kebles war Jacob Margas, Sohn hugenottischer Flüchtlinge, Ⓜ dessen erste Marke von 1706 stammt. Einmal mehr stehen wir vor einem Zeichen mit den Initialen MA, doch benützte Margas traditionsgemäß noch eine andere

East, John
1697 und 1721 eingeschlagen

Madden, Matthew
Wahrscheinlich 1699 und um 1700 (?) eingeschlagen

Keble (oder Keeble), Robert
1707 und 1710 eingeschlagen

Margas, Jacob
Die erste Marke 1706 eingeschlagen, die zweite um 1720–1730; die dritte Marke ist unsicher.

Marke mit einer Lilie. Die Kunstzeitschrift *The Connoisseur* machte in ihrer Nummer vom März 1937 darauf aufmerksam, daß eine Reihe von Silberminiaturen, die die Marke von Margas aufweisen, «alle zwischen 1695 und 1713 datiert», einem gewissen James Robinson verkauft worden seien. Das erscheint seltsam, denn die beiden besten Kenner, Sir Charles Jackson und Arthur Grimwade, sind sich einig, daß Margas seine erste Marke im Jahre 1706 eintragen ließ. Wie soll man da das Vorhandensein von Miniaturen dieses Meisters mit dem Jahresbuchstaben für 1695 erklären?

Wenn das Datum 1695 stimmt, kann es sich weder um Margas noch um Matthew Madden oder um Thomas Mann, einen weiteren Londoner Goldschmied, der Silberspielzeug geschaffen haben soll, handeln, denn ihre ersten Marken wurden nach 1695 eingeschlagen. Es bleibt nur George Manjoy übrig, der seit 1684 tätig war. Augenblicklich ist es jedoch nicht möglich, hier ein Urteil zu fällen.

Unter den im *Connoisseur* beschriebenen Miniaturen befanden sich: ein Teekessel mit Kocher, datiert 1713, und ein Fläschchen im Stil der Zeit Karls II. von kegelartiger Form, mit rockförmigem Fuß und zwei getriebenen Henkeln, datiert 1713, ferner zwei Teedosen mit dem Datum 1712. Es handelt sich um sehr interessante Stücke, denn der Teekessel gehört zu den frühesten, die es gab. Der berühmte hugenottische Goldschmied Paul de Lamerie schuf im selben Jahr einen solchen Teekessel in normaler Größe.

Margas stellt einen ähnlichen Fall dar wie Manjoy. Auch David Clayton verursachte verschiedene Probleme, die aber heute endgültig gelöst sind. Man hatte George Middleton und Isaac Malyn die Marke George Manjoys zugeschrieben. Irrtümlicherweise wurde auch dem berühmten hugenottischen Meister Augustin Courtauld Claytons zweite Marke von 1720 und dem Goldschmied John Clifton seine erste im Jahre 1697 eingetragene Marke zugeordnet. Wie konnten solche Fehler unterlaufen? Vor allem weisen die Experten heute darauf hin, daß Courtauld, als treuer Hugenotte, in seinen Marken immer eine Lilie mit einschloß, die jedoch auf Claytons Zeichen nicht vorkommt. Die Urheber der fälschlichen Zuschreibung behaupten außerdem, die Marke sei im Jahre 1708 eingetragen worden, was unmöglich ist. Denn zu jener Zeit, als der Britannia Standard Vorschrift war, mußten die Marken die beiden ersten Buchstaben des Familiennamens enthalten, d. h. ein C und ein O im Falle Courtaulds. Die umstrittene Marke besteht aus den Initialen AC – so haben sie die Experten gelesen –, also den Initialen von Vornamen und Namen Courtaulds. Diese Marke, die auf zahlreichen Silberminiaturen zu finden ist, steht jedoch auf den Tafeln der Goldsmiths' Hall nicht gegenüber dem Namen Courtauld. Charles Oman, ehemaliger Direktor des Victoria and Albert Museum, dem man bedeutende Arbeiten über die Goldschmiedekunst verdankt, fand den Schlüssel zu diesem Rätsel. Er bemerkte, daß die Marke mit den Buchstaben AC in gotischer Schrift ganz einfach umgekehrt abgelesen worden war. Andersherum gelesen ergeben diese Buchstaben CD, eine von David Clayton im Juli 1720 eingetragene Marke, aus einer Zeit also, als die Londoner Goldschmiede neue Marken mit den Initialen von Vor- und Familiennamen registrieren ließen.

Clayton, David
1697 und 1720 eingeschlagen

Gewiß war den Experten des Victoria and Albert Museum diese Anomalie seit langem aufgefallen. Bereits im Inventar der im Jahre 1949 erworbenen Miniaturen wurde die berühmte Marke ihrem rechtmäßigen Besitzer zugeteilt: David Clayton, einem der beiden bedeutendsten Hersteller von Silberminiaturen Londons, der hervorragendsten holländischen Spezialisten des 18. Jahrhunderts ebenbürtig ist. In England kann sich nur George Manjoy mit ihm messen.

207–214, 216–224, 226–228, 232   David Clayton schuf während seines ganzen arbeitsreichen Lebens ausschließlich Silberminiaturen. Er erhielt im Jahre 1689, vier Jahre nach Manjoy, seinen Meisterbrief und ließ seine erste Marke mit den beiden ersten Buchstaben seines Familiennamens, CL, am 9. Juli 1697 eintragen. Seine zweite Marke, diesmal mit den Initialen von Vor- und Nachnamen, DC, wurde am 6. Juli 1720 registriert.

Laut Grimwade arbeitete Clayton zuerst im Cheapside, im Herzen Londons, unter dem Schild *Golden Unicorn* (Zum goldenen Einhorn). 1714 ließ er sich, immer noch unter demselben Schild, an der Butcher Hall Lane, Newgate Street, nieder. Noch heute ist unbekannt, wann dieser begabte Meister, der eine Monographie verdient hätte, gestorben ist. Es muß nach 1745 gewesen sein, denn die letzten Arbeiten Claytons mit nachweisbar echten Marken weisen den Londoner Jahresbuchstaben für dieses Jahr auf. David Clayton war ein talentierter und gewissenhafter Meister, dessen reichhaltiges Schaffen an den vielen Silberminiaturen, die seine Marke tragen und sich heute in verschiedenen Sammlungen und Museen befinden, ermessen werden kann. Er dürfte während seines langen Lebens alles, was handwerklich nur irgendwie möglich war, *en miniature* verwirklicht haben, Schoppen, Tee- und Kaffeeservice, Weinbecher, Früchteschalen, Kerzenhalter, kugelförmige Wasserkessel, Brandytöpfe, Tassen mit Untertellern, Teller, Kakaokannen, Teedosen, Handleuchter, Bügeleisen, kleine Tische und vieles mehr. Neben Manjoy war er der unbestrittene Meister für englisches Miniatursilber. An der berühmten Auktion von Christie's im Jahre 1972 wurden von Clayton unter anderem folgende Gegenstände verkauft:

Eine Reihe von acht Tassen mit Untertellern und eine Zuckerschale, alles mit feinem Rippenmuster. Der Durchmesser der Untertassen ist 24 mm, die Höhe der Tassen 13 mm. Die bauchige Zuckerschale hat einen Durchmesser von 25 mm und besitzt einen Deckel. Jedes Stück weist Claytons Marke auf. Die Serie dürfte um 1710 entstanden sein.

Ein 54 mm langes Bügeleisen, dessen gewundener Griff durch zwei S-förmige Stützen an das dreieckige Eisen geheftet ist. Es ist mit der vollständigen Markenreihe versehen und 1709 datiert.

Eine birnenförmige Teekanne mit einem Wasserkessel auf einem Untersatz, der als Kocher dient, im Stil der Zeit Georgs I. Die 47 mm hohe Teekanne besitzt einen S-förmigen Griff, einen gebogenen Ausgußschnabel und einen gewölbten Deckel mit kugelförmigem Griff. Der Wasserkocher ist insgesamt 92 mm hoch. Die Teekanne trägt den Jahresbuchstaben für 1713, die Britannia-Marke und den Löwenkopf im Profil, während ihr Deckel nur die Marke Claytons aufweist. An der Seite des Wasserkessels ist die Meistermarke und der abgerissene Löwenkopf aufgeprägt. Beide Marken findet man nochmals auf dem Untersatz. Der Deckel ist mit dem abgerissenen Löwenkopf gezeichnet.

Eine runde Früchteschale im Queen-Anne-Stil auf trompetenförmigem Fuß. Die darauf befindlichen Gravuren wurden später ausgeführt. Die Schale trägt die Meistermarke sowie den abgerissenen Löwenkopf und ist um 1710 entstanden.

211 Kakaokanne von David Clayton. H: 58 mm. Victoria and Albert Museum, London

212 Kaffeekanne im Stil der Zeit Georgs I. von David Clayton. Um 1724. Wurde ursprünglich Augustin Courtauld zugeschrieben. H: 92 mm. Folger's Coffee Silver Collection, Kansas City

213 Kaffeekanne von David Clayton. Um 1720. H: 62 mm. Victoria and Albert Museum, London

214 Silbervergoldete Kaffeekanne von David Clayton. Aus der Zeit des Britannia Standard, datiert 1709. H: 64 mm. Folger's Coffee Silver Collection, Kansas City

215 Auswahl von Londoner Silberminiaturen. Die Teekanne, die fünf kleinen Schalen und der mittlere Teller sind mit den Initialen I. F. über einem fünfeckigen Stern gekennzeichnet, um 1685. Handleuchter von John Clayton, um 1725, 52 mm. Achteckiges Salzgefäß mit der Marke von George Manjoy, um 1690, D: 43 mm. Trichter mit dem Monogramm W. P., um 1680, D: 43 mm. Platte im Stil der Zeit Georgs I. mit nicht-identifizierter Marke – die Initialen ID unter einer Krone –, um 1725, D: 52 mm. Pfeife, 18. Jh. L: 93 mm, und Kohlenzange, um 1690, ohne Marken. Sotheby's, London

216 Wasserkessel auf Kocher, von David Clayton. Datiert 1713. H: 92 mm. City Art Gallery, Manchester

217 Teekanne von David Clayton. Datiert 1713. H: 47 mm. City Art Gallery, Manchester

211

212

213

214

215

216

217

218

219 220

221

218 Tablett mit sechs Tassen und Untertellern von David Clayton, die mit der ersten Marke dieses Meisters gekennzeichnet sind (1697–1719). Das Tablett weist das Britanniazeichen und den abgerissenen Löwenkopf auf, die Tassen und Unterteller nur Claytons Marke. Tablett: L: 89 mm, B: 70 mm. D der Tassen: 19 mm. Greenfield Village und Henry Ford Museum, Dearborn, Michigan

219 Platte von David Clayton mit gut erkennbaren Marken. Es handelt sich um die berühmten Initialen CL, die zuerst irrtümlicherweise John Clifton zugeschrieben wurden, das Britanniazeichen, den abgerissenen Löwenkopf und den Londoner Jahresbuchstaben Q in gotischer Schrift für 1709. D: 64 mm. Christie's, London

220 Teekessel von David Clayton mit der Meistermarke am Griff, auf dem Gefäßboden und am Rand des Untersatzes. H: 93 mm. Greenfield Village und Henry Ford Museum, Dearborn, Michigan

221 Auswahl von Platten aus dem Anfang des 18. Jh. *Oben:* Platte von George Manjoy, um 1705, D: 54 mm. *Darunter rechts:* Schüssel im Queen-Anne-Stil von George Manjoy, 1702, D: 70 mm. Die übrigen Platten stammen von David Clayton und sind mit dem Monogramm CL, das einst John Clifton zugeschrieben wurde, gekennzeichnet. D der gravierten Platte: 61 mm, D der beiden untersten Platten: 56 mm. Christie's, London

Ein Kaminbesteck im Stil der Zeit Georgs I., 92 mm hoch, mit einer abgerundeten Kaminplatte, deren gestanzte Verzierung eine Blumenvase in der Mitte, umgeben von einem Blumenband, darstellt. Der Korb besitzt drei Seiten, jede mit drei balusterförmigen Stämmen, die auf zwei Seiten senkrecht und vorne waagrecht angebracht sind. Unten ist der Kohlenkorb mit einer verstellbaren Öffnung versehen. Zu diesem Zubehör gehören ebenfalls ein Schürhaken (85 mm), eine Kohlenschaufel (114 mm) und eine Kohlenzange (102 mm). All diese Gegenstände sind mit der vollständigen Markenreihe versehen und mit dem Jahresbuchstaben für 1719 datiert.

Eine 66 mm hohe Kakaokanne im Stil der Zeit Georgs I. mit balusterförmigem Holzgriff und einem gewölbten Deckel, den eine runde Platte mit einem Stöckchen zum Umrühren abschließt. Die Kakaokanne trägt die Meistermarke und den abgerissenen Löwenkopf.

Eine Reihe von vier 68 mm hohen Leuchtern im Stil der Zeit Georgs I. auf runder Basis, mit balusterförmigem sechseckigem Schaft und zylindrischem Napf. Zu diesen Leuchtern gehört eine Lichtputzschere in einem Behälter, der eine verkleinerte Wiedergabe des Leuchters darstellt. Die Schere ist nur 60 mm hoch. Auf den Leuchtern findet man die Marke mit dem schreitenden Löwen, auf der Schere das Zeichen Claytons.

Ein 26 mm hoher Brandy-Topf im Stil der Zeit Georgs II. mit ausschweifendem Rand und balusterförmigem Holzgriff. Er weist die Meistermarke und den schreitenden Löwen auf und ist um 1745 zu datieren.

Das Victoria and Albert Museum in London besitzt ein recht seltenes Werk Claytons, ein Spiel von 18 kleinen Silbertellern in einem Dreifuß. Es handelt sich dabei um einen typisch britischen Gegenstand, der *distaff* oder *Lazy Kate* genannt wurde. Der gesamte *distaff* ist 90 mm hoch, während die Teller einen Durchmesser von 32 mm haben.

228

Man könnte auf diese Weise die Liste des von Clayton geschaffenen Miniatursilbers, das heute weltbekannt ist, noch lange fortsetzen. Mit Arnoldus van Geffen hat der Londoner Meister vieles gemeinsam. Zweifellos besaß er eine zahlreiche Kundschaft für seine Nippsachen, und vermutlich konnte er sogar zeitweise nicht mehr alle Aufträge bewältigen. Weshalb sonst hätte er nebenbei holländische Arbeiten mit seiner Marke versehen und verkauft?

Tatsächlich befanden sich in jener Miniatursilber-Sammlung, die 1937 in einem Anwaltsbüro entdeckt wurde, mehrere Stücke Claytons, (damals schrieb man sie entweder John Clifton oder Augustin Courtauld zu), die «Amsterdamer Marken» trugen. Inzwischen sind diese Stücke verschollen, und niemand kennt ihren heutigen Aufbewahrungsort – eine bedauerliche Tatsache, denn eine genaue Untersuchung der holländischen Marken hätte bestimmt die Identität des Amsterdamer Meisters, mit dem Clayton zweifellos in Verbindung stand, ans Licht gebracht. In der besagten Sammlung waren unter den damals Courtauld zugeschriebenen Arbeiten verschiedene Stücke, die Claytons Marke und zumindest noch die Stadtmarke von Amsterdam aufwiesen: ein kleiner Tisch, ein Teekochkessel, eine Teekanne, eine Kaffeekanne, ein Rahmtöpfchen, eine Kakaokanne, eine Zuckerschale mit Deckel, Leuchter, eine Zierschale, Tassen mit Untertellern, eine kleine Gießkanne und eine Sauciere.

Unter den Arbeiten, die die Marke mit dem Monogramm CL (damals John Clifton zugeschrieben) trugen, befanden sich verschiedene Stücke aus der Zeit um 1709, von denen keines einen Jahresbuchstaben aufwies, sondern nur die Meistermarke und den abgerissenen Löwenkopf. Es handelte sich um zwei vollständige Kaminbestecke mit Schüreisen, Kohlenzange und -schaufel. In einem Artikel, der 1937 im *Connoisseur* erschien, wird zudem ein Tee- und Kaffeeservice erwähnt, das aus einem Teekrug, einer Kaffeekanne, einer großen Schale, einer Zuckerdose, einem Rahmtöpfchen, sechs Tassen mit Untertellern und sechs kleinen Löffeln, deren Stiel mit einem Wappenschild endet, bestand. Alle Gegenstände trugen die Marke Claytons (damals Clifton zugeschrieben), mit Ausnahme der Löffel, die zu klein waren, um punziert zu werden. Das größte Stück der Serie, die Kaffeekanne, war 65 mm hoch, der Rahmtopf 25 mm. Die meisten Stücke wiesen außerdem den Leopardenkopf auf, was darauf hinweist, daß das Service nach 1720 entstanden sein muß.

Die Folger's Coffee Company besitzt in ihrer Silbersammlung vier Kaffeekannen Claytons, von denen zwei aus den Jahren 1724 bzw. 1725 stammen und ehemals Courtauld zugeschrieben wurden. Die beiden älteren Kannen im Queen-Anne-Stil, mit Silbergriffen, sind 64 mm hoch und 1709 datiert. Die beiden anderen, im Stil der Zeit Georgs I., mit Holzgriffen, sind weniger schön, würden aber dennoch jeden Liebhaber entzücken. Die größere ist 92 mm hoch.

Als Clayton seine beiden Marken zurückerhielt – die eine, von 1720, mit den Initialen DC in gotischer Schrift, die andere, von 1697, mit dem Monogramm CL, die lange Zeit John Clifton, einem wenig bekannten Goldschmied der Foster Lane zugeschrieben wurde, stellte man fest, daß er wahrscheinlich der fruchtbarste Meister nicht nur Londons, sondern von ganz England war.

David Clayton war nicht der einzige Goldschmied, der in London diesen Familiennamen trug und Silberminiaturen herstellte. Außer ihm ist ein John Clayton bekannt, möglicherweise sein Sohn, dessen Marke man jedoch nie auf Miniaturen fand. John Clayton, am Flower Luce Court, Blackfriars, tätig, ließ seine einzige Marke im Jahre 1736 einschlagen. War er tatsächlich der Sohn David Claytons, was wahrscheinlich ist, so versuchte er doch anscheinend nie, seinem Vater nachzueifern, jedenfalls was den Umfang seines Schaffens betrifft.

Nichts Näheres weiß man über Ruth Clayton, eine Goldschmiedin, deren Marke ebenfalls aus den Initialen CL innerhalb eines Quadrates besteht und im Jahre 1697 eingeschlagen wurde, gleichzeitig mit dem Zeichen David Claytons. Möglicherweise besteht eine verwandtschaftliche Beziehung zwischen den beiden, was jedoch noch bewiesen werden müßte. Ruth Clayton, von der bis jetzt keine Miniaturen bekannt sind, wurde in der Londoner Goldschmiedezunft zu den *smallworkers* gezählt.

Im Gegensatz zu David Clayton und George Manjoy, über die man heute genauer Bescheid weiß, ist man noch im ungewissen, was John Hugh Le Sage betrifft. Er könnte ein Hugenotte gewesen sein, der sich in London niedergelassen hatte. Jedenfalls scheint sein Name diese Vermutung zu unterstützen. Seine erste Marke wurde 1718 registriert. In Fachkreisen bezweifelt man teilweise, daß er Miniaturen herstellte, obwohl ihm zahlreiche Miniaturgegenstände zugeschrieben wurden. Es ist durchaus möglich, daß die Marke mit den Initialen JS in Kursiv-

222 Bettwärmer, nur mit dem schreitenden Löwen markiert. David Clayton zugeschrieben. L (mit Griff): 160 mm. Victoria and Albert Museum, London

223 Brotschaufel, ohne Marken. David Clayton zugeschrieben. L: 80 mm. Victoria and Albert Museum, London

224 Auswahl von englischen Silberminiaturen aus dem Anfang des 18. Jh. Die sechs Unterteller, um 1720, sind wahrscheinlich von Thomas Mann, denn zwei davon tragen die Marke mit den Initialen TM. D: 22 mm. Von George Manjoy stammen die beiden Löffel, 1715, die vorne stehende Teekanne im Queen-Anne-Stil, H: 54 mm, die Kaffeekanne links, H: 60 mm, und der größere Wasserkessel, H: 105 mm. Alle Stücke sind 1713 datiert. Der Wasserkessel rechts, 1713, H: 92 mm, ist von David Clayton. Christie's, London

225 Rechteckiger Teetisch von dem Londoner Goldschmied Ed. Medlycott, Meister seit 1748. L: 14,4 cm, B: 8,2 cm, H: 8 cm. Victoria and Albert Museum, London

226 Kaminbesteck *(firegrate)* ohne Meistermarke. David Clayton zugeschrieben. 1735. H: 100 mm. Victoria and Albert Museum, London

227 Kaminbesteck von David Clayton. Der dazugehörende Schürhaken und die Kohlenschaufel werden hier nicht abgebildet. Um 1725. H der Kaminplatte: 110 mm. Victoria and Albert Museum, London

Clayton, John
1736 eingeschlagen

| 1718 | 1722 | 1739 | 1739 |

Le Sage, John Hugh
1718, 1722 und 1739 (zwei) eingeschlagen

222

223

224

225

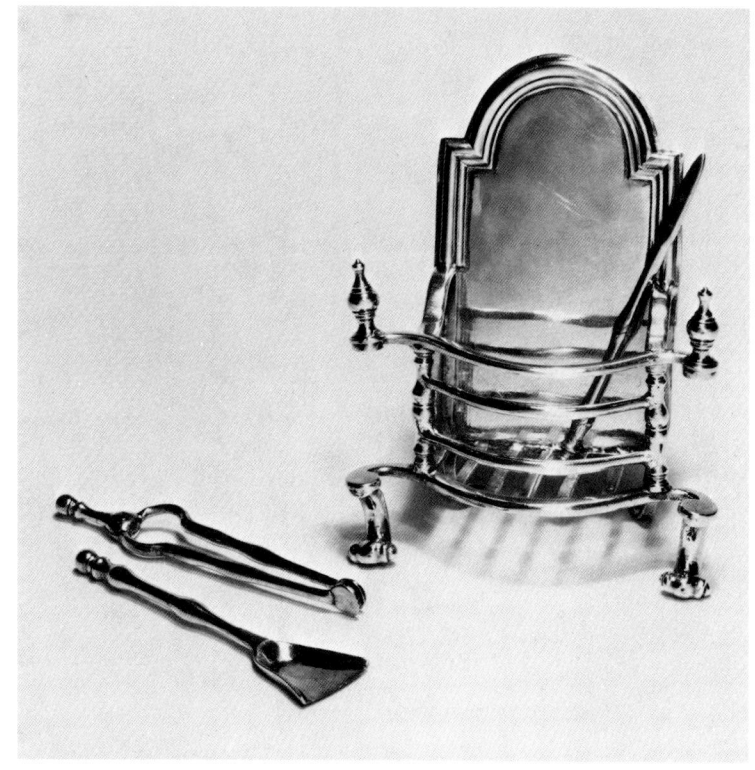

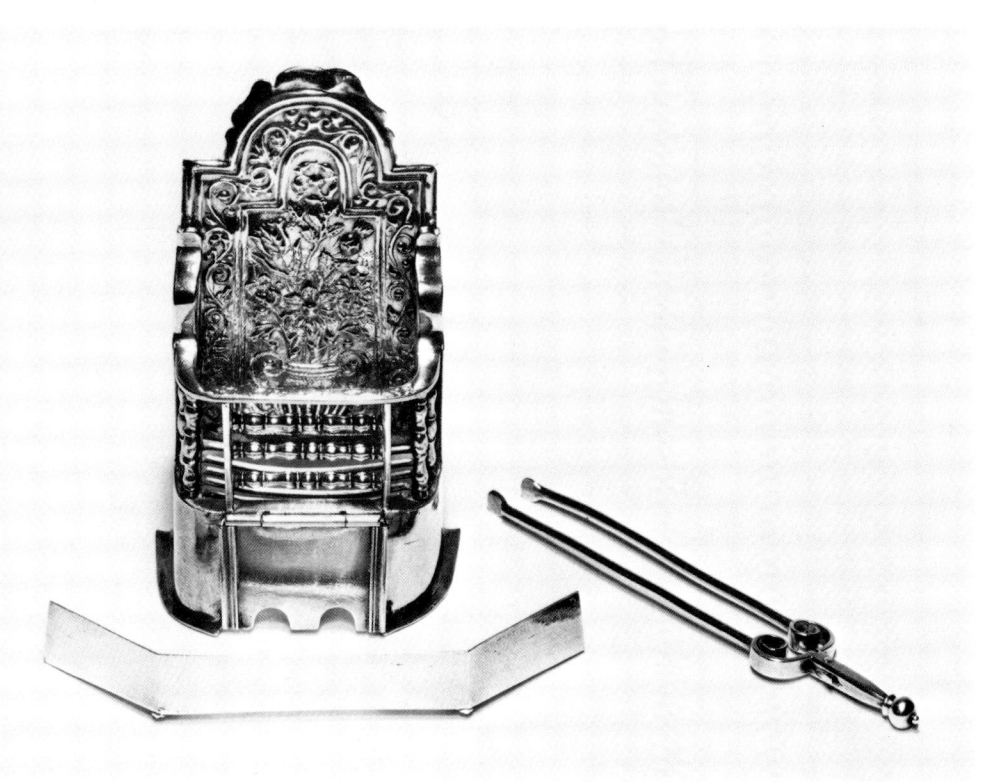

226

227

228   229

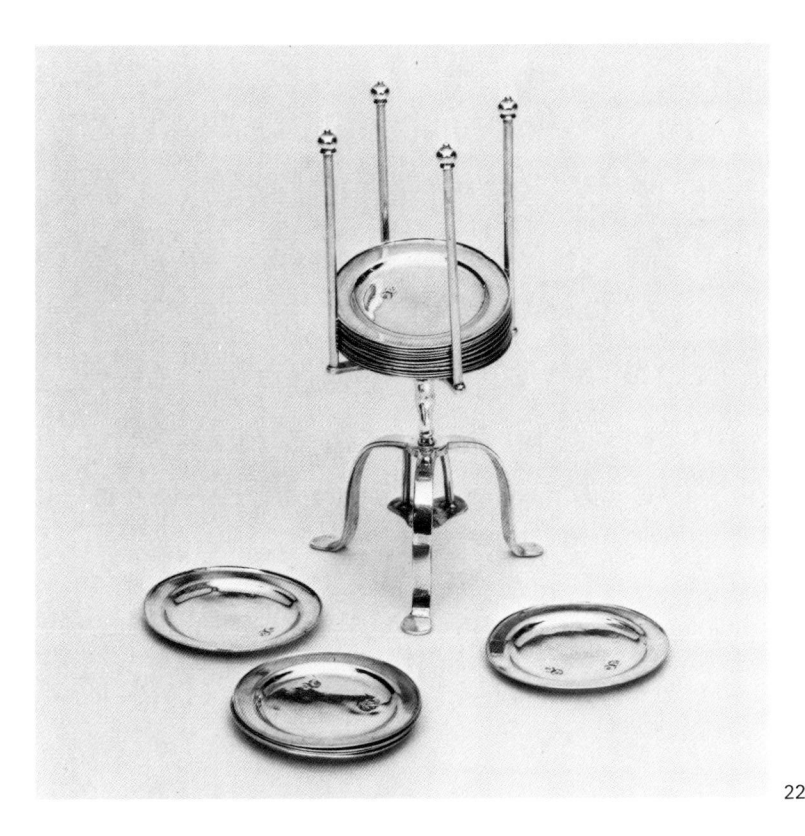

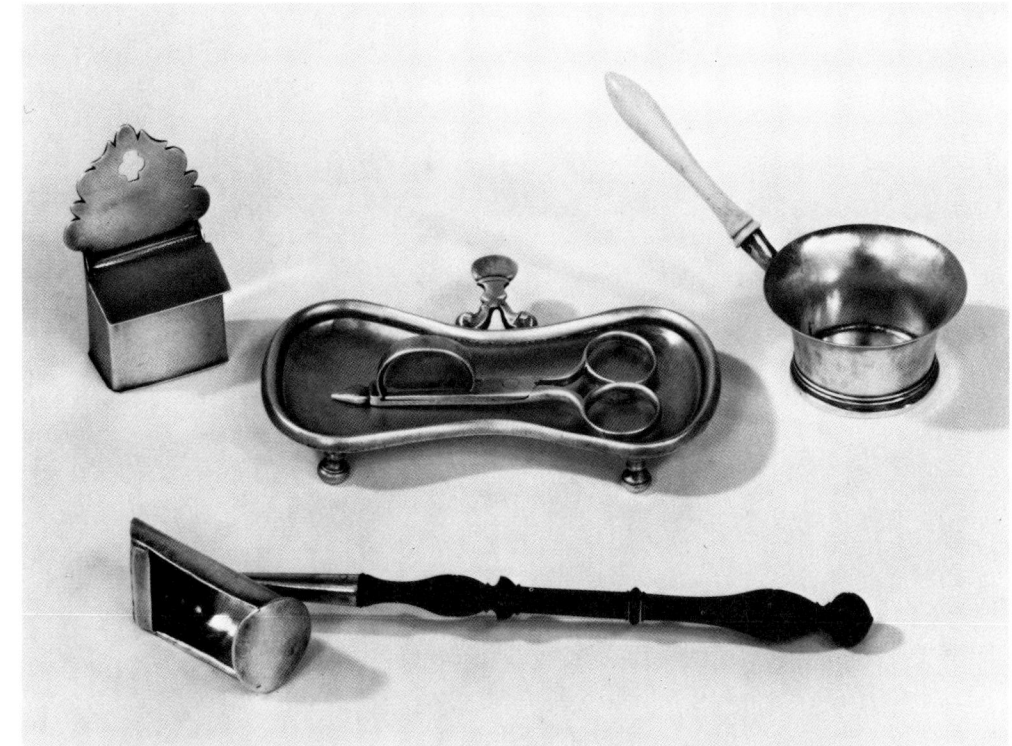

230

231

232

233

234

235

228 Recht seltener Tellerständer von David Clayton mit 18 Tellern. H: 90 mm. D der Teller: 33 mm. Victoria and Albert Museum, London

229 Tellerständer von John Hugh Le Sage mit elf nicht-gekennzeichneten Miniaturtellern. H: 89 mm, D der Teller: 38 mm. Greenfield Village und Henry Ford Museum, Dearborn, Michigan

230 Auswahl von Londoner Silberminiaturen. *Mitte:* Lichtputzschere von George Manjoy, 1690, Untersatz von James Slater, 1725, L: 92 mm. Von Slater stammen auch der Salznapf, um 1730, H: 51 mm, der Kochtopf, um 1730, H: 24 mm, und das Mehlsieb, um 1735, L (mit Griff): 143 mm. Christie's, London

231 Nachttopf von James Slater. Um 1730. H: 38 mm, D: 21 mm. Christie's, London

232 Auswahl von Silberminiaturen aus dem 18. Jh. Die Teller sind von John Cann, um 1740, D: 33 mm. David Clayton schuf die Kakaokanne um 1725, H: 66 mm, den Wasserkessel, 1713, H: 92 mm, die Tassen, H: 13 mm, mit Untertellern, D: 24 mm, sowie die Zuckerschale mit Deckel 1710, D: 25 mm. Christie's, London

233 Zwei Teeschalen von John Cann. Um 1725. D: 22 mm. City Art Gallery, Manchester

234 Gewürzständer von John Cann. Um 1740. B: 95 mm, H des großen Streuers: 51 mm, H der beiden kleinen Streuer: 44 mm. Victoria and Albert Museum, London

235 Pilgerflasche, die eine Marke mit den Initialen TT über einer Krone (vgl. Jackson, S. 146) aufweist. Sie trägt die Inschrift «Gelegenheit macht Diebe». Um 1690. H: 51 mm. Christie's, London

Slater, James
1725 eingeschlagen

Cann, John
1740 und 1742 eingeschlagen

Medlycott, Edmund
Am 30. Juni 1748 eingeschlagen

schrift jemand anderem gehörte. Ebenso wie es viele Marken mit den Initialen MA oder CL gibt, sind einige mit den Initialen JS bekannt.

Beispielsweise sind im Victoria and Albert Museum in London ein 45 mm hoher Becher und zwei Teedosen von 39 mm aus dem Jahre 1740 zu sehen, die eine Marke aufweisen mit den gekrönten Initialen JS, die der von Le Sage 1739 eingetragenen gleicht, sich aber dennoch durch kleine Einzelheiten unterscheidet. Handelt es sich möglicherweise um eine Variante derselben Marke? Der Museumskatalog ordnet diese eleganten Miniaturen keinem bestimmten Meister zu, während eine 81 mm hohe Kaffeekanne und eine Kakaokanne mit Stöckchen aus der Zeit um 1740 John Hugh Le Sage zugeschrieben werden. Dieser erlangte 1718 sein Meisterrecht in London und war an der Little St. Martins Lane, neben dem Long Acre, ansässig. Das Henry Ford Museum in Dearborn, Michigan, schreibt ihm zwei kleine Teller und eine kleine Bratpfanne zu. Auf der Auktion, die Christie's am 11. Oktober 1972 durchführte, wurden drei Miniaturen Le Sages verkauft: ein 26 mm großer Brandy-Topf, ein 31 mm hoher Becher und eine runde, 35 mm hohe Zuckerschale; alle drei dürften um 1735 entstanden sein.

Die Tätigkeit eines weiteren Goldschmieds, James Slater, wirft weniger Probleme auf. Er erlangte 1725 sein Meisterrecht und seine einzige bekannte Marke mit den Initialen JS wurde noch im selben Jahr eingeschlagen. Er arbeitete an der Great Trinity Lane und scheint verhältnismäßig viel Silberspielzeug hergestellt zu haben, obwohl er als *largeworker*, d. h. Hersteller großer Gegenstände, registriert war. Das Victoria and Albert Museum in London besitzt von diesem ausgezeichneten Handwerker eine 41 mm hohe Salzdose aus der Zeit um 1730. Christie's versteigerte im Oktober 1972 einige Arbeiten dieses Meisters: einen kugelförmigen, 38 mm hohen Nachttopf von 21 mm Durchmesser, der mit der Meistermarke und dem schreitenden Löwen versehen ist; ein 143 mm langes Mehlsieb, das nur das Meisterzeichen aufweist und um 1735 entstanden ist; eine 45 mm lange Bratpfanne mit gedrehtem Elfenbeingriff, aus der Zeit um 1730, mit Meistermarke und schreitendem Löwen; ferner eine 51 mm hohe Salzdose mit dem Meisterzeichen.

Über den Goldschmied John Cann weiß man nur wenig. Seine Marke wurde 1740 eingetragen, als er an der Charles Street arbeitete. Das Victoria and Albert Museum in London besitzt von ihm eine außergewöhnliche Garnitur, die um 1740 entstanden ist: einen Essig- und Ölständer mit zwei Fläschchen in Silberfassung und drei Gewürzkännchen, von denen eines größer als die beiden andern ist. Die beiden Fläschchen und das größte Kännchen sind 51 mm hoch, die zwei andern Kännchen 44 mm. Die City Art Gallery von Manchester besitzt von diesem Meister zwei Teeschalen mit 22 mm Durchmesser. Christie's versteigerte einen 89 mm hohen Tellerträger oder *Lazy Kate* Canns aus der Zeit um 1750, der dreimal mit dem Meisterzeichen versehen ist. Außerdem wurde eine Reihe von elf kleinen Tellern, jeder mit einem Durchmesser von 33 mm, aus der Zeit um 1740 verkauft. Jedes Stück ist mit der Marke John Canns versehen.

Ein weiterer Goldschmied, der unsere Aufmerksamkeit verdient, ist Edmund Medlycott, der dank seiner umfangreichen Produktion zu den Spezialisten für Miniatursilber gezählt werden darf. Seine einzige Marke mit den Initialen EM ist im allgemeinen deutlich zu erkennen. Sie wurde 1748 eingeschlagen, als Medlycott an der Foster Lane arbeitete, wo sich noch heute das Gebäude der Goldsmiths' Hall befindet. Aus unerklärlichen Gründen wird er von den meisten Autoren Edward genannt. Dieser Londoner Meister ist zwar kaum bekannt, schuf aber sehr schöne Silberminiaturen. Er starb wahrscheinlich zwischen 1770 und 1773. In der Sammlung des Victoria and Albert Museum in London befindet sich ein rechteckiger Teetisch, der 80 mm hoch und 144 mm breit und somit ein Puppenmöbel ist, aus der Zeit um 1748. In derselben Sammlung sind noch weitere Stücke von der Hand dieses Meisters zu sehen. Dennoch kann er in keiner Weise mit Clayton oder mit Manjoy verglichen werden. Auch der birnenförmige Wasserkochkessel aus dem Philadelphia Museum of Arts wird daran nichts ändern.

James Shruder, ein Londoner Goldschmied, der wahrscheinlich ursprünglich deutscher Herkunft war, hinterließ ein umfangreicheres Werk als Medlycott. Seine erste Marke von 1737 besteht aus den Anfangsbuchstaben seines Namens IS über einem Punkt innerhalb eines Wappenschildes. Im Laufe des Jahres 1739 ließ er zwei weitere Marken eintragen, die eine wahrscheinlich für große Arbeiten, die andere, etwas kleinere, für Miniaturen. Auf beiden kann man die Initialen JS in Kursivschrift erkennen, auf dem ersten innerhalb eines Wappenschildes, auf dem zweiten in einem Quadrat. Shruder arbeitete damals an der Greek Street im Herzen von Soho unter dem Schild «Zur goldenen Wasserkanne». Christie's verkaufte ein schönes Kaffeeservice des Meisters; es besteht aus einer kegelförmigen Kaffeekanne mit S-förmigem Griff aus Ebenholz und einem außergewöhnlichen Deckel in Form eines chinesischen Hutes und mit kugelförmigem Griff, ferner einem birnenförmigen Wasserkessel auf einem dreibeinigen Kocher, einer Zuckerschale, deren Deckel mit jenem der Kaffeekanne übereinstimmt, und schließlich drei Tassen mit Untertellern.

Während Augustin Courtauld nie Silberminiaturen herstellte, scheint dagegen seine Schwiegertochter einige geschaffen zu haben. Dies ist um so interessanter, als es im allgemeinen sowohl in Holland als auch in England nur selten Frauen gab, die diesen Beruf ergriffen, und erstaunlicherweise stellten nur wenige von ihnen Miniaturen her. Zu nennen ist etwa noch Maria Breda, die Enkelin Boele Rijnharts, in Amsterdam. Louisa Perina Rabaud, zweifellos eine Hugenottin, heiratete 1749 Samuel Courtauld, den Sohn Augustins, der ebenfalls Goldschmied war. Im Jahre 1765 übernahm Louisa die Nachfolge ihres Mannes und ließ ihre eigene Marke einschlagen. Etwas später, im Jahre 1768, ging sie eine Geschäftsverbindung mit George Cowles, einem ehemaligen Lehrling ihres Mannes Samuel, ein. Vermutlich schuf Louisa während dieser Zusammenarbeit mit Cowles Silberminiaturen. Das belegt eine 1773 datierte, 69 mm hohe Teedose im Victoria and Albert Museum in London mit der Marke der beiden Geschäftspartner.

Neben Louisa Courtauld gab es in London nur noch eine Goldschmiedin, die Miniaturen schuf, die aber früher als Louisa Courtauld und sogar vor Maria Breda tätig war. Es handelt sich um Sarah Holaday. Grimwade ist der Ansicht, daß sie die Witwe des Goldschmieds Edward Holaday ist, der 1709 seinen Meisterbrief erhielt und in der Grafton Street wohnte. Ob diese Annahme berechtigt ist oder nicht, Sarah Holaday ließ jedenfalls mehrere Marken einschlagen. Die erste, von 1719 besteht aus den beiden Anfangsbuchstaben ihres Familiennamens HO innerhalb eines aufrechten Rhombus, mit einem Stern darüber und einer Art von Lilie darunter. Am selben Tag ließ sie eine zweite Marke registrieren, die, abgesehen

Shruder, James
Die erste Marke 1737 eingeschlagen, die beiden anderen 1739

Courtauld, Louisa und Cowles, George
1765 eingeschlagen

Holaday, Sarah
Die erste Marke 1719 eingeschlagen, die zweite 1725. Jackson erwähnt eine dritte mit Kursivbuchstaben. Die erste Marke wurde in zwei Größen eingeschlagen.

davon, daß sie kleiner ist, mit der ersten identisch ist. Dies deutet auf die Absicht hin, große und kleine Gegenstände herzustellen. Im Jahre 1725 ließ die sehr aktive Frau zwei weitere Marken einschlagen, diesmal mit den Initialen ihres Vor- und Nachnamens, also SH, immer noch innerhalb eines aufrechten Rhombus, mit denselben Unterscheidungsmerkmalen wie zuvor, wobei die Buchstaben von 1725 kursiv geschrieben sind. Sarah Holaday war wahrscheinlich bis etwa 1740 tätig und stellte Silberminiaturen von sehr hoher Qualität her. Leider wurden bisher kaum Arbeiten von ihr gefunden, mit Ausnahme eines schönen 60 mm hohen Miniatur-Teekochkessels im Stil der Zeit Georgs I., der am 4. Juni 1974 durch Parke Bernet in New York verkauft wurde. Zweifelsohne gibt es aber noch andere Werke Sarah Holadays.

Um zahlreiche andere Goldschmiede steht es nicht besser, denn man kennt nur sehr wenige ihrer Arbeiten und ist daher auf vorläufige Schlußfolgerungen angewiesen. Im allgemeinen gilt jedoch, daß eine Miniatur eines bestimmten Meisters auf weitere solche Arbeiten aus seiner Hand schließen läßt.

So ist es durchaus möglich, daß Thomas Evesdon (oder Ewesdin), seit 1713 Meister in London, mehrere Miniaturen herstellte. Tatsächlich entdeckte man auf einem Topf mit Dreifuß im Westbrook Baby House seine Marke. Sie besteht aus den Initialen EW – was darauf schließen läßt, daß die Schreibweise Ewesdin die richtige ist – innerhalb eines kleeblattförmigen Rahmens, wobei über den Buchstaben eine geöffnete Rose angebracht ist.

War Henry Chawner, ein am Ende des 18. Jahrhunderts tätiger Meister, Hersteller von Silberminiaturen, nur weil Christie's 1973 eine 1790 datierte Punschkelle mit elfenbeinernem Stiel verkaufte, die seine Marke aufweist? Dafür spricht die Tatsache, daß Chawner im Jahre 1786 gleichzeitig zwei identische Marken in unterschiedlicher Größe einschlagen ließ. Das jedenfalls zeigt, daß er die Absicht hatte, größere und kleinere Arbeiten herzustellen.

Bei Gawen Nash liegt der Fall ähnlich. Er ließ seine erste Marke im Jahre 1724 als *smallworker* eintragen. Zu jener Zeit wohnte er in der Gutter Lane, wo er seine Laufbahn als Inhaber eines *coffee house* beendete. Im Victoria and Albert Museum in London befindet sich ein Paar stehender Lichtputzscheren, die um 1725 entstanden und die Marke Gawen Nashs aufweisen, d. h. die durch einen Punkt getrennten Initialen GN innerhalb eines kleeblattförmigen Rahmens mit einer Lilie über den Buchstaben.

Auch über William Young sind nur wenige Einzelheiten bekannt. Er erlangte 1735 das Meisterrecht und ließ seine erste Marke als *largeworker* eintragen, als er in der St. Andrews Street, im Pfarrbezirk von St. Giles, wohnte. Sir Charles Jackson berichtet, er habe Youngs Marke auf einer zweihenkligen Miniaturschale aus dem Jahre 1735 gefunden.

Über William Allen ist man ebensowenig unterrichtet. Dieser Goldschmied arbeitete an der Aldergate Street und ließ seine erste Marke am 26. Oktober 1724 registrieren. Sotheby's in London verkaufte einst eine Miniatur-Zuckerzange von der Hand dieses Meisters.

Ganz anders steht es um Samuel Massey. Während von den bisher erwähnten Meistern nur unbedeutende Nippsachen gefunden wurden, wechselte von Massey am 4. Juni 1974 ein 1790 datiertes vollständiges Teeservice den Besitzer. Im allge-

Evesdon, Thomas
1713 eingeschlagen

Chawner, Henry
1786 in zwei Größen eingeschlagen

Nash, Gawen
Die erste Marke, für Kleinarbeiten bestimmt, wurde 1724 eingeschlagen; die übrigen Marken stammen aus der Zeit zwischen 1726 und 1739.

Young, William
1735 und 1739 eingeschlagen

Allen, William
1724 und 1728 eingeschlagen

meinen hat sich immer wieder bestätigt, daß jemand, der eine so umfangreiche Arbeit wie ein Tafelservice herstellte, auch noch andere Miniaturen schuf. Samuel Massey war der Vater des Londoner Meisters Benjamin Massey, der am Anfang des
Ⓜ 19. Jahrhunderts viel berühmter als er selbst werden sollte. Samuels Marke von 1773 ist zu klein, um wiedergegeben zu werden, was beweist, daß sie nur für kleine Arbeiten bestimmt war. Sie besteht aus den Initialen SM innerhalb eines winzigen Ovals.

Dem Goldschmied Thomas Mann, Meister seit 1713, werden einige Silbermi-
224 niaturen zugeschrieben, unter anderem sechs nur wenig tiefe Schalen auf runder
Ⓜ Basis von 22 mm Durchmesser, die eine 1720 eingetragene Marke mit den Anfangsbuchstaben TM innerhalb eines Rechtecks aufweisen.

Die Firma Samuel Herbert & Co., deren Marke im Jahre 1750 registriert wurde, schuf einen entzückenden kleinen Früchtekorb mit beweglichem Henkel und durchbrochenem Rand, der sich in der Sammlung des Philadelphia Museum of Arts befindet. Auch hier handelt es sich nicht um eine auf Miniatursilber speziali-
Ⓜ sierte Firma, und dieses Körbchen kann durchaus ein Einzelauftrag sein. Möglicherweise wird man die Marke dieser Firma aber noch auf anderen Miniaturen entdecken. Sie besteht aus einem Vierblatt, in das die Initialen SH (für Samuel Herbert) und HB (für seinen unbekannten Teilhaber) eingeschrieben sind.

Ⓜ Der Goldschmied des Königs Thomas Heming soll verschiedene Silberminiaturen für die englische Königsfamilie hergestellt haben. Thomas Heming war seinerzeit Lehrling bei Peter Archambo dem Älteren gewesen, der wiederum seine Lehre bei Jacob Margas abgeschlossen hatte. Auch die Firma Wetherell & Janaway schuf vermutlich zwischen 1785 und 1796 Miniaturen für den königlichen Hof. Bisher ist es jedoch nicht gelungen, diese Firma aufzuspüren, und Arthur Grimwade erwähnt wohl einen John Wetherell, dagegen nirgends den Namen Janaway.

Einige Kleinarbeiten dürften auch in der Firma von Charles Aldridge und Henry
Ⓜ Green, einer 1775 abgeschlossenen Partnerschaft, entstanden sein. Die Marke der Firma, die ihre Werkstatt an der St. Martin le Grand Nr. 62 in London hatte, weist die sich kreuzenden Initialen der beiden Partner innerhalb eines Vierblattes auf.

Ⓜ Vom Hugenotten Paul de Lamerie, einem bedeutenden Goldschmied, gibt es
236 eine schöne Kaffeekanne im Stil der Zeit Georgs II. in der Sammlung der Folger's Coffee Company. Der Griff dieses kegelförmigen Gefäßes ist aus Ebenholz und setzt im rechten Winkel zum oberen Rand des Ausgußschnabels an, der Deckel ist leicht gewölbt. Um die Gefäßweite ist ein Zierband im Gittermuster eingraviert. Diese seltene und außergewöhnliche Kaffeekanne weist alle vorgeschriebenen Marken und den Jahresbuchstaben N für das Jahr 1728 auf.

Im Katalog derselben Sammlung ist eine andere prachtvolle, nur 99 mm hohe Kaffeekanne verzeichnet, eine der schönsten Silberminiaturen, die es überhaupt
Ⓜ gibt. Sie stammt vom Londoner Goldschmied Josiah Daniel, der 1712 sein Meisterrecht als *largeworker* erlangte. Diese Kaffeekanne mit ihren gegossenen und getriebenen Verzierungen, ihrem elfenbeinernen Griff und dem stark gewölbten Deckel stammt aus dem Jahre 1719. Die Kannen von Paul de Lamerie und Josiah Daniel sind jedoch Einzelstücke.

Ⓜ Über James Morson, Meister seit 1716, und Joseph II. Steward, Meister seit 1755, die oft als Hersteller von Silberspielzeug erwähnt werden, ist man sich heute

Massey, Samuel
1773 eingeschlagen
(Nachzeichnung)

Mann, Thomas
1713, 1720, 1729 und 1736 eingeschlagen

Herbert, Samuel & Co.
1747 und 1750 eingeschlagen

Heming, Thomas
1745, 1758 und 1760 eingeschlagen, als Heming zum Goldschmied des Königs ernannt wurde

Aldridge, Charles und Green, Henry
1775 in zwei Größen eingeschlagen

1712   1720   1728   1739   1733

Lamerie, Paul de
1712, 1720, 1728, 1739 und 1733 eingeschlagen

Daniel, Josiah
1715 und 1724 eingeschlagen

Morson, James
1720 eingeschlagen

Steward, Joseph II.
1755, 1768, 1770 und 1773 eingeschlagen

Conen, Edward
1724 eingeschlagen

Tookey, James
1750 und 1762 eingeschlagen

Robinson, John II.
Die erste Marke 1738 eingeschlagen, die zweite
1738, die dritte zu einem unbestimmten Zeitpunkt

Holland, John
1720 eingeschlagen

Soame, William
Die beiden ersten Marken wurden 1723 eingeschlagen,
die folgenden 1732 und 1739.
Einige Miniaturen tragen die erste Marke.

Southey, William James
1810 eingeschlagen

Cachart, Elias
1742 eingeschlagen

Gibbons, John
1700 und 1724 eingeschlagen, die dritte
Marke nach Jackson 1723

Hudson, Alexander
1704 eingeschlagen

noch nicht im klaren, da bisher keine Miniaturen mit ihren Marken entdeckt wurden. Joseph II. Steward, der im Laufe seiner Tätigkeit acht verschiedene Zeichen benützte, wird hier nur der Vollständigkeit halber genannt. Alle seine Marken enthalten die Initialen IS, die entweder einzeln in Ovale eingeschrieben oder zusammen in einem Oval (1768) oder auch in einem Oval, aber durch einen Punkt getrennt, schließlich auch in einem Quadrat und durch einen Punkt getrennt (1773) vorkommen. Von James Morson wird überliefert, er habe etliche Kleinarbeiten hergestellt, aber keine davon wurde bisher in einem Museum, einer Privatsammlung oder an einer Auktion entdeckt. Auch Morson gehörte anfangs des 18. Jahrhunderts zu den Goldschmieden der Foster Lane. Wie viele seiner Zeitgenossen benützte er zwei verschiedene Marken. Die erste, mit den beiden Anfangsbuchstaben seines Familiennamens, wurde 1706, die zweite, mit den Initialen von Vor- und Nachnamen, im Jahre 1720 eingeschlagen.

Der häufig erwähnte Edward Conen, dessen einzige Marke 1724 registriert wurde, verdient zweifellos seinen Ruhm. Sir Charles Jackson, der Conens Marke auf einer kleinen Platte und auf einem Miniaturteller fand, schreibt ihm eine umfangreiche Produktion zu. Deswegen Conen für einen Spezialisten der Miniatursilber-Herstellung zu halten, wäre jedoch übertrieben.

Es stellt sich die Frage, ob auch die Hersteller kleiner Löffel zu den Meistern des Miniatursilbers zu zählen sind, nur weil sie hie und da sehr kleine Löffel anfertigten, die an die silbernen Senflöffelchen erinnern, die seit jeher hergestellt wurden und heute zahlreich im Handel anzutreffen sind. Unter diesen Löffelfabrikanten findet man James Tookey, John II. Robinson und John Holland, deren Löffel zwischen 73 und 82 mm messen und sich in der Miniatursilber-Sammlung des Victoria and Albert Museum in London befinden. Diese Sammlung umfaßt auch viele kleine – wenn auch nicht genügend kleine – Löffel von William Soame, der 1720 sein Meisterrecht erlangte. Seine Löffel weisen alle entweder die Marke mit den durch einen Punkt getrennten Anfangsbuchstaben SO innerhalb eines Kreises oder die durch einen Punkt getrennten Initialen WS innerhalb eines Ovals oder eines Kreises auf. Sechs 1730 datierte Löffel dieses Meisters wurden vor einiger Zeit von Sotheby's verkauft. Man begegnet auch häufig ziemlich kleinen Löffeln von William James Southey, Meister seit 1810, Elias Cachart, der um die Mitte des 18. Jahrhunderts der bedeutendste Löffelfabrikant Londons war, und John Gibbons, Meister seit 1700. Auch Alexander Hudson läßt sich kaum als Miniatursilber-Hersteller bezeichnen, weil einst ein bedeutendes Londoner Auktionshaus einen 48 mm hohen, sehr einfachen Trichter von ihm verkaufte.

Sir Ambrose Neal erwähnt in seinem Buch über die Londoner Goldschmiedekunst Paul Daniel Chenevix, der an der Suffolk Street unter dem Schild «Zur goldenen Tür» einiges Silberspielzeug für Puppenhäuser geschaffen haben soll, ein Hinweis, den mehrere Autoren übernahmen. Leider ist jedoch kein Chenevix in den wichtigsten englischen Nachschlagewerken angeführt, und keines der befragten Museen besitzt auch nur ein Stück, das diesem Meister zugeschrieben werden könnte. Ebenso ist seine Marke bisher unbekannt.

Im zweiten Band der *Connoisseur's Concise Encyclopedia of Antiques* wird ein gewisser Edward Dobson an der Shoe Lane genannt, der eine große Auswahl von Silberminiaturen verkaufte. Der Verfasser gesteht jedoch, nicht ein einziges Werk dieses

Meisters gefunden zu haben. Diese Auskunft beruht wahrscheinlich auf einer zeitgenössischen Reklame-Anzeige, in der Dobson Silberspielzeug zum Verkauf anbietet, ohne jedoch zu vermerken, ob er selber welches herstelle. Ähnliches gilt für Joseph Lowe und Robert Parr, die beide in demselben Buch erwähnt werden. Parr verkaufte englische wie holländische Miniaturen, das ist aber auch alles; dadurch wird keiner zum Gold- oder Silberschmied.

John Sotro, der unter dem Schild der Eichel am St. Paul's Churchyard tätig war, nennt sich in einer Reklame aus den sechziger Jahren des 18. Jahrhunderts, die im British Museum aufbewahrt wird, *goldsmith and toyman,* wobei der Ausdruck *toyman* bedeutet, daß er Kleinarbeiten herstellte, aber nicht unbedingt Miniaturen. Sotro fügt hinzu, daß er Kinderspielzeug herstelle, ohne jedoch anzugeben, ob es sich um silbernes Spielzeug handelt. Er wird in keinem Nachschlagewerk genannt und ist auch in der Goldsmiths' Hall unbekannt.

Im selben Buch wird aufgrund von *trade cards,* d. h. Reklamekarten, das Bestehen der Firma Marie-Anne Viet & Thomas Mitchell nachgewiesen, die sich um 1740 der Herstellung von allerlei Seltenheiten rühmte und verschiedene *dutch toys* zum Verkauf anbot. Das kann durchaus nur bedeuten, daß diese Firma holländisches Spielzeug verkaufte, das möglicherweise nicht einmal aus Silber war. Die beiden Namen konnten bisher nicht unter den Londoner Goldschmieden ausfindig gemacht werden.

Beim aufmerksamen Durchlesen eines Reklameplakates, das in *Collecting Miniature Antiques,* einer Arbeit von Bernard und Therle Hughes veröffentlicht wurde, wird einem klar, wie gefährlich es ist, sich auf derartige Dokumente zu stützen. Ein Goldschmied namens Morris gibt sich darauf als *goldsmith and toyman* zu erkennen. Er zählt all seine *toys* auf, Öl- und Essigständer, Schnupftabakdosen, Uhren, Zahnstocherbehälter, Siegel usw. – die ganze Vielfalt von Gegenständen der englischen *toymen* des 18. Jahrhunderts. Aber nirgends auf dieser Reklame ist die Rede von Miniaturen. Während des 18. Jahrhunderts gab es in Birmingham sehr viele solcher *toymen,* von denen kein einziger Silberminiaturen schuf.

Die Tätigkeit von John Deards, der oft in englischen Schriftstücken erwähnt wird, ist noch keineswegs geklärt. Die meisten Autoren stützen sich auf zwei Verse eines Gedichtes mit dem Titel *Farewell to Bath,* das 1736 von Lady Mary Wortley Montagu veröffentlicht worden war:

«Farewell to Deard's and all her toys which glitter in her shop,
Deluding trap to girls and boys, the warehouse of the fop.»
(«Lebt wohl, Deard's und all das funkelnde Spielzeug im Laden,
trügerische Falle für Mädchen und Knaben, der Laden für Gecken.»)

Nichts deutet darauf hin, daß im Laden von Frau oder Fräulein Deard Spielzeug aus Silber verkauft wurde. Wer als erster auf den Gedanken kam, eine Beziehung zwischen diesem Gedicht, das eigentlich nichts aussagt, und der Familie Deards aus London herzustellen, wird man wohl kaum je erfahren. Es ist unmöglich, den Beweis zu erbringen, daß jenes Geschäft in Bath, von dem im Gedicht die Rede ist, Silberspielzeug verkaufte; ebensowenig kann man nachweisen, daß die Deards in London Miniatursilber herstellten. Ein Goldschmied namens John Deards ist in keinem Verzeichnis nachzuweisen. Man findet in den Nachschlagewerken nur einen Meister namens William Deards, dessen Marke 1726 eingeschlagen wurde

236 Kaffeekanne von Paul de Lamerie. Dieses außergewöhnliche Stück ist mit den Initialen LA, dem abgerissenen Löwenkopf, dem Britanniazeichen und dem Londoner Jahresbuchstaben N für 1728 gekennzeichnet. H: 80 mm. Folger's Coffee Silver Collection, Kansas City

237 Milchtopf, der mit dem Londoner Jahresbuchstaben i für 1784, dem schreitenden Löwen, dem Leopardenkopf und einer Marke mit dem Bildnis von Georg III. gekennzeichnet ist. Die Meistermarke ist nur teilweise erkennbar. Man schrieb den Topf William Simons zu, was jedoch unwahrscheinlich ist. Simons, Meister seit 1770, war als *spoonmaker,* Hersteller von Löffeln, bekannt. H: 49 mm. The Henry Francis du Pont Winterthur Museum, Winterthur, Delaware

238 Kakaokanne mit dazugehörendem Stöckchen, von John Hugh Le Sage. Um 1740. H: 80 mm. Victoria and Albert Museum, London

239 Kaffeekanne von John Hugh Le Sage. Um 1740. H: 81 mm. Victoria and Albert Museum, London

240 Teekanne von John Delmestre mit dem Jahresbuchstaben K für 1765–1766. Victoria and Albert Museum, London

241 Ein Paar Teedosen im Stil der zwanziger Jahre des 18. Jh., die aber um 1740 entstanden sind. Sie tragen eine nur schwer erkennbare Marke mit den Initialen JS unter einer Art von Krone innerhalb eines Schildes, die jener auf dem Humpen von Abb. 242 gleicht. H: 39 mm. Victoria and Albert Museum, London

242 Humpen mit S-förmigem Henkel. Die schwer erkennbare Marke ist nirgends verzeichnet und scheint aus den kursiv geschriebenen Initialen JS unter einer Art von Krone zu bestehen. London, 18. Jh. Victoria and Albert Museum, London

243 Kästchen aus Haifischhaut *(sharkskin),* das sechs Messer und sechs Löffel enthält. Es trägt keine Marke, dürfte aber englischer Herkunft sein. Um 1740. H: 38 mm. Victoria and Albert Museum, London

236

237

238

239

240

241

242

243

244

245

246

247

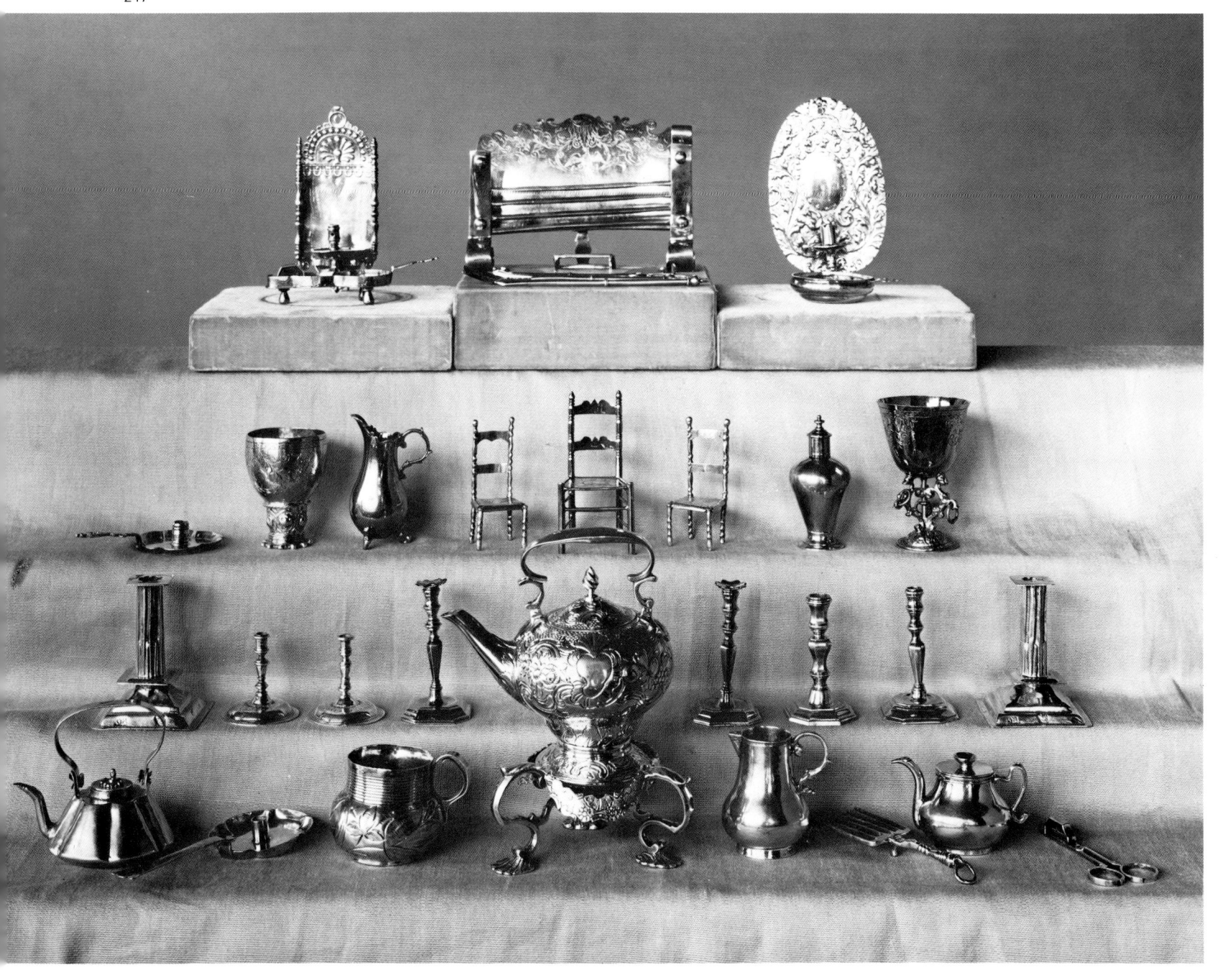

244–246 Drei geheimnisvolle Silberminiaturen, wahrscheinlich englischer Herkunft. Alle drei weisen nur eine Marke mit den Initialen DB innerhalb von zwei zusammenhängenden Ovalen auf; sie konnten nicht überprüft werden. Erste Hälfte 18. Jh. H der Teekanne: 60 mm, H der Kakaokanne: 56 mm, H der Teedose: 38 mm. The Henry Francis du Pont Winterthur Museum, Winterthur, Delaware

247 Silberminiaturen aus der Sammlung des Victoria and Albert Museum, London

Delmestre, John
1755 und zu einem unbekannten Zeitpunkt eingeschlagen

Clark, Thomas
1726 eingeschlagen

Rawlings, Charles und Summers, William
1839 bei der Geschäftsgründung eingeschlagen. Beide Goldschmiede hatten eigene Marken, die jedoch nicht auf Silberminiaturen gefunden wurden.

Godbehere, Wigan & Bult
1800 eingeschlagen

und der der Sohn von John Deards war; letzterer jedoch wird nicht als Goldschmied genannt.

Arthur Grimwade behauptet, William Deards sei *goldsmith and toyman* gewesen und 1761 gestorben. Es ist ihm jedoch nicht gelungen, die Verbindung zwischen diesem Meister und einem anderen William Deards herzustellen, der möglicherweise sein Sohn war und der im Jahre 1765 im Strand ansässig war. Auch zur Firma William & Mary Deards, *goldsmiths and toymen* unter dem Schild «Zum Sternen» am äußersten Ende von Pall Mall ließ sich keine Beziehung finden. Diese Firma soll eine «große Auswahl an schönen Spielsachen» verkauft haben, die aber nicht unbedingt aus Silber gewesen sein müssen.

Wenn es dennoch eine Marke mit den Initialen ID gibt, so gehört sie einem allgemein bekannten Goldschmied, der in jedem Verzeichnis genannt wird: John Delmestre, bisher unbekannt als Hersteller von Silberminiaturen. Seine Marke befindet sich jedoch deutlich lesbar auf einer entzückenden 1765 datierten Teekanne, die sich in der Miniatursilber-Sammlung des Victoria and Albert Museum in London befindet.

Schließlich möchten wir Thomas Clark nennen, dem man häufig begegnet und der ebenfalls auf einer Reklamekarte aus der Zeit um 1750 gefunden wurde. Thomas Clark gab sich aus als Hersteller von *all sorts of toys in gold, silver and other metals (pewter, brass and copper)*, d. h. aller Arten von *toys* aus Gold, Silber und anderen Metallen (Messing, gelbem und rotem Kupfer). Es zeigt sich einmal mehr, daß die Autoren, die diesen Namen in Zusammenhang mit Silberminiaturen brachten, scheinbar nicht wußten, daß der Ausdruck *toy* von den Goldschmieden des 18. Jahrhunderts nicht im heutigen Sinne verstanden wurde.

Das Londoner Miniatursilber erlebte seine Blütezeit zwischen den letzten Jahren des 17. und der Mitte des 18. Jahrhunderts. Im Gegensatz zu den holländischen Städten hatte London im 19. Jahrhundert nichts Nennenswertes auf diesem Gebiet zu verzeichnen. Gelegentlich wird auf der Suche nach Herstellern von Silberminiaturen, die Firma Charles Rawlings & William Summers an der Brook Street, Holborn, in London erwähnt. Von diesem 1839 gegründeten Geschäft, an dem zwei Goldschmiede beteiligt waren, ist allein ein kleiner Toastständer im Ashmolean Museum in Oxford bekannt. Nach Meistern wie David Clayton oder George Manjoy, den beiden einzigen wirklich bedeutenden Spezialisten des Londoner Miniatursilbers, sinkt man hier auf ein sehr bescheidenes Niveau. Ähnlich verhält es sich bei der Firma von Samuel Godbehere, Edward Wigan und James Bult, die zwischen 1800 und 1818 tätig war. Von ihr wurde 1972 ein kleiner Schaumlöffel bei Christie's verkauft.

Wie in fast allen anderen Ländern hat man sich auch in Großbritannien bisher kaum mit der Goldschmiedekunst des 19. Jahrhunderts befaßt, und völlig im Dunkeln tappt man bei den Goldschmieden des 20. Jahrhunderts. Eine Ausnahme bildet Holland, wo die Behörden mit *Meestertekens* regelmäßig ein Register von Meistermarken veröffentlichen. Ein ähnliches Nachschlagewerk, das erlaubt, moderne Goldschmiede mühelos zu identifizieren, gibt es für Großbritannien leider nicht.

Nicht-identifizierte Marken, von Christie's, London, im Katalog der Miniatursilber-Auktion vom 11. Oktober 1972 aufgeführt

Marken	Gegenstände
1. W S (um 1810)	Löffel (bestimmt William Southey)
2. I C (um 1730)	Löffel
3. I I (1793)	Löffel
4. IS oder SI (Dublin)	Bratrost (Stil der Zeit Georgs III.)
5. W F (1696)	Weinprobierschale
6. ET zwischen zwei Punkten (1693)	Weinprobierschale
7. TT, darüber eine Krone (1690)	Pilgerflasche
8. I B (Ende 17. Jh.)	Miniaturteller
9. IE (Ende 17. Jh.)	Teller
10. RH, über einem Stern (1686)	Becher
11. RG, darüber ein Stern (1683)	Humpen
12. ET über einer Sichel (1650)	Weinschale
13. TB (1630)	Weinschale
14. RS (1687)	Punschschale

Nicht-identifizierte Londoner Marken, von Sir Charles Jackson auf Silberspielzeug nachgewiesen

Jahr	Marke	Gegenstand
1690		Weinprobierschale
1687		Becher
1690		Pilgerflasche
1687		Punschschale
1691		Weinprobierschale
1693		Weinprobierschale
1625		Weinschale
1636		Weinschale
1669		Löffel
1677		Weinprobierschale
1686		Tablett
1670		Schale

Nicht-identifizierte englische Marken, von Sir Charles Jackson auf Silberspielzeug nachgewiesen

Jahr	Marke	Gegenstand
1695		Teekanne
1695		Teekanne und Teeservice
1695		Tassen und Unterteller
1710		Weinprobierschale

Marken auf Londoner Silberminiaturen

Schreitender Löwe *(lion passant)*

Der schreitende Löwe, der von den Londoner Goldschmieden seit 1544 benützt wurde, gibt an, daß der Feingehalt des Silbers 925/1000 beträgt. Dieselbe Marke wurde seit 1719 von den Prüfstellen der Provinzen benützt, mit Ausnahme von Irland und Schottland.

Leopardenkopf *(leopard's head)*

Die Beschaumarke, die die Londoner Herkunft garantiert, ist der Leopardenkopf, je nach Epoche von unterschiedlichem Aussehen. Zwischen 1478 und 1821 wurde er gekrönt.

Gekrönter Leopardenkopf

Britannia

Abgerissener Löwenkopf *(lion's head erased)*

Im Jahre 1696 wurde der Silberfeingehalt von 925/1000 auf 958/1000 (Britannia Standart) festgelegt, und die Marke mit dem schreitenden Löwen wurde durch die Figur der Britannia ersetzt. Diese Marke war bis 1720 Vorschrift und wurde danach noch gelegentlich benützt.

Ebenfalls 1696 wurde der Leopardenkopf von London durch die Marke mit dem abgerissenen Löwenkopf ersetzt, die besagte, daß der Feingehalt 958,3/1000 betrug und daß die Prüfung in London durchgeführt worden war. Diese Herkunftsmarke war bis 1720 Vorschrift. Sie ist auf zahlreichen Londoner Silberminiaturen aus der Zeit vor 1720 zu sehen.

Zu diesen verschiedenen Marken, die auf Silberminiaturen zu finden sind, kommen gelegentlich ein Jahresbuchstabe und die Meistermarke *(maker's mark)* hinzu.

Jahresbuchstaben der Stadt London

248 Verschiedene Gegenstände aus der ersten Hälfte des 19. Jh. *Links:* Kleiner Sahnetopf von Samuel Whitford, London, 1832, H: 50 mm. *Rechts:* Toastständer von Rawlings & Summers, London, 1833. Messer und Gabel stammen von Atkin & Oxley, Sheffield, 1832. Ashmolean Museum, Oxford

249 Zwei Suppenkellen und eine Schaumkelle. Die letztere wurde um 1810 durch die Firma S. Godbehere, Wigan & Bult hergestellt. Die beiden Kellen tragen eine Marke mit den Initialen RT, 1816. Christie's, London

248

249

250

251

Birmingham

250 Tee- und Kaffeeservice der Firma Samuel M. Levi, Birmingham. Datiert 1906. L des Tabletts: 106 mm, H der Kaffeekanne: 28 mm, H der Teekanne: 28 mm. Centraal Museum, Utrecht

251 Tee- und Kaffeeservice von John Rose, Birmingham. Datiert 1949. L des Tabletts: 147 mm, H der Kaffeekanne: 41 mm. Privatsammlung

Nach dem heutigen Stand der Forschungen scheint man in Birmingham im Laufe des 14. Jahrhunderts damit begonnen zu haben, Silbergegenstände herzustellen, d. h. zu einer Zeit, als diese Stadt noch ein unbedeutendes Dorf war. Dokumente aus jener Epoche erwähnen im Jahre 1343 einen Verhaftungsbefehl gegen einen gewissen Roger le Barker aus Birmingham, der für schuldig erklärt wird, «ein Metall hergestellt zu haben, von dem er fälschlicherweise behauptete, es wäre Silber, und es gutgläubigen Leuten in England auf verschiedene Art und Weise verkauft zu haben, wobei er diesen große Enttäuschung und bedeutende Verluste zufügte».

Das war kaum der richtige Weg, der zum Aufschwung eines neuen Industriezweiges führen konnte. Wahrscheinlich handelte es sich dabei aber um einen Einzelfall. Das Goldschmiedehandwerk nahm seinen eigentlichen Anfang in dieser Stadt erst im Laufe des 18. Jahrhunderts. Die zahlreichen Handwerker, die zuvor weniger wertvolle Metalle bearbeitet hatten, begannen sich damals mehr und mehr dem Silber zuzuwenden und es zur Herstellung ihrer Kleinarbeiten zu verwenden. Es war der berühmte Matthew Boulton, einer der ersten englischen Großindustriellen, der den eigentlichen Anstoß zur Entwicklung dieses Handwerks gab, als er 1759 beschloß, seinen kleinen Familienbetrieb bedeutend zu erweitern. Er ließ eine große Fabrik errichten, in der er nach industriellen Herstellungsverfahren Silbergegenstände zu produzieren begann. Diese erste Fabrik Boultons wurde 1762 in Handsworth, unmittelbar an der nördlichen Stadtgrenze Birminghams, eingeweiht.

Bis zu jenem Zeitpunkt wurde das in Birmingham geschaffene Silber jeweils in Chester, an der Grenze zu Wales, punziert. Dies bedeutete einen Transportweg von über 120 km, was die Geschäfte des unternehmungslustigen Boulton nicht erleichterte. Er befand sich in einer Lage, die ihm äußerst unbefriedigend erscheinen mußte. So bestand er darauf, daß unweit seiner Fabrik möglichst bald ein Prüfungsamt eröffnet werde. Er fand dabei die Unterstützung der Stadt Sheffield, deren Gold- und Silberschmiede in einer ähnlichen Lage waren. Sie schlossen sich bereits 1773 Boultons Vorstoß an. Einige Monate später wurde die königliche Erlaubnis für beide Städte gleichzeitig erteilt. Da zahlreiche Besprechungen in der Londoner Herberge *Crown and Anchor* (Zur Krone und zum Anker) stattgefunden hatten, wählte Sheffield eine Krone als Marke, während Birmingham den Schiffsanker übernahm. Die Verfügung von 1773 bestimmte, jegliches in Birmingham hergestellte Silber sei mit dem Meisterzeichen, dem schreitenden Löwen, der Stadtmarke (dem Anker) und einem Jahresbuchstaben, der jährlich geändert werden sollte, zu versehen.

S. 193

S. 185

Seither nahm die Herstellung von Silber in Birmingham einen ungeheuren Aufschwung. Seltsamerweise schufen aber die Goldschmiede, die schnell zu Spezialisten in der Anfertigung von Kleinarbeiten wurden, niemals Miniaturen von Gegenständen, die es in normaler Größe gab. Dennoch wurden in Birmingham bereits lange vor der Eröffnung des Prüfamtes die verschiedensten *toys* hergestellt.

Ein ausgezeichnetes Dokument, das *Birmingham, Wolverhampton and Walsall Directory* von Sketchley – im Jahre 1767 veröffentlicht, also noch vor der Errichtung des Prüfamtes, –, gibt eine ausführliche Beschreibung der Tätigkeit eines damaligen *toyman* in Birmingham oder anderswo. In Birmingham, heißt es, «werden unendlich viele Gegenstände hergestellt, die man *toys* nennt und die in ihrer Vielfalt kaum aufgezählt werden können. Zur Information jener, die fremd sind in der Stadt, weisen wir aber darauf hin, daß diese Artikel in verschiedene Kategorien eingeteilt werden. So bilden die Hersteller von Gold- oder Silber-*toys* eine Gruppe, die Nippsachen wie Siegel, Parfumfläschchen, Toiletten-Garnituren, Teedosen, Tintenfäßchen usw. herstellen. Auch jene Handwerker, die *toys* aus Schildpatt anfertigen, verfügen über eine schöne Auswahl an Gegenständen. Dasselbe gilt für die Handwerker, die *toys* aus Stahl, namentlich Korkenzieher, Dosen, Uhrenketten und Zuckerzangen, produzieren.»

Wie man feststellen kann, ist nicht ein einziges Mal von Miniaturen die Rede. Obwohl die Birminghamer Meister große Spezialisten in der Herstellung von Kleinarbeiten waren, wandten sie sich während des ganzen 18. Jahrhunderts niemals dem Miniatursilber zu. Das dürfte ein Beweis dafür sein, daß damals keine besondere Nachfrage für diese Art von Silberarbeiten herrschte, sonst hätten sich die «Industriellen» von Birmingham zweifellos zur Herstellung von Silberminiaturen entschlossen. Die meisten «Silberspielsachen», die man Birminghamer Meistern zuschreibt, sind im Grunde genommen keine echten Miniaturen, sondern nur sehr kleine Gebrauchsgegenstände.

Ⓜ So wird die Firma Cocks & Betteridge manchmal im Zusammenhang mit Miniatursilber genannt. Diese bedeutende Fabrik an der Church Street in Birmingham produzierte aber lediglich einige außergewöhnliche kleine Öl- und Essigständer, unter anderem einen von 25 mm Länge, der sich in der Sammlung des Henry Ford Museum in Dearborn, Michigan, befindet.

Ein bedeutender Meister der Stadt, der aus einer großen Goldschmiedefamilie stammte, Joseph Willmore (1790–1855), stellte echte Miniaturen her. Es sind von ihm zwei Teekannen bekannt. Die eine ist aus vergoldetem Silber und befindet sich im Ashmolean Museum in Oxford. Die andere ist viereckig, würfelförmig und mit chinesischen Motiven geschmückt, während das Gefäßinnere vergoldet ist. Sie wird im Victoria and Albert Museum in London aufbewahrt. Joseph Willmore hatte Verbindungen nach London; dort war seine Marke ebenfalls eingetragen, was

255

C & B

Cocks & Betteridge

laut englischen Gesetzen erlaubt ist. Der Meister, von dem noch weitere Miniaturen vorhanden sein müssen, war der Enkel des Gründers der berühmten Birminghamer Firma, Thomas I. Willmore, dessen Marke 1773, im Jahre der Eröffnung des Prüfamtes, eingeschlagen worden war. Joseph Willmore, ein *glass bead and gilt toymaker* (Hersteller von Glasperlen und Kleinarbeiten aus vergoldetem Silber), hatte seine Werkstatt an der Nr. 72 der Summer Lane. Seine erste Marke mit den Initialen JW innerhalb eines Quadrates stammt aus dem Jahre 1808. Zwischen 1832 und 1835 ließ er noch drei zusätzliche Zeichen eintragen.

Auch Nathaniel II. Mills (1811–1873) schuf einige Silberminiaturen. Sein Vater, Nathaniel I. Mills, scheint die Firma Ende des 18. Jahrhunderts gegründet zu haben. Nathaniel II. Mills erscheint 1841 zum ersten Mal im Verzeichnis der Birminghamer Firmen. Damals trug die Firma den Namen N. Mills & Son, 42, Caroline Street. Nathaniel II. ist vor allem für seine außergewöhnlich zahlreichen Silberdosen bekannt, die er serienweise nach industriellen Herstellungsverfahren anfertigte. Er zog sich 1855 von seinem Geschäft zurück und überließ es George Unite, einem ehemaligen Lehrling Joseph Willmores.

Während des 18. Jahrhunderts und eines großen Teils des 19. Jahrhunderts gab es jedoch in Birmingham keine eigentliche Miniatursilberproduktion. Seltsamerweise entschlossen sich mehrere Firmen am Ende des 19. Jahrhunderts und während der Regierungszeit Edwards VII. doch noch dazu, Silberminiaturen zu schaffen, vielleicht, um zu den Holländern, die solches Silber in großen Mengen exportierten und damit die Nachfrage in vielen Ländern deckten, in Konkurrenz zu treten oder einfach, um eine lokale Nachfrage zu befriedigen.

Wie dem auch sei, jedenfalls beginnen heute die am Ende des 19. Jahrhunderts in Birmingham hergestellten Silberminiaturen in Antiquitätengeschäften und gelegentlich sogar in Museen aufzutauchen. Erstaunlicherweise ist dies vor allem in Holland der Fall.

Der Ausgangspunkt dieser späten Produktion liegt um 1875. Bestimmt können heute noch nicht alle Firmen, die Miniatursilber herstellten, erfaßt werden. Zunächst sind ihre Arbeiten genau zu untersuchen. Dazu muß jede neben einem Marineanker entdeckte Marke dem Birminghamer Prüfamt zur Identifizierung vorgelegt werden, denn bisher wurde noch kein nach Mitte des 19. Jahrhunderts in dieser Stadt benützes Zeichen veröffentlicht.

Das Centraal Museum von Utrecht besitzt beispielsweise ein prachtvolles Tee- und Kaffeeservice, das aus Kaffeekanne, Zuckerschale, Zuckerzange, Milchkrug, zwei Tassen mit Untertellern und zwei kleinen Löffeln auf einem 106 mm langen Tablett besteht. Das Service ist 1906 datiert und von hoher Qualität. Es trägt eine Marke mit den Initialen SML innerhalb eines Rechtecks. Sie gehörte Samuel M. Levi, dessen Werkstatt an der Frederick Street Nr. 16 in Birmingham lag. Bei diesem Service handelt es sich bestimmt nicht um ein Einzelstück, denn die aufgeprägte Marke wurde bereits am 16. November 1883 im Birminghamer Prüfamt eingetragen.

Die Firma Stoker & Ireland stellte in ihrer Werkstatt an der Great Hampton Street 83 in Birmingham ebenfalls Silberminiaturen her, vor allem winzige Dosen und Geräte. Die Firmenmarke besteht aus den Initialen SI innerhalb eines Rechtecks und wurde am 5. September 1878 eingeschlagen. Es stellt sich auch hier die

Willmore, Joseph

Mills, Nathaniel II.

Levi, Samuel M.

Stoker & Ireland

Frage, ob diese kleinen Dosen tatsächlich als Miniaturen geschaffen wurden. Jedenfalls fanden viele davon den Weg in die Puppenhäuser, und es dürfte schwierig sein, deren Besitzer vom Gegenteil zu überzeugen.

Eine weitere Firma, von der man in Anbetracht der zahlreichen bekannten Arbeiten annehmen darf, daß sie sehr produktiv war, bereitet heute viele Probleme. Einige ihrer Arbeiten weisen die Marke von Chester, andere jene von Birmingham auf. Die Firmenmarke, die bei den Sammlern bereits sehr bekannt ist, gehörte laut Aussage des Birminghamer Prüfamtes der Firma Saunders & Shepherd, Bartlett Buildings 25, Holborn Circus, London, die Silberspielzeug aller Art herstellte. Sie besteht aus den Initialen CS und FS, die durch einen Stern getrennt und in ein Rechteck eingeschrieben sind. Die Firma soll am 5. Januar 1894 gegründet worden sein.

Auch die Firma John Rose Ltd. an der Mockley Street 20 in Birmingham produzierte viele Miniaturen, darunter einige schöne Teeservice. Die Firmenmarke zeigt die Initialen JR, die getrennt je in ein Wappenschild eingeschrieben sind, was eine Seltenheit darstellt. Sie wurde am 9. Januar 1900 eingetragen.

Mehrere Service, die untersucht werden konnten, weisen die Marke von John Rose auf und stammen alle aus der Zeit vor dem Ersten Weltkrieg. Es ist unbekannt, wann dieser Meister seine Tätigkeit in Birmingham einstellte.

Die Firma von William Henry Lucas an der Uyse Street 104, deren Marke am 16. Mai 1889 eingetragen wurde, schuf um die Jahrhundertwende verschiedene Silberminiaturen. Ihre Marke besteht aus den Initialen WHL innerhalb eines Rechtecks.

Gegen Ende des 19. Jahrhunderts begann sich die Milch der Kühe von Jersey, einer der Normannischen Inseln, in England immer größerer Beliebtheit zu erfreuen. Eine derartige Feststellung mag im Rahmen dieses Buches merkwürdig erscheinen. Sie erklärt jedoch, weshalb damals die Goldschmiede von Birmingham in großen Mengen winzige Milchkrüge herstellten. Die silbernen *Jersey milk cans* wurden vor dem Ersten Weltkrieg als Milchkännchen bei Tisch gebraucht. Mehrere tauchten auch in Küchen von Puppenhäusern auf, wo sie durchaus am Platz sind, denn es handelt sich um wirkliche Miniaturen. Es gibt die *Jersey milk cans* in verschiedenen Größen, wobei die kleinsten etwa 45 mm hoch sind.

Zu den Birminghamer Meistern, die solche *cans* herstellten, gehört etwa W. Griffiths, der an der Victoria Street 55/57 arbeitete. Seine kaum bekannte Marke besteht aus den Initialen WG & S innerhalb eines Rechtecks.

In Birmingham wurde seit etwa 1875 bis heute ununterbrochen Silberspielzeug hergestellt. Der Direktor des Prüfamtes dieser Stadt wies uns freundlicherweise darauf hin, daß die Firma Marston & Co., Albion Street 56, heute noch Silberminiaturen produziert. Außerdem begegnet man in Fachgeschäften – nicht nur in England, sondern auch auf dem Kontinent – öfters schönen Miniaturen von Tee- und Kaffeeservice aus Silber, die gut markiert, aber leider nicht in einem zeitgenössischen Stil gehalten sind. Sie werden von zwei Firmen in Birmingham hergestellt. Die eine, David Hollander & Son an der Caroline Street, benützt eine Marke mit den Initialen DH & S innerhalb eines Rechtecks mit leicht angeschnittenen Ecken. Das Zeichen der anderen Firma, P. H. Vogel & Co. in London und Birmingham, besteht aus den Initialen PHV über & CO innerhalb eines Quadrates.

252 Milchkrug von W. Griffiths, Birmingham. Datiert 1902. H: 42 mm. Privatsammlung

253 Schale von Alfred Lea, Leeds, die das Zeichen von Birmingham trägt. Jahresbuchstabe G für 1906. H: 28 mm. Privatsammlung

254 Handleuchter mit der Marke der Firma Taylor & Perry, Birmingham, und dem Jahresbuchstaben O für 1829. Sotheby Parke Bernet, New York

255 Viereckige Teekanne von Joseph Willmore, Birmingham, mit Chinoiserien in Relief. Das Gefäßinnere ist silbervergoldet. 1829–1830. Victoria and Albert Museum, London

256 Löffel und Gabel englischer Herkunft. Wahrscheinlich Anfang 20. Jh. L des Messers: 22 mm, L der Gabel: 27 mm. Diese Gegenstände sind zu klein, als daß sie gestempelt werden könnten. Privatsammlung

Taylor & Perry

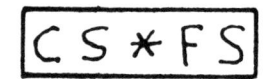

Saunders and Shepherd

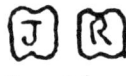

Rose, John

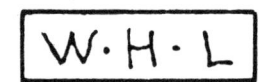

Lucas, William Henry

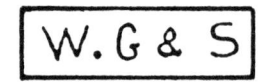

W. Griffiths & Son

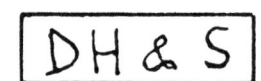

David Hollander & Son

P. H. Vogel & Co.

252

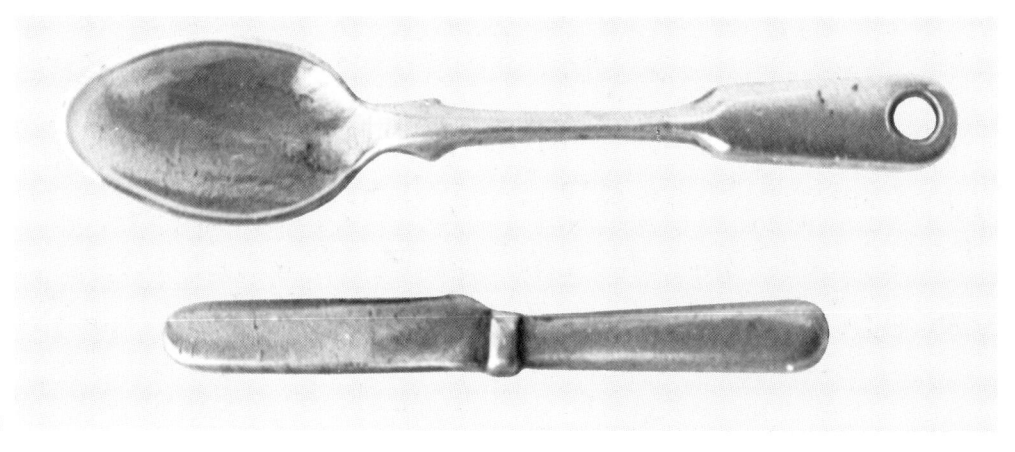

253

254

255

256

257

258

259

260

261

262

257　Marke von John Rose, Goldschmied in Birmingham, der um die Wende vom 19. zum 20. Jh. zahlreiche Silberminiaturen schuf

258　Marke der Firma Saunders & Shepherd, die neben den Stadtmarken von Birmingham und von Chester zu finden ist

259　Marke von W. Griffiths, Goldschmied in Birmingham, der gegen Ende des 19. Jh. unzählige Kleinarbeiten, darunter seine berühmten *Jersey milk cans,* schuf

260　Marke auf einem Leuchter von einem nicht-identifizierten Goldschmied aus Birmingham. Sie besteht aus den Initialen SLD unter D. B. innerhalb eines Wappenschildes. Der Leuchter trägt den Jahresbuchstaben X für 1922. L (mit Griff): 40 mm

261　Pokal von einem nicht-identifizierten Goldschmied aus Birmingham, der seine Werke mit den Initialen RP signierte. Jahresbuchstabe M für 1911. H: 45 mm.

262　Marke auf dem Pokal von Abb. 261

Die Service, von denen hier die Rede ist, werden oft in Glasschränken ausgestellt. Es handelt sich dabei nicht um eigentliche Antiquitäten; alle weisen die Stadtmarke von Birmingham und teilweise zeitgenössische Jahresbuchstaben auf. Es scheint uns jedoch angebracht, ihnen in einer den Silberminiaturen gewidmeten Arbeit ebenfalls einen Platz einzuräumen.

Jahresbuchstaben der Stadt Birmingham

Jahr	Buchstabe	Jahr	Buchstabe	Jahr	Buchstabe	Jahr	Buchstabe	Jahr	Buchstabe
	(Löwe, Anker)	1801	d	1837	(O)	1873	Y	1908	i
1773	A	1802	e	1838	P	1874	Z	1909	k
1774	B	1803	f	1839	Q	1875	a	1910	l
1775	C	1804	g	1840	R	1876	b	1911	m
1776	D	1805	h	1841	S	1877	c	1912	n
1777	E	1806	i	1842	T	1878	d	1913	o
1778	F	1807	j	1843	U	1879	e	1914	p
1779	G	1808	k	1844	V	1880	f	1915	q
1780	H	1809	l	1845	W	1881	g	1916	r
1781	I	1810	m	1846	X	1882	h	1917	s
1782	K	1811	n	1847	Y	1883	i	1918	t
1783	L	1812	o	1848	Z	1884	k	1919	u
	(Löwe, Anker)	1813	p	1849	A	1885	l	1920	v
1784	M	1814	q	1850	B	1886	m	1921	w
1785	N	1815	r	1851	C	1887	n	1922	x
	(Löwe, Anker, O)	1816	s	1852	D	1888	o	1923	y
1786	O	1817	t	1853	E	1889	p	1924	z
1787	P	1818	u	1854	F	1890	q	1925	A
1788	Q	1819	v	1855	G		(Löwe, Anker)	1926	B
1789	R	1820	w	1856	H	1891	r	1927	C
1790	S	1821	x	1857	I	1892	s	1928	D
1791	T	1822	y	1858	J	1893	t	1929	E
1792	U	1823	z	1859	K	1894	u	1930	F
1793	V	1824	A	1860	L	1895	b	1931	G
1794	W	1825	B	1861	M	1896	w	1932	H
1795	X	1826	C	1862	N	1897	x	1933	J
1796	Y	1827	D	1863	O	1898	y	1934	K
1797	Z	1828	E	1864	P	1899	z	1935	L
	(Löwe, Anker)	1829	F	1865	Q		(Anker, Löwe)	1936	M
1798	a	1830	G	1866	R	1900	a	1937	N
1799	b	1831	H	1867	S	1901	b	1938	O
1800	c	1832	J	1868	T	1902	c	1939	P
		1833	K	1869	U	1903	d	1940	Q
		1834	L	1870	V	1904	e	1941	R
		1835	M	1871	W	1905	f	1942	S
		1836	N	1872	X	1906	g	1943	T
						1907	h	1944	U
								1945	V

Jahr	Buchstabe	Jahr	Buchstabe	Jahr	Buchstabe	Jahr	Buchstabe	Jahr	Buchstabe
1946	W	1953	D	1962	N	1970	V		(Anker, Löwe)
1947	X	1954	E	1963	O	1971	W	1975	A
1948	Y	1955	F	1964	P	1972	X	1976	B
1949	Z	1956	G	1965	Q		(Anker, Löwe)	1977	C
	(Anker, Löwe)	1957	H	1966	R	1973	Y	1978	D
	1958	J	1967	S		(Anker, Löwe)	1979	E
1950	A	1959	K	1968	T			1980	F
1951	B	1960	L	1969	U	1974	Z	1981	G
1952	C	1961	M						

SHEFFIELD

In Sheffield begann man erst sehr spät mit der Herstellung von Silberarbeiten, ganz im Gegensatz zu London oder anderen englischen Städten, wo man im allgemeinen bereits seit dem Mittelalter Gold- und Silberschmiede trifft. In den Sheffielder Werkstätten begann man tatsächlich erst um 1765 damit, Silber zu bearbeiten, abgesehen von den silbernen Messergriffen, die schon viel früher hergestellt wurden. Dagegen erlangte diese Stadt Weltruhm dank ihren Arbeiten aus *Sheffield plate* (von spanisch *plata*, Silber). Es handelt sich dabei nicht um massives Silber, wie man glauben könnte, sondern um ein neues Beschichtungsverfahren, das im Jahre 1750 durch einen Handwerker der Stadt, Thomas Boulsover, erfunden worden war. Dabei wurden die Stücke nicht nach altbewährtem Verfahren mit einer feinen Silberschicht, sondern mit einer vollkommen verschmolzenen Silber-Kupfer-Lösung überzogen. Das Verfahren, das Boulsover zufällig entdeckt hatte, wurde von vielen Meistern der Stadt übernommen. Die Arbeiten aus *Sheffield plate* hatten sogleich großen Erfolg in ganz Großbritannien, denn sie waren – im Vergleich zu den Arbeiten aus massivem Silber – verhältnismäßig billig. Außerdem boten sie den Vorteil, viel widerstandsfähiger zu sein, als die nach dem üblichen Verfahren versilberten Gegenstände. Erst nach und nach gingen die Hersteller von *Sheffield plate* zu massivem Silber über. Da es in der Stadt kein Prüfamt gab, mußten die Handwerker ihre Arbeiten nach Chester oder sogar nach London senden, um sie dort vorschriftsgemäß punzieren zu lassen.

Unter den ersten Goldschmieden der Stadt gab es mehrere, wie William Hancock, Henry Tudor und John Winter, die ihre Marke in der Goldsmiths' Hall in London einschlagen ließen. Da Birmingham in einer ähnlichen Lage war, beschlossen die beiden Städte, gemeinsam die Errichtung eines eigenen Materialprüfamtes zu fordern. Das Gesuch von Sheffield wurde im Februar 1773 in London eingereicht und vier Monate später angenommen. Alle Goldschmiede, die in einem Umkreis von 20 Meilen ab Stadtzentrum ansässig waren, mußten ihre Marken auf dem neuen Prüfamt eintragen lassen. Sheffield wählte die Krone für seine Stadtmarke. Vier verschiedene Kronen wurden seit 1773 benützt; 1975 ersetzte man die Krone durch eine offene Rose.

Die Sheffielder Goldschmiede bemühten sich nicht besonders um die künstlerische Seite ihres Handwerks. Sie taten es ihren Kollegen in Birmingham gleich und gingen von Anfang an zu industriellen Herstellungsverfahren über. Das erlaubte ihnen, in kurzer Zeit große Mengen silberner Kleinarbeiten zu produzieren, wie Knöpfe, Gürtel- und Schuhschnallen, Essig- und Ölfläschchen, Tabakdosen und vieles andere mehr, auf keinen Fall aber Silberminiaturen. Einige Autoren behaupten, ohne jedoch ihre Quellen anzugeben, daß Spielzeug aus *Sheffield plate* hergestellt worden sei. Auch wenn dies der Fall gewesen sein sollte, so ist es bestimmt nicht in Sheffield entstanden, denn keine einzige derartige Miniatur wurde je gefunden oder im Museum der Stadt katalogisiert. Dagegen gibt es nach altem Verfahren versilbertes Spielzeug. Es handelt sich aber um Gegenstände aus neuerer Zeit, die nichts mit dem alten *Sheffield plate* des 18. Jahrhunderts gemeinsam haben.

Ein Goldschmied der Stadt, George Ashforth, der am Ende des 18. Jahrhunderts ein bekannter Hersteller von Arbeiten aus *Sheffield plate* war, schuf jedoch einige

263 prachtvolle Silberminiaturen. Seine Firma lag an der Angel Street, und er ließ 1773,
Ⓜ im Jahre der Errichtung des Prüfamtes, seine Meistermarke einschlagen; es ist aber nicht bekannt, wann er seine Tätigkeit einstellte, vermutlich am Ende des 18. oder anfangs des 19. Jahrhunderts. Dieser provinzielle Meister war nicht als Hersteller von Silberminiaturen bekannt, bis 1973 das Museum von Sheffield eine Ausstellung zum 200. Jahrestages des Prüfamtes organisierte. Zum allgemeinen Erstaunen wurden bei dieser Gelegenheit sieben herrliche Arbeiten ausgestellt, die Ashforths Marke tragen: ein 100 mm hoher Samowar, eine 83 mm hohe Kaffeekanne, ein Becher von 27 mm und vier 75 mm hohe Leuchter.

Der Samowar, auf rechteckigem Sockel, hat die Form einer zweihenkligen Vase. Der Deckel ist mit einem eichelförmigen Griff geschmückt. Die Kaffeekanne von identischer Form besitzt einen S-förmigen Henkel aus geschwärztem Holz, der am oberen Rande des Schnabels ansetzt. Der glockenförmige Becher steht auf einem trompetenartigen Fuß. Die vier Trompetenleuchter besitzen balusterförmige Schäfte, über denen kleine Schalen als Näpfe angebracht sind.

Alle sieben Miniaturen weisen die vorgeschriebenen Marken, darunter den Jahresbuchstaben von Sheffield für das Jahr 1787, auf. George Ashforth war nicht verpflichtet, seine Miniaturen punzieren zu lassen. Es scheint ihm jedoch viel daran gelegen zu haben, denn der Samowar zum Beispiel ist nicht nur an der Gefäßweite, sondern auch am Deckel mit der vollständigen Markenreihe versehen.

Leider ist George Ashforth der einzige Sheffielder Goldschmied, der im 18. Jahrhundert solche Arbeiten anfertigte. Erst viel später stellte auch die Firma Atkin

248 & Oxley an der Eyre Street gelegentlich Miniaturmesser und -gabeln her. Einige Exemplare sind im Ashmolean Museum in Oxford zu sehen. Die Firma J. Law, Atkin & Oxley ließ ihre erste Marke im Jahre 1824 eintragen. Sie besteht aus einem doppelten LL innerhalb eines Quadrates. Als die Firma 1829 ihren Namen änderte
Ⓜ und zu Atkin & Oxley wurde, ließ sie eine neue Marke mit den Initialen A & O innerhalb eines Rechtecks registrieren.

Die Firma war seit jeher für die hohe Qualität ihrer Dessertmesser und -gabeln sowie ihre zusammenklappbaren Früchtemesser bekannt. So könnten die Miniaturmesser und -gabeln Muster oder Reklameartikel für gute Kunden gewesen sein. Im Jahre 1833 nahm die Firma den Namen Atkin, Oxley & Co., Hersteller von

263 Auswahl von Sheffielder Miniaturen. Die Marke von G. Ashforth tragen die Leuchter im Stil der Zeit Georgs III., 1787, H: 75 mm, der Becher im gleichen Stil, 1787, H: 27 mm, die Kaffeekanne, 1787, H: 83 mm, und die Teeurne, 1787. Der silbervergoldete Stuhl weist keine Marke auf, dürfte aber um die Mitte des 17. Jh. entstanden sein. H: 62 mm. Die Löffel wurden um 1730 von einem wenig bekannten Londoner Meister, William Soame, geschaffen. Die kleine Zuckerzange stammt von William Allen. Sotheby's, London

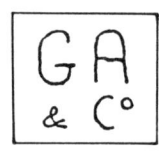

Ashforth, George & Co.

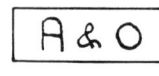

Atkin & Oxley

263

264

265

264   Brandytopf von Joseph Collier, Plymouth, der zweimal mit Meistermarke und schreitendem Löwen versehen ist. Um 1725. H: 70 mm. Greenfield Village und Henry Ford Museum, Dearborn, Michigan

265   Drei interessante Gegenstände: Der Deckelhumpen mit dem Londoner Jahresbuchstaben F für 1683 weist zudem eine Marke mit den Initialen RG unter einem Stern eines nicht-identifizierten Meisters auf. H: 45 mm. Der Grill, 1793, ist mit dem Stadtzeichen von Dublin und einer Meistermarke, die sowohl IS als auch SI gelesen werden kann, versehen. L: 89 mm. Der Ofen, 1705, ist ein Werk von George Manjoy. H: 108 mm. Christie's, London

goldenen, silbernen und versilberten Dessertmessern und Taschenmessern, an. 1840 scheint sie ihre Tätigkeit eingestellt zu haben, es sei denn, die Firma Henry Atkin an der Howard Street hätte den Betrieb übernommen. Diese ließ ihre Marke mit den Initialen HA innerhalb eines Quadrates im Jahre 1841 eintragen.

Mehrere Autoren behaupten, auch Sarah Bowman an der Queen Street habe im Laufe des zweiten Viertels des 19. Jahrhunderts Miniatursilber hergestellt, namentlich Teekannen und Deckelhumpen, doch erscheint das wenig glaubwürdig. Ihr Name erscheint nicht im Verzeichnis des Sheffielder Prüfamtes, das sonst alle Marken zwischen 1773 und 1907 aufführt. Molly Pearce vom Museum von Sheffield überprüfte außerdem verschiedene Firmenverzeichnisse der Stadt und fand heraus, daß Sarah Bowman 1825 an der Queen Street 10 ein Pfandhaus führte. In den Jahren 1828 und 1833 ist sie als Besitzerin einer Pfandleihe und als Kleiderhändlerin eingetragen. Im Jahre 1841 wechselte sie ihren Wohnsitz und ließ sich an Workhouse Croft Nr. 10 nieder, wo sie 1843 noch lebte. Sie erscheint nicht mehr im Verzeichnis des Jahres 1849. Es besteht die Möglichkeit, daß Sarah Bowman in ihrem Pfandhaus deponiertes Miniatursilber verkaufte, aber man sieht nicht recht, wie sie selber hätte welches herstellen können.

Plymouth (Exeter)[1]

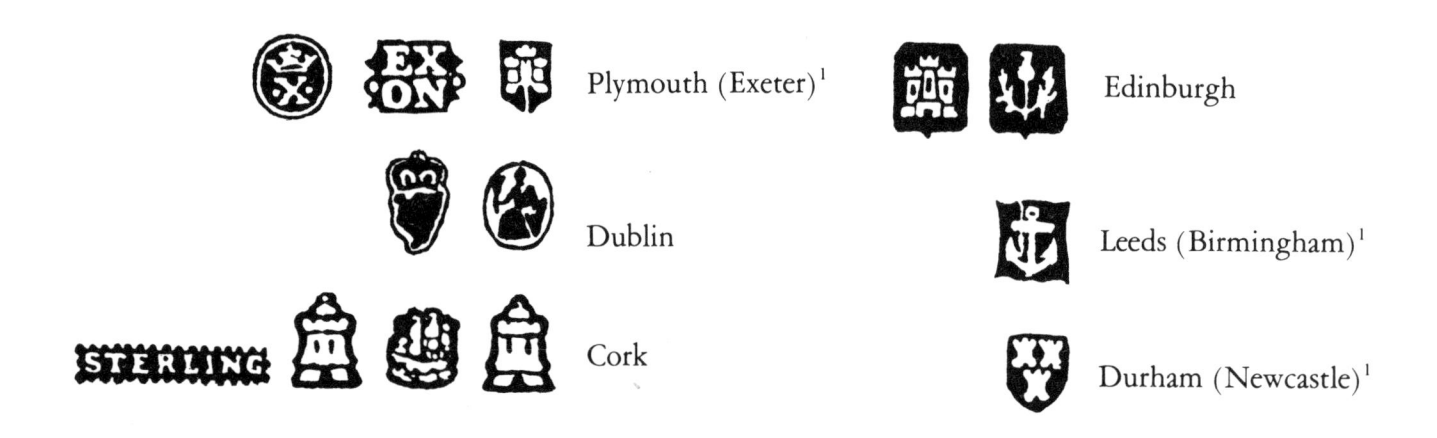

Edinburgh

Dublin

Leeds (Birmingham)[1]

Cork

Durham (Newcastle)[1]

Weitere britische Städte

Offenbar wurde das englische Miniatursilber im 17. und 18. Jahrhundert vor allem durch Londoner Gold- und Silberschmiede geschaffen. Die Hauptstadt verfügte über die meisten Reichtümer des Landes. Ähnlich entstand in den Niederlanden die Mehrzahl der Silberminiaturen in den Werkstätten Amsterdamer Meister. Dennoch gab es vereinzelt Meister in der Provinz, die – wie George Ashforth in Sheffield – die berühmten Silberminiaturen aus der Hauptstadt nachzuahmen versuchten.

Ein lange unbekannter Meister war Joseph Collier. Er stammte nicht aus Exeter, Devon, wie man oft hört, sondern aus der Hafenstadt Plymouth. Man weiß heute, daß er im Laufe des 18. Jahrhunderts Miniatursilber herstellte. Auf den ersten Blick mag die Tatsache, daß er in der ganzen Grafschaft Devon als einziger diese Art Silber geschaffen haben soll, merkwürdig erscheinen, um so mehr, als die Städte Exeter und Barnstaple bereits im 14. Jahrhundert ihre eigenen Goldschmiede hatten. Exeter, eine der vielen für ihr Silber bekannten britischen Städte, besitzt nach Norwich die zweitälteste Goldschmiedetradition. Ihr erstes Prüfamt wurde jedoch erst 1701 eröffnet. Von diesem Zeitpunkt an mußten auch die umliegenden Städte, wie beispielsweise Plymouth, ihre Arbeiten in Exeter punzieren lassen.

S. 198 Diese Bestimmung galt ebenfalls für Joseph Collier; daher weisen alle seine Arbeiten die Stadtmarke von Exeter auf. Vor 1701 bestand das Beschauzeichen der Stadt aus der römischen Zahl X, die manchmal gekrönt, manchmal von einem punktierten Kreis umgeben war. Zwischen 1701 und 1882, dem Jahr, in dem das Prüfamt geschlossen wurde, benützte Exeter eine Marke, die eine Burg mit drei Türmen aufweist und von der es mehrere Varianten gibt. Man findet somit dieses Zeichen auf den Arbeiten Colliers. Der Goldschmied aus Plymouth war bestimmt in der ersten Hälfte des 18. Jahrhunderts tätig, sehr wahrscheinlich aber bereits Ende des 17. Jahrhunderts. Er stellte viel Silber in normaler Größe her, daneben aber auch einige Miniaturen, wie zwei Arbeiten im Henry Ford Museum in Dearborn, Michigan, beweisen. Beide Stücke sind mit der Meistermarke und dem schreitenden Löwen versehen. Eines ist eine 26 mm große Bratpfanne mit gedreh-

(1) Für die Gold- und Silberschmiede von Plymouth, Leeds und Durham geben wir die Marken jener Städte an, in denen sie punziert wurden.

tem Holzgriff, das andere ein 70 mm hoher, kugelförmiger Brandytopf, englisch *brandy warmer,* mit gedrehtem Holzstiel und Ausgußschnabel. Es ist nicht denkbar, daß Joseph Collier nur diese beiden Miniaturen schuf. Vermutlich existieren weitere, noch nicht identifizierte Arbeiten dieses Meisters. Colliers charakteristische, leicht erkennbare Marke besteht aus seinen Initialen JC in gotischer Schrift innerhalb eines Umrisses, der sich den Buchstaben anschmiegt.

Eine andere für ihr Silber bekannte Stadt ist Dublin, heute die Hauptstadt der Republik Irland, damals Sitz des Vizekönigs von Irland und zweite Hauptstadt des Vereinigten Königreiches. Sie beherbergte bereits vor der Eroberung durch die Normannen einige Goldschmiede, und die ältesten Schriftstücke, die sich auf deren Kunst beziehen, stammen aus dem 13. Jahrhundert. Leider waren aber die wirtschaftlichen Bedingungen in der Hauptstadt einer im 17. und 18. Jahrhundert unbedeutenden Insel zu ungünstig, als daß die Goldschmiede es sich hätten leisten können, Silberminiaturen herzustellen. Insgesamt brachte Irland im Laufe der Jahrhunderte nur wenig Silber hervor.

Häufig begegnet man jedoch dem Namen von David King, der seit Ende des 17. Jahrhunderts bis gegen 1740 tätig war. Von ihm wurden verschiedentlich *toy porringers,* wie sie in den Auktionskatalogen genannt werden, verkauft. Dabei handelt es sich nicht eigentlich um Spielzeug, doch darf man diese Schalen in Anbetracht ihrer kleinen Maße durchaus zu den Miniaturen zählen. In Wirklichkeit sind es *dram cups,* die den französischen *tastevins* (Weinprobierschalen) ähnlich sehen, aber zwei senkrechte Henkel und einen höheren Rand besitzen. Man benützte sie wahrscheinlich für starke alkoholische Getränke, und ihre Herstellung wurde um 1715–1720 eingestellt.

K. Ticher aus Dublin, ein großer Kenner der irischen Goldschmiedekunst, schreibt über sie: «In Irland ist nur wenig Miniatursilber entstanden. Die durch David King geschaffenen Arbeiten waren Gegenstände, die man lange Zeit *toy porringers* nannte. Wir konnten kürzlich feststellen, daß es sich eigentlich um *dram cups* handelte. Diese Art von Gegenstand wurde zwischen dem Ende des 17. und dem Anfang des 18. Jahrhunderts hergestellt.» Ticher fährt weiter: «Während all der Jahre habe ich lediglich ein paar Miniaturteekannen gesehen und kenne nebenbei nur den Wasserkessel auf einem Ständer des Victoria and Albert Museum, der um 1753 hergestellt wurde. Weiter ist mir eine andere Miniaturteekanne bekannt, die 1775 ebenfalls in Dublin geschaffen und am 26. Juni 1952 bei Sotheby's verkauft wurde. Vielleicht handelte es sich dabei aber nur um ein Arzneigetränk-Kännchen, denn für ein Spielzeug war sie zu schwer.»

Aufgrund der bisherigen Forschungen ist anzunehmen, daß es tatsächlich nur zwei irische Goldschmiede gab, George Hodder und William Newenham, beide aus Cork, die im Laufe des 18. Jahrhunderts Silberminiaturen herstellten. Das Silber von Cork, einer Hafenstadt, die in einer prachtvollen natürlichen Bucht an der Südküste Irlands liegt, ist auf dem Kontinent sozusagen unbekannt, obwohl die günstige Lage der Stadt den Handel mit Spanien und Frankreich begünstigte. Zahlreiche ausländische Gold- und Silberschmiede – aus Frankreich und sogar aus Flandern – arbeiteten in Cork und beinflußten stilistisch die örtliche Goldschmiedekunst. Daher besitzt das Silber, das in Cork produziert wurde, ein eher kontinentales Aussehen.

Es gab jedoch in dieser Stadt nie eine unabhängige Goldschmiedezunft oder ein öffentliches Metallprüfamt, was zu einer mehr oder weniger anarchischen Situation führte. Während englisches Silber immer vorbildlich markiert wurde, punzierte man die in Cork hergestellten Arbeiten meistens auf merkwürdige Weise. Im Laufe des 17. und 18. Jahrhunderts schufen die ansässigen Goldschmiede viele Arbeiten aus Silber, das sie durch Schmelzen spanischer Dollars gewannen. Sie setzten deshalb als Garantiemarke das Wort *dollar* ein, anstatt den Feingehalt in Zahlen anzugeben.

S. 198 Anfangs des 18. Jahrhunderts wurden einige Gegenstände offiziell durch das Prüfamt in Dublin punziert. Für ihre Stadtmarke wählten die Corker Meister zuerst ein Segelschiff mit gehißten Segeln zwischen zwei Burgen. Von diesem Zeichen gibt es zahlreiche Varianten. Zu Beginn des 18. Jahrhunderts ersetzten sie diese Marke durch das Wort *sterling*, das gleichzeitig den Feingehalt des Silbers und die Stadt bezeichnete. Allerdings benützten andere englische Städte wie Chester und Liverpool dieselbe Marke, was heute zu Verwechslungen führen kann. In Cork sind mehrere Versionen bekannt, und das Wort wurde unterschiedlich geschrieben: STARLING, STIRLING, STARLIN und STERLIN.

Die Meistermarken bestanden in Cork anfangs aus den beiden Anfangsbuchstaben von Vor- und Nachnamen, oft von einem Unterscheidungsmerkmal wie einer Krone, Lilie, Sonne oder einem Stern begleitet. Um die Mitte des 18. Jahrhunderts wurden die Goldschmiede durch das Dubliner Prüfamt, das das gesamte Silber der Insel kontrollierte, aufgefordert, nur noch die beiden Anfangsbuchstaben zu benützen und die anderen Zeichen wegzulassen, eine Vorschrift, die nicht immer eingehalten wurde. Die Tatsache, daß in Cork niemals Jahresbuchstaben verwendet wurden, ist ein weiterer Beweis dafür, daß man hier die Kontrolle nicht zu ernst nahm. Es ist deshalb heute unmöglich, Arbeiten aus Cork mit Genauigkeit zu datieren.

Ⓜ Die erste Marke von George Hodder, der einige sehr hübsche Silberarbeiten schuf, besteht aus seinen Initialen GH, die zuerst durch einen Punkt, später durch eine Lilie getrennt waren. Hodder benützte jedoch ein gutes Dutzend verschiedener Marken, die alle seine Initialen aufweisen, manchmal in Begleitung des Wortes *sterling* oder *starling*.

267, 268 K. Ticher in Dublin besitzt in seiner Sammlung einige seltene Stücke Hodders, unter anderem einen 52 mm hohen Milchkrug und zwei Schalen, eine mit durchbrochenem Rand, die 41 bzw. 45 mm hoch sind. Diese drei Arbeiten, die um 1745 entstanden, weisen alle das eingravierte Monogramm EB auf. Es handelt sich dabei wahrscheinlich um die Initialen von Hodders Auftraggeber. Von demselben Meister ist außerdem eine Miniaturkaffeekanne bekannt, die ebenfalls die Initialen EB trägt.

Man darf heute mit Bestimmtheit annehmen, daß Hodder nicht der erste Goldschmied von Cork war, der sich der Herstellung von Miniaturen widmete. In der Sammlung der Folger's Coffee Company befindet sich eine schöne Kaffeekanne,
Ⓜ die die Marke oder, besser gesagt, eine Marke von William Newenham, einem ebenfalls aus Cork stammenden Meister, aufweist. Die kegelförmige Kaffeekanne ist 104 mm hoch und besitzt einen stark gewölbten Deckel mit knopfartigem Griff. Der Henkel aus Ebenholz setzt im rechten Winkel zum Rand des Schnabels an.

266 Irischer Wasserkessel auf Kocher, mit dem Stadtzeichen Dublins, doch ohne Meistermarke. Um 1753. H des Wasserkessels: 90 mm, wodurch er in die Kategorie der holländischen *trekpotje* eingeordnet werden kann. Victoria and Albert Museum, London

267 Seltene Kaffeekanne von George Hodder, Cork (Irland). Sie ist mit dem Monogramm EB gekennzeichnet. Um 1745. Sammlung Mr. Ticher, Dublin

268 Auswahl irischer Silberminiaturen. Um 1745. *Mitte:* Schale von George Hodder, Cork. H: 107 mm. *Links:* Schale, die eine getreue Wiedergabe der erstgenannten darstellt. H: 41 mm. Weitere Schale, H: 45 mm. *Rechts:* Milchtopf von George Hodder. H: 52 mm. Alle diese Gegenstände tragen Hodders Marke. Die beiden Löffel links sind von William Reynolds, Cork. Um 1765. L: 80 mm. Der rechte Marklöffel stammt von William Ward, Dublin. Um 1800. Sammlung Mr. Ticher, Dublin

269 Auswahl von Gegenständen aus London und aus Schottland. *Von links nach rechts:* Sauciere, ohne Marke, London (?); Becher im Stil der Zeit Georgs II. von John Hugh Le Sage, um 1735, H: 31 mm; *monteith* (Weinglaskühler) im William-and-Mary-Stil von George Manjoy, 1689, D: 56 mm; neun Teller, D: 41 mm, und ein größerer Teller, D: 51 mm, Ende 17. Jh. Fünf Teller tragen eine Marke mit den Initialen AH (?), vier mit den Initialen TB, der größere Teller weist die Initialen IE auf. *Vorn:* Tablett im Stil der Zeit Georgs III. von Cunningham & Simpson, Edinburgh. 1808. L: 66 mm. Christie's, London

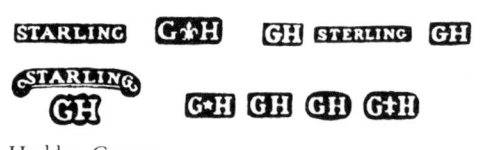

[STARLING] [G✦H] [GH] [STERLING] [GH]
[STARLING / GH] [G✦H] [GH] [GH] [G✦H]

Hodder, George

[♥] [W.N] [W.N] [WN]

Newenham, William

266

267

268

269

270

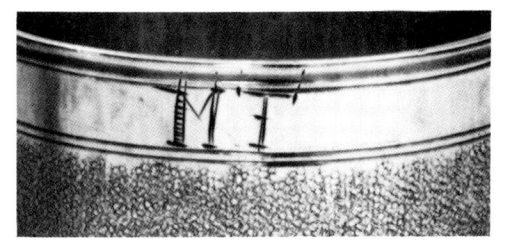

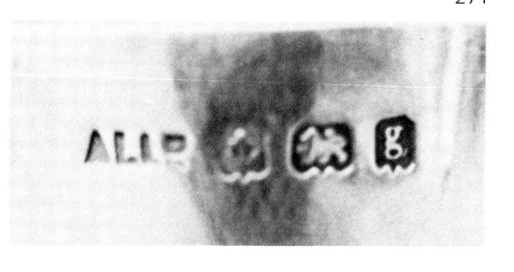

271

272

273

274

275

270 Zwei Schalen aus der Zeit Jakobs III. Die linke ist wahrscheinlich von 1687 und trägt die Marke mit den Initialen RS unter einem fünfeckigen Stern. H: 32 mm, D: 54 mm. Die rechte, aus derselben Zeit, wurde von einem unbekannten Meister geschaffen, dessen Marke aus den durch einen Punkt getrennten Initialen RH besteht. H: 35 mm, D: 49 mm. Christie's, London

271 Becher mit der Marke von Alfred Lea, Leeds. Jahresbuchstabe für 1906. H: 28 mm. Privatsammlung

272 Seltener Wasserkessel mit Kocher, von William Beilby und John Bainbridge aus Durham, der jedoch die Marke von Newcastle trägt. H (mit Untersatz): 155 mm. Victoria and Albert Museum, London

273 Bier- oder Wasserkrug, der nur eine Meistermarke mit den Initialen T.T. innerhalb eines möglicherweise gekrönten (?) Rechtecks trägt. Da weder eine Stadtmarke noch ein anderes Kennzeichen vorhanden ist, kann die Herkunft des Kruges nicht bestimmt werden. H: 47 mm. The Henry Francis du Pont Winterthur Museum, Winterthur, Delaware

274–275 Ein Paar englischer Saucieren. 18. Jh. Unleserliche Marke. L: 65 mm. Victoria and Albert Museum, London

Reynolds, William

Forbes, Alexander

McKenzie, Colin

Es scheint sich dabei um ein Einzelstück aus der Zeit um 1725 zu handeln; die Erfahrung hat jedoch gezeigt, daß ein Goldschmied es nur selten bei einer einzigen Miniatur bewenden läßt. Es dürften daher auch von diesem Meister noch andere Miniaturen existieren. Die erste Marke Newenhams besteht aus seinen Initialen WN in Druckschrift, über denen ein Herz angebracht ist. Die folgende zeigt dieselben Initialen, jedoch in Kursivschrift, wobei hier das Herz auf der linken Seite angebracht ist. Newenham benützte ebenfalls ein Zeichen, bei dem seine Initialen in einem vierblättrigen Kleeblatt eingeschrieben sind; darüber ist eine Krone und darunter eine Sichel angebracht. Bei einem anderen Zeichen sind die in Druckschrift geschriebenen Initialen durch einen Punkt getrennt. Meistens treten diese Marken in Begleitung einer weiteren auf, die das in ein Rechteck eingeschriebene Wort *sterling* enthält. Höchstwahrscheinlich gehören diese vier Zeichen in die Zeit von 1720 bis 1735. Um 1730 findet man zwei weitere Marken mit den Initialen WN in Kursivschrift innerhalb eines Rechtecks, wobei das W eine sehr komplizierte Form annimmt.

Neben den Werken von George Hodder und William Newenham sind zwei Miniaturlöffel eines dritten Goldschmieds aus Cork bekannt: William Reynolds, Meister seit 1758, der bis um 1780 tätig war. Diese Löffel, von typisch hannoveranischem Charakter, sind um 1765 entstanden und 80 mm lang. Wie Hodder benützte auch Reynolds mehrere verschiedene Marken, die aber alle seine Initialen WR in verschiedenen Schreibweisen zeigen, manchmal zusammengeschrieben, meistens in Begleitung des Wortes *sterling*.

Es gab in Dublin einen weiteren, jedoch noch nicht identifizierten Meister, der Silberminiaturen schuf. Christie's versteigerte im Oktober 1972 einen aus sechs parallelen Stangen gebauten Grill, auf dessen Stiel eine Blume geprägt ist und der die Marke IS oder SI trägt. Es handelt sich möglicherweise um das Werk eines Goldschmieds namens James Scott, der Ende des 18. Jahrhunderts in Dublin tätig war.

Die Silberminiaturen, die in Dublin und jenen Städten entstanden, die ihre Produktion zur Kontrolle nach Dublin schickten, wurden zudem im allgemeinen mit dem Zeichen der irischen Hauptstadt, der berühmten gekrönten Harfe, versehen, das von 1638 bis heute benützt wird.

Ähnlich wie in Irland wurde auch in Schottland nur wenig Miniatursilber hergestellt, obwohl es dort bereits vor dem 16. Jahrhundert mehrere Goldschmiede gab. Schon 1525 besaß Edinburgh eine unabhängige Goldschmiedezunft, während die in Glasgow 1536 entstand. Auch Ayr, Banff, Dundee, Greenock, Inverness, Montrose, Perth, St. Andrews, Stirling, Tain und Wick hatten bereits sehr früh ihre Zunft, was auf eine langjährige Tradition hindeutet. Es sind bald 500 Jahre her, daß König Jakob II. von Schottland verordnete, alle innerhalb des Königreiches hergestellten Silberarbeiten müßten vom Goldschmied *with his own mark, the dekynis mark and the mark of the toun* (mit seiner eigenen Marke, der Marke des Zunftmeisters und der Marke der Stadt) versehen werden.

Trotz dieser Tradition entstand in Schottland kaum Miniatursilber. Bisherige Forschungen brachten nur zwei Namen, Alexander Forbes und Colin McKenzie, zutage. Beide übten ihr Handwerk am Ende des 17. und Anfang des 18. Jahrhunderts in Edinburgh aus und genossen in ihrer Gegend einiges Ansehen. Alexander

Forbes, der vieles mit David King aus Dublin gemeinsam hat, stellte nur kleine Schalen in der Art der *tastevins* her.

Bei Colin McKenzie liegen die Dinge eindeutiger. Er schuf echte Miniaturen, vor allem 50 bis 70 mm hohe Schoppen mit Henkel. Einer von ihnen wurde im November 1968 durch Sotheby's in London versteigert; ein anderer, im Stil der Zeit Wilhelms III., mit S-förmigem Griff – um 1700 entstanden und 68 mm hoch –, erschien im Oktober 1972 bei Christie's in der Auktion.

Es soll zudem in Schottland Miniaturen von *thistle cups* geben, d. h. Schoppen, die ihrer Form nach an das schottische Emblem, die Distelblüte, erinnern. Leider konnte bisher noch kein derartiges Stück aufgespürt werden. Solche Gefäße wurden Ende des 17. und Anfang des 18. Jahrhunderts in Edinburgh, Glasgow und Aberdeen hergestellt. Ein Becher in normaler Größe (80 mm) befindet sich im Royal Scottish Museum in Edinburgh. Zweifellos gab es diese Miniaturen tatsächlich; sie müssen etwa um dieselbe Zeit zum Vergnügen einiger Kinder wohlhabender Schotten geschaffen worden sein.

Neben den bereits erwähnten Meistern läßt sich nur noch die Firma Cunningham & Simpson erwähnen. Sie war anfangs des 19. Jahrhunderts in Edinburgh tätig. Wahrscheinlich handelt es sich dabei um die Nachfolger der Firma W. & P. Cunningham, deren Marke im Jahre 1780 eingeschlagen wurde. Die Bedeutung dieser Firma im Bereich des Miniatursilbers ist schwer einzuschätzen. Vor einiger Zeit gelangte bei Christie's in London ein Silbertablett, das die Marke dieser Firma aufweist, zur Versteigerung. Das rechteckige, 66 mm lange Tablett mit zwei Griffen trägt den Jahresbuchstaben für 1808.

Leeds war niemals für sein Silber berühmt, obwohl es zwischen 1600 und 1700 ein eigenes Prüfamt besaß. Die wenigen Goldschmiede, die in Leeds tätig waren, mußten nach 1701 ihre Arbeiten in anderen Städten, namentlich in Birmingham, punzieren lassen.

Erst um die letzte Jahrhundertwende erscheint in Leeds ein Goldschmied, der Silberminiaturen schuf: Alfred Lea, der an der Albion Street 72 wohnhaft war. Seine Marke wurde am 12. Juni 1878 im Prüfamt von Birmingham eingetragen. Der kaum bekannte Meister scheint bis zum Anfang des Ersten Weltkriegs in Leeds tätig gewesen zu sein. Er stellte eine Reihe Miniaturen von *racing cups* her, verkleinerten Ausführungen von Pokalen, die man meistens den Siegern von Sportveranstaltungen überreichte. Die von Lea geschaffenen Stücke sind nicht höher als 45 mm. Sie weisen alle die vorgeschriebenen englischen Marken auf, unter anderem das Zeichen von Birmingham, was in bezug auf den Wohnort dieses Meisters zu Fehlinterpretationen führen kann.

Auch in Durham, einer in Nordostengland gelegenen Stadt, wurde Miniatursilber hergestellt. Von 1730 bis 1741 war hier die Firma William Beilby & J. Bainbridge tätig. Das Victoria and Albert Museum in London besitzt von dieser Firma einen kleinen Wasserkessel auf einem Kocher, 155 mm hoch, der nicht-identifizierte eingravierte Wappen aufweist und aus der Zeit um 1740 stammt. Da es in Durham kein Prüfamt gab, wurden alle Arbeiten der Firma im Prüfamt von Newcastle punziert, das bis 1884 in Betrieb war. Der Wasserkessel des Victoria and Albert Museum trägt somit die Marke von Newcastle mit den drei versetzt aufgestellten Türmen innerhalb eines Wappenschildes.

Cunningham & Simpson

Lea, Alfred

Beilby & Bainbridge

Ausgewählte Bibliographie

Allgemeine Werke

CITROËN, KAREL *Amsterdamse zilversmeden en hun werken*, Amsterdam 1975

DOPPELMAYER, JOHANN *Historische Nachricht von denen Nürnbergischen Mathematicis und Künstlern*, Nürnberg 1730

DUYVENÉ DE WIT-KLINKHAMER, T. und M.H. GANS *Geschiedenis van het nederlandse zilver*, Amsterdam 1958

FREDERICKS, J.W. *Dutch Silver*, Den Haag 1952

GRIMWADE, ARTHUR G. *London Goldsmiths 1697–1837, Their Marks and Lives from the Original Registers at Goldsmiths' Hall and Other Sources*, London 1976

HUGHES, BERNARD und THERLE *Collecting Miniature Antiques*, London 1973

JACKSON, SIR CHARLES J. *English Goldsmiths and their Marks*, London 1921, Neuaufl. New York 1964

MCCLINTON, KATHERINE MORRISON *Antiques in Miniature*, New York 1970. *Meestertekens van nederlandse goud- en zilversmeden*, 2 Bde., Den Haag 1963 ff.

NOCQ, H. *Les poinçons de Paris*, Paris 1926

OMAN, CHARLES *Medieval Silver Nefs*, London 1963

WYLER, SEYMOUR B. *The Book of Old Silver*, New York 1937

Kataloge

Antique English Coffee Pots, Katalog der Folger's Coffee Silver Collection, o. O. u. J.

Birmingham Gold and Silver, Ausstellungskatalog, Birmingham City Museum and Art Gallery, Birmingham, Juli–September 1973

Fries Zilver, Katalog der Silbersammlung des Fries Museum, Leeuwarden 1968

Haags Zilver uit vijf eeuwen, Ausstellungskatalog, Haags Gemeentemuseum, Den Haag, Juni–August 1967

Haarlems Zilver, Ausstellungskatalog, Frans Hals Museum, Haarlem, August–Oktober 1975

Dordrecht goud en zilver, Ausstellungskatalog, Museum Mr. Simon van Gijn, Dordrecht, April–Juni 1975

Meesters in zilver, werk van Rotterdamse Zilversmeden, Ausstellungskatalog, Historisch Museum, Rotterdam, November–Dezember 1966

Miniatuurzilver uit het legaat van mevrouw A. M. E. B. Wittewaal-von Mansbach, Centraal Museum, Utrecht, o. J.

Nederlands Zilver, Ausstellungskatalog, Gemeentemuseum, Den Haag, Dezember 1960–Februar 1961

Sheffield Silver 1773–1973, Ausstellungskatalog, Sheffield City Museum, Sheffield, Juni–September 1973

Zilver van het Noorderkwartier, Ausstellungskatalog, Westfries Museum, Hoorn, Juni–Juli 1957

Kataloge der Firmen Hooijkaas und Niekerk, Schoonhoven

Zahlreiche Auktionskataloge von Christie's in London und Amsterdam, Sotheby's in London und Amsterdam, Sotheby Parke Bernet in New York und Maak van Waay in Amsterdam

Abbildungsnachweis

Der Verlag dankt den Fotografen, die die Aufnahmen für das vorliegende Buch machten, und den Institutionen, die weiteres Fotomaterial zur Verfügung stellten. Die Ziffern verweisen auf die Abbildungsnummern.

Amsterdam, Christie's 61, 63, 65, 70
— Sotheby's 164
Brüssel, Musée de Bellevue 8, 29, 85–87, 97
— Musées Royaux d'Art et d'Histoire 53, 91
Dearborn, Michigan, Greenfield Village und Henry Ford Museum 218, 220, 229, 264
Den Haag, Haags Gemeentemuseum 118–120
Dordrecht, Museum Mr. S. van Gijn 156–158 (Fotos Stijns, Dordrecht)
Genf, Christie's 34
Groningen, Groninger Museum 115–117
Hoorn, Westfries Museum 121–123, 125–128, 133
Kansas City, Folger's Coffee Silver Collection 212, 214, 236
Leeuwarden, Fries Museum 94–96, 98–101, 105, 108–110, 112 (Fotos Frans Popken); 114
Leningrad, Eremitage 30–32
London, Christie's 9, 15, 16, 38, 186–188, 190–193, 195–199, 201, 205, 207, 210, 219, 221, 224, 230–232, 235, 249, 265, 269, 270 (Fotos A. C. Cooper, London)
— Lord Chamberlain's Office 33
— S. J. Phillips Ltd. 40, 124
— Sotheby's 62, 64, 68, 75, 162, 215, 263
— Victoria and Albert Museum Schutzumschlag, 3, 10, 41–43, 45, 47–50, 52, 56, 71–74, 76, 93, 111, 113, 163, 173, 176, 178, 179, 189, 194, 200, 203, 204, 211, 213, 222, 223, 225–228, 234, 238–243, 247, 255, 266, 272, 274, 275 (Fotos A. C. Cooper, London)
Malmaison, Musée National du Château 5, 6 (Fotos Studio Laverton, Rueil-Malmaison)
Manchester, City Art Gallery 202, 208, 209, 216, 217, 233
New Haven, Yale University Art Gallery 39, 206
New York, The Metropolitan Museum of Art 11, 18–24, 27, 28
— Sotheby Parke Bernet 12, 13, 254
Nürnberg, Germanisches Nationalmuseum 4
Oxford, Ashmolean Museum 59, 60, 66, 67, 69, 248
Paris, Musée Carnavalet 7 (Foto Millet – Connaissance des Arts)
Rotterdam, Historisch Museum 1, 2
Schoonhoven, J. P. Niekerk 155
Utrecht, Centraal Museum 51, 54, 55, 57, 58, 77–79, 81, 82, 84, 90, 92, 102, 104, 106, 107, 129, 130, 132, 134, 139, 140, 159–161, 165–172, 174, 175, 177, 180–185, 250
Winterthur, Delaware, The Henry Francis du Pont Winterthur Museum 80, 237, 244–246, 273
Archiv des Autors 14, 17, 25, 26, 35–37, 44, 46, 83, 89, 103, 131, 135–138, 141–154, 251–253, 256–262, 267, 268, 271

Markennachweis

Autor und Verlag danken den im folgenden genannten Personen und Verlagshäusern für die freundliche Erlaubnis, aus ihren Werken eine Reihe von Marken zu übernehmen, die dank ihrer Forscherarbeit identifiziert worden sind.

Die französischen Marken stammen aus *Les poinçons de Paris* von H. Nocq, Paris 1926, die deutschen und amerikanischen aus *The Book of Old Silver* von Seymour B. Wyler, New York 1937.

Die russischen Marken sind in verschiedenen Werken veröffentlicht worden.

Die Marken der Amsterdamer Gold- und Silberschmiede mit dunklem Grund wurden mit freundlicher Erlaubnis der North-Holland Publishing Company dem Buch *Amsterdamse zilversmeden en hun merken* von Karel Citroën, Amsterdam 1975, entnommen, die Umrißzeichnungen der Sammlung *Meestertekens van nederlandse goud- en zilversmeden,* Den Haag 1963, mit Ausnahme der Marke von H. Moquette, die neu gezeichnet wurde.

Die friesischen Marken mit dunklem Grund stammen aus *Merken van Friese goud- en zilversmeden* von Elias Voet jr., Den Haag 1941, die Umrißzeichnungen aus *Meestertekens*.

Die Marken der Groninger Gold- und Silberschmiede wurden für das vorliegende Buch nach Fotos gezeichnet.

Mit Ausnahme von dreien sind die Marken der Rotterdamer Gold- und Silberschmiede der Sammlung *Meestertekens* entnommen.

Die Meistermarken der Haager Gold- und Silberschmiede auf dunklem Grund wurden zuerst in *Merken van haagsche goud- en zilversmeden* von Elias Voet jr., Den Haag 1941, veröffentlicht, die Umrißzeichnungen in *Meestertekens*.

Die Marken der Gold- und Silberschmiede von Schoonhoven stehen in *Meestertekens*.

Die Marken der Dordrechter Meister Jacob Dubbe und Johannes Keeman stammen aus dem Ausstellungskatalog *Dordrecht goud en zilver,* Museum Mr. S. van Gijn, Dordrecht, April–Juni 1975, die übrigen Umrißzeichnungen aus *Meestertekens*. Die Marken der folgenden Meister sind dem Buch *Haarlemsche goud- en zilversmeden en hun merken* von Elias Voet jr., Haarlem 1928, entnommen: Meister mit dem Bock, Meister mit der offenen Hand, Meister mit der Tulpe, Casparus Janszonius und Leendert Prenger.

Die niederländischen Beschaumarken und die Jahresbuchstaben sind in *Meestertekens* aufgeführt, ausgenommen die Provinzlöwen von Holland und Friesland, die man – wie auch die niederländischen Stadtmarken – in *Nederlandse goud- en zilvermerken* von Elias Voet jr., Den Haag 1951, findet.

Die identifizierten Marken der Londoner Gold- und Silberschmiede sind mit freundlicher Erlaubnis von Faber and Faber Ltd. dem Standardwerk *London Goldsmiths 1697–1837, Their Marks and Lives from the Original Registers at Goldsmiths' Hall and Other Sources* von Arthur G. Grimwade, London 1976, entnommen. Die 16 nichtidentifizierten Marken stammen aus *English Goldsmiths and their Marks* von Sir Charles J. Jackson, London 1921, Neuaufl. New York 1964.

Alle Marken der Birminghamer Gold- und Silberschmiede wurden für das vorliegende Buch gezeichnet, ebenso das Zeichen von Alfred Lea aus Leeds; die übrigen britischen Meistermarken, Stadtmarken, Beschaumarken und Jahresbuchstaben sind nach *English Goldsmiths* von Charles J. Jackson reproduziert worden.

Register

Bearbeitet von Engelbert Reul

Die geraden Ziffern verweisen auf die Seitenzahl, die kursiv gesetzten auf die Nummern der Abbildungen. Bei den in Kapitälchen (Großbuchstaben) erscheinenden Eigennamen handelt es sich um Gold- und Silberschmiede, die Miniatursilber hergestellt haben.

AA, C. van der 122, 123; *141–142*
Aberdeen 206
Aerntsz, Ansem 97
Affenfigur 106; *121*
AKERSLOOT, ANDRIES 98
Albrecht, Isaak 18
ALDRIDGE, CHARLES 172
Alkmaar 47, 83, 105, 106
Allemagne, Henry-René d' 24
ALLEN, WILLIAM 171; *263*
Almelo 84
Alphen am Rhein 74
Amersfoort 53
Amsterdam 25, 41–74, 147, 150, 163, 170, 198; *40, 41, 45, 47, 50, 61, 62, 64, 65, 68, 69, 71–74, 76, 80, 82–87, 89, 91, 92, 136, 137*
— Christie's 47, 53, 54, 55, 61; *61, 63, 65, 70*
— Galerie Paul Brandt 71
— Rijksmuseum 41, 42, 46, 76
— Sotheby's 62; *164*
ANDREWS, WILLIAM 148, 156
ANDRINGA, JOHANNES 88
Anne, Königin von England s. Queen-Anne-Stil
Appel, Jacob 42
ASHFORTH, GEORGE 194, 198; *263*
ATKIN & OXLEY 194, 197; *248*
ATTEMA, D. 82
ATTEMA, Familie 81, 82

Augsburg 17, 18, 26, 29, 46, 97; *26*
avondmaalsbekers 91, 92, 134

Bäuerinnenfigur 82, 102
Baltimore 37; *38*
BANKET (oder BONKET), JAN 63; *68*
Barnstaple 198
BARTHEL, JAN 114
BARTLETT, SAMUEL 37
BEALE, GEORGE 149
Becher 10, 24, 35, 36, 37, 46, 48, 72, 76, 82, 87, 91, 92, 98, 101, 113, 121, 131, 134, 147, 148, 155, 156, 169, 194, 206; *28, 45, 48, 108, 192, 193, 269, 271*
Becken 25, 56; *9*
Beer, Hans Jacob 97
BEILBY & BAINBRIDGE 206; *272*
Beißring 15
BENNEWITZ EN ZONEN 73; *85–88*
BENNEWITZ & BONEBAKKER 63
Bergen 28
BERTELS, JOHANNES 70; *65*
Besteck 70
Bett 156
Bettwärmer 174, 222
BEUGEN, BARNARD J. A. VAN 94
Bierkrug 273
Birmingham 114, 174, 185–194, 206; *250–253, 254, 257, 259–261*
BISSCHOP, JAN 1, 2
Blumenschale 69
BOLDIJN, MICHIEL 61
Bolsward 75, 82, 87; *108–110*
Bonbonniere 34
BOOGAERT (oder BOGAARD), CAREL II. 70
BORDUUR, JAN 61, 62, 133; *65*
BOSTON 36, 37; *39*
— Museum of Fine Arts 36
BOULLIER, ANTOINE 25; *11*
Boulton, Matthew 185

Boulsover, Thomas 193
BOUSCHOLTE, GERARDUS HENDRIK 101
BOWMAN, SARAH 197
Boys, Aerntsz 97
BRADLEY, JONATHAN 148
BRANDT, REYNIER 48, 62
Brandy-Bowle 87
Brandy-Topf 158, 163, 169, 199; *264*
brandy warmer 199
Bratpfanne 54, 72, 134, 155, 169, 192; *127*
Brauns, Pieter 18
BRAVERT, JAN 46, 47, 87; *40*
Brechtel (oder Bregtel), Hans Coenraat 97
BREDA, JAN 47, 48, 62; *41, 76*
BREDA, MARIA 47, 62, 170
Brienne, Jean Loménie de 16
BRIGDEN, ZACHARIAH 36
BRONS, REIJNIER 106
Brotschaufel 223
BROYELS (oder BROEILS), COEP 92; *116*
Brüssel, Musée de Bellevue 25, 30, 53, 73, 81; *8, 29, 85–87, 97*
— Musées Royaux d'Art et d'Histoire 14, 15; *53, 91*
BRUNINGS, CHRISTIAAN JACOBUS 87, 88; *112*
Brunnen 15, 25, 56, 72; *8*
BUCKLE (oder BUCKLER), JOHN 148
Bügeleisen 46, 56, 62, 158; *44, 59, 63, 68, 138*
Bullmann, Hans 18
BUMA (oder BOUMA), SYBOUT 87; *107*
Burghley 13; *3*
BUSCH, LUBBARTUS 53, 61, 63
BUYSEN, JAN 63

cabaret 62
CACHART, ELIAS 173
CANN, JOHN 169; *232–234*
CAUBERGH, J. A. VAN 94
caudle cup 39
chafing dish 132; *60*

Chassel, Charles 16
CHAWNER, HENRY 171
Chester 36, 185, 188, 193, 200; *258*
CLARK, THOMAS 179
Clatcher, Thomas 97
CLATERBOS, LUCAS 62
CLAYTON, DAVID 81, 149, 157, 158, 163, 164, 170, 179; *207–214, 216–224, 226–228, 232*
CLAYTON, JOHN 164; *215*
CLIFTON, JOHN 157, 163, 164; *219, 221*
COCKS & BETTERIDGE 186
COHEN, SAMUEL 95
Colbert, Jean Baptiste 16, 17, 19
COLE, JOHN 148
COLLIER, JOSEPH 198, 199; *264*
CONEN, EDWARD 173
CONEY, JOHN 36
Cork 199–205; *267, 268*
Courtauld, Augustin 157, 163, 164, 170; *212*
COURTAULD, LOUISA 170
COUTRIER, CORNELIS 64, 69, 71; *71*
Coutrier, Pierre, genannt Montargis 19
COWLES, GEORGE 170
CUNNINGHAM & SIMPSON 206; *269*
CURVERS, JOHAN 95

DANIEL, JOSIAH 172
DARGENT, CLAUDE 25; *16*
Dearborn, Michigan, Henry Ford Museum 169, 186, 198; *218, 220, 229, 264*
DEARDS, JOHN 174, 179
Deards, William 179
Deckelhumpen 35, 36, 197; *265*
Deckelkanne *51, 194, 195*
DEKKER, LAURENS 95
Delft 131
DELL, JOHAN PHILIP 48, 63
DELMESTRE, JOHN 179; *240*
Den Haag 84, 94, 97–102; *118–120*
— Gemeentemuseum 98, 99; *118–120*
Destillierkolben 156
Dessertmesser 194, 197
DIJK, J. VAN 111; *134, 135*
Diorama 121
Dirksz, Gerbrand 105
Dirksz, Pieter 105
distaff 163
DISTELAER, FILIP 45, 46
Dobson, Edward 173, 174
Doesburg 73
Dokkum 87
Dolch 35
doofpot 78
Dordrecht 113, 114, 125, 126, 131, 132; *156–158*
— Museum Mr. S. van Gijn 114, 126, 131; *156–158*
Dose 35, 61, 69, 81, 122, 187, 188
dram cup 148, 149, 199; *187, 201, 204*
Dreifuß 55, 70, 71, 81, 163, 171; *95*
Dreimaster 81; *101*
DREWES, GALENUS J. F. 92; *115*

droschki 30; *30*
DUBBE, JACOB 131; *156–158*
Dublin 199–205, 206; *265, 266, 268*
— Sammlung Mr. Ticher *267, 268*
Durham 206; *272*
DULLER, HENDRIK 61, 63, 69, 70, 72; *62, 72–75*
DUSSEN, G. VAN DER 117
DUSSEN, J. VAN DER 117, 118, 122
DUSSEN, L. VAN DER 117

EAST, JOHN 156; *206*
ECK, JAN VAN, JR. 114; *142*
ECK, JAN VAN, SR. 114
Edinburgh 205, 206; *192, 269*
— Royal Scottish Museum 206
Eduard III., König von England 141
Eduard VII., König von England 187
EDWARDS, JOHN 36
EDWARDS, SAMUEL 37
EEKHOFF, TIDDORUS 81
EFFEMANS, ABRAHAM 53, 61, 133; *69, 79, 81*
Eierbecher 20
Eiffeltürmchen 37
Einspänner 55, 74, 83, 131; *156*
Elinsore 28
Elisabeth II. von England, Sammlung Ihrer Majestät der Königin 35; *33*
Emma, Königin der Niederlande 121; *154*
Enkhuizen 83, 92, 105, 138
ENTINCK, WILLEM 92; *117*
ES, TH. I. R. VAN 95
Essig- und Ölständer 141, 169, 186, 194; *82*
etagere zilver 8, 42
EVANS, ROBERT 37
EVESDON (oder EWESDIN), THOMAS 171
EWIJK, GERRIT VAN 121
Exeter 198
EYSMA, DOUWE 94

FABERGÉ, CARL 30, 35; *33, 34*
FEENSTRA, AENE 76, 81; *94, 101*
Ferdinand II. de' Medici 18, 19
FEYENS, PETRUS 88
firegrate 226
Fischerboot *134, 135*
Flasche 157, 169; *170*
FLEISCHHACKER, GEORG 29
Fleischplatte 70; *84*
FLEMING, WILLIAM 148; *187*
FLORIJS, CORNELIJS 76
FORBES, ALEXANDER 205, 206
Franeker 75, 82, 87; *111*
Frauenfigur 56, 72, 84, 118
Fredericks, J. W. 45, 46
Fries, Joachim 18
Früchtekorb 172
Früchteschale 155, 158

Gabel 87, 194; *112, 248, 256*
Gebäckkörbchen 83

GEFFEN, ARNOLDUS VAN 48, 55, 56, 61, 72, 81, 163; *40, 49–53, 62, 64, 65, 68–70, 75*
GEFFEN, JOHANNES ADRIANUS VAN 61; *69*
Gemüse-Waschsieb 53, 70; *63*
Gendringen 137
Georg I., König von England (Stil) 158, 163, 171; *212, 215*
Georg II., König von England (Stil) 163, 172; *207, 269*
Georg III., König von England (Stil) *263, 269*
Geschirr 26, 30, 37
Geschütz 17
Gewürzkännchen 169
Gewürzständer *234*
GEZEL, M. L. 133
GIBBONS, JOHN 173
Gießfaß *68, 177*
Gießkanne 163
Gill, Andries 97
GINDEREN, V. 137
GIROUX, ALPHONSE 7
Glasgow 205, 206
Glutlöscher 84; *78*
GODBEHERE, WIGAN & BULT 179; *249*
Godefroid de Huy 10
GOODWIN, JAMES 148
Gouda 118
GOUWE, JACOBUS 94
Grebbers van Wijk, Jacob de 97
GREEN, HENRY 172
GREENE, NATHANIEL 148
GRIFFITHS, W. & SON 188; *252, 259*
Grill 205; *265*
GRILL, JOHANNES 45, 46, 47
Grimwade, Arthur 148, 157, 158, 170, 172, 179
GRISTE, HENDRIK I. 61, 63
GROENEVELD, ADAM 95
Groningen 53, 75, 82, 83, 91, 92, 121, 126; *115–117*
— Museum 54, 55, 56, 64, 70, 71, 76, 81, 82, 91, 92, 137; *115–117*
Gürtelschnalle 194

HAAN, CORNELIS DE 99
HAAN, MARCELIS DE 99
HAAN, REYNIER DE 99
Haarlem 55, 71, 73, 98, 133, 134, 137; *65, 125–128, 162–164*
— Frans Hals Museum 133
— Gemeentemuseum 100
HAAS, GÉRARD DE 73
HAAS, JAN DE 71, 73
HAAS, JAN ANTHONY DE 72
HAAS, WARNER DE 71
HAER, PIETER TER 45
Halbkutsche 73
Handleuchter 54, 56, 71, 81, 98, 155, 156, 158; *41, 83, 94, 110, 120, 215, 254*
Handtasche 53, 56
HANNEKE, GERRIT 95
Hannover 54

Hansje in de kelder 48, 121; *42, 124, 169*
Harlingen 75, 83, 84, 87; *105, 107*
Hautsch, Gottfried 18, 19
Hautsch, Hans 18
HEERENS, P. 122
HEERKES, ANNE 87; *108*
Heinrich III., König von England 141
Heizkessel *68*
HELWEG, ROELOF 62, 63, 64
Henkelkörbchen 101
HEMING, THOMAS 171
HENNELL, SAMUEL 155; *210*
HERBERT, SAMUEL & CO. 172
's Hertogenbosch (Den Bosch) 73, 99, 137
Hirtenfigur 54; *65*
Hochzeitskästchen 113
Hochzeitsszene *68*
HODDER, GEORGE 199–200, 205; *267, 268*
HOEVELAK, GERRIT 71
HOLADAY, SARAH 170, 171
HOLLAND, JOHN 173
HOLLANDER, DAVID & SON 188
HOOGWINKEL, LEENDERT 131
Hoorn 74, 83, 105, 106, 111, 122; *65, 121–124, 130–138*
— Westfries Museum 106, 134; *121–123, 125–128, 133*
HOOIJKAAS, H. 118, 121; *148–153*
How, G. E. P. 150
HUDSON, ALEXANDER 173; *205*
Hughes, Bernhard und Therle 174
HULL, JOHN 36
Humpen *210, 241, 242*
Hundezwinger 131
HUTTON, JOHN 36
HUYGEN, THEODORUS 87; *105*

Ikone 35
Ioannina 37

Jackson, Sir Charles 148, 157, 171, 173
JAKEL, JOCHEN 45, 46
Jakob II., König von England (Stil) 97, 205; *195*
Jakob III. von England (Stil) *270*
JANSEN, WESSEL 45, 46
JANSEN, WIJGER 82, 83
JANSZONIUS, CASPARUS 98, 134
JEAN LE FLAMAND *3*
Jersey 188
Jersey milk cans 188; *259*
Johann Georg IV. von Sachsen 18
Joinville, Jean de 13
JONES, EDWARD 148
Joure 87; *112*

Kabinettschrank *203*
Käseträgerfigur 111
Kästchen 76, 100; *93, 243*
Kaffeekanne 25, 26, 37, 55, 56, 63, 64, 70, 72, 83, 155, 156, 163, 164, 169, 170, 172, 179, 187, 194, 200; *11, 15, 26, 38, 57, 61, 62, 113, 115, 212–214, 224, 236, 239, 250, 251, 263, 267*

Kaffeemühle 111, 118; *68*
Kaffeeservice 26, 37, 38, 73, 83, 84, 118, 155, 158, 164, 170, 187, 188; *15, 26, 250, 251*
Kaffeeurne 92; *69*
Kakaokanne 69, 155, 158, 163, 169; *73, 207, 211, 232, 238, 244, 246*
Kaminbesteck 155, 156, 163, 164; *199, 226, 227*
Kaminplatte 163; *178, 227*
Kaminuhr 118
Kampen 73
Kanapee *183*
Kanne 15, 37; *35, 69*
Kanone 10, 13, 16, 20, 24, 81, 118; *5, 6, 101*
Kansas City, Folger's Coffee Silver Collection 156, 164, 172, 200; *212, 214, 236*
Karl I., König von England 16
Karl II., König von England 147, 157
Karl V., König von Frankreich 13
Karl VII., König von Frankreich 15
Karl X., König von Frankreich 20; *7*
Karussell 118
Karren 38, 102, 118
KEBLE (oder KEEBLE), ROBERT 156
KEEMAN, JOHANNES 126
Kelch 76, 147; *36*
KELLER, WILLEM FREDERIK 95
KEMP, PAULUS 64
Kerzenhalter 26, 118, 158
Kessel 54
Kinderfigur 54, 55, 56, 72, 74, 82, 84; *65, 68*
KING, DAVID 199, 206
Klapptisch *128*
Klavier *35*
KLEIN (oder KLEYN), PIETER 106; *123*
KLERK, DAVID DE 98
KLINGERT, GUSTAV 35
KLUIT, CORNELIS 95
Knabenfigur 56
knottedoosje 76
knottekistje 76; *93*
Kocher 46, 47, 61, 63, 155, 157, 158, 170, 206; *75, 89, 182, 196, 216, 272*
Kochkessel, -topf 155; *196, 210, 230*
Kohlenkorb 163
Kohlenschaufel 163, 164; *227*
Kohlenzange 56, 156, 163, 164; *199, 215*
koljaska 30; *31, 32*
komfoor 101
Kommode 81, 121
Korb, Körbchen 20, 36, 53, 74, 84, 99; *14, 70, 79, 102*
KOSTER, LAURENSZ JACOB 96
Kostroma 35
Krapfenpfanne 55, 69, 70, 71, 87; *109*
Kriegsgerät 13
Kriegsspielzeug 16, 41, 75, 92
Kronleuchter *49, 175*
Kuchenofen *68*
kuispedoor 132; *58, 161*
Kutsche 20, 30, 56, 61, 118; *30–32, 50, 157*

LAMERIE, PAUL DE 157, 172; *236*
LANG, EDWARD 37
Laternenanzünderfigur 54, 70, 111, 133; *65*
Lazy Kate 163, 169
LEA, ALFRED 191, 206; *253, 271*
Leeds 206; *271*
Leeuwarden 75, 76, 81–83, 91, 94; *94–101*
— Fries Museum 76, 81, 87; *94–96, 98–101, 105, 108–110, 112*
LEEUWEN, BARENT VAN 46
LEEUWEN, M. VAN 73; *90*
Leiden 165
Leningrad 30, 35
— Eremitage 30; *30–32*
LE SAGE, JOHN HUGH 164, 169; *207, 210, 229, 238, 239, 269*
Leuchter 10, 20, 26, 54, 56, 62, 63, 87, 98, 99, 100, 118, 126, 134, 155, 163, 194; *10, 27, 49, 63, 80, 105, 201, 206, 263*
LEVI, SAMUEL M. 187; *250*
Lichtputzschere 53, 81, 156, 163, 171; *39, 96, 176, 200, 230*
Lima 38
Liverpool 200
LOCK, NATHANIEL 148
loddereindoos 122
Löffel 36, 37, 81, 84, 87, 137, 164, 173, 187, 205; *102, 112, 180, 210, 224, 237, 243, 256, 263, 268*
Löffelhalter *180*
London 25, 46, 47, 81, 141–179, 186, 188, 193, 198; *189, 203, 204, 206, 207, 210, 215, 219, 225, 230, 236, 237, 242, 248, 263, 265, 269*
— Christie's 26, 37, 147, 158, 169, 170, 171, 179, 205, 206; *3, 9, 15, 16, 38, 186–188, 193, 195–199, 201, 205, 207, 210, 219, 221, 224, 230–232, 235, 249, 265, 269, 270*
— S. J. Phillips Ltd. *40, 124*
— Sotheby's 171, 173, 199, 206; *62, 64, 68, 75, 162, 215, 263*
— Victoria and Albert Museum 13, 47, 56, 69, 70, 71, 87, 148, 149, 157, 163, 169, 170, 171, 173, 179, 186, 199, 206; *10, 41–43, 45, 47–50, 52, 56, 71–74, 76, 93, 111, 113, 163, 173, 176, 178, 179, 189–192, 194, 198, 200, 203, 204, 211, 213, 222, 223, 225–228, 234, 238–243, 247, 255, 266, 271, 274–275*
LOOKER, WILLIAM 148; *204*
LOUAN, CLAUDE DE 24
Lowe, Joseph 174
LUCAS, WILLIAM HENRY 188
Ludwig IX., König von Frankreich 10, 13
Ludwig XIII., König von Frankreich 15, 16
Ludwig XIV., König von Frankreich 15, 16, 19, 24

MACKENZIE, COLIN 205, 206; *192*
MADDEN, MATTHEW 156, 157
Mädchenfigur 53; *114*
Männerfigur 84, 137
MAENBEKE, MICHIEL 133
Malmaison, Musée National du Château de 20; *5, 6*
Malyn, Isaac 150, 157

Manchester, City Art Gallery 169; *202, 208, 209, 216, 217, 233*
MANJOY, GEORGE 149, 150, 155–158, 164, 170, 179; *190, 191, 193–203, 207, 210, 215, 221, 224, 230, 265, 269*
MANN, THOMAS 157, 172; *224*
MARGAS, JACOB 156, 157, 172
Marguerite de Provence, Königin von Frankreich 10, 13
Marguerite de Valois, Königin von Frankreich 16
Maria de' Medici 15, 16
MARK, JAN ANDRIES VAN DER 96
Marklöffel *268*
MARSHOORN, ABRAHAM 98
MARSHOORN, GÉRARD 55
MARSTON & CO. 188
MASSEY, SAMUEL 171, 172
Mausefalle 55, 56, 72; *68*
Maximilian, Erzherzog 42, 93
MEDLEYCOTT, EDMUND 169, 170; *225*
MEERVOORT, THOMAS VAN 137
Mehlsieb 169; *230*
MEIJER, PHILIPPE DE 101–102; *119*
MENTEN, J. 137
MERLIN, THOMAS 16, 19, 24
Messer 16, 87, 194; *112, 207, 243, 248, 256*
MEY, C. VAN DER 96
MIDDLETON, GEORGE 149, 150, 157
Milchkrug 26, 71, 73, 83, 117, 187, 188, 200; *37, 252*
Milchmädchenfigur 64
Milchtopf *62, 69, 85–87, 207, 210, 237, 268*
MILLS, NATHANIEL II. 187
Minneapolis, Institute of Arts 36
Möbelstück 30, 35, 121, 142, 150, 155; *201*
Mörser 54
molenbekers 76
monteith 269
MOQUETTE, HENRI 89
MORSON, JAMES 172, 173
Moskau 30, 35; *30–32*
— Kreml 93
MOULTON, EBENEZER 37
MÜLLER, FRANZ GEORG 29
Müller, Hannelore 29
Musketierfigur 133
Musseau, Richard 97

Nachttopf 169; *231*
Nancy, Herzogspalast 16
Napf 16
NASH, GAWEN 171
Nautilusbecher 76, 93
Neal, Sir Ambrose 173
Neapel 30; *29*
Newcastle 206; *272*
NEWENHAM, WILLIAM 199, 200, 205
New Haven, Yale University Art Gallery 37, 156; *39, 206*
New York 36

— Sotheby Parke Bernet 37, 148, 171; *12, 13, 253, 254*
— The Metropolitan Museum of Art 25, 29; *11, 18–24, 27, 28*
NIEKERK, JACOB PIETER 121, 122
NIEKERK, Firma 48, 111, 121, 122; *143–147, 154, 155*
NIEUWENHUYS, HARMANUS 64; *77*
NIEUWENHUYS, HENDRIK 64
Nijmegen 100
Nikolaus von Verdun 10
Norwich 45, 198
Nürnberg 16–19, 26, 29, 97
— Germanisches Nationalmuseum 4

objets de vitrine 8
Ofen 20, 56; *265*
Ohreneisen 82; *98–100*
Oman, Charles 157
OMMEREN, JOHANNES VAN 45
oorijzers 82; *98–100*
Oortman, Petronella 42, 46
Osterei 35
OWTSCHINNIKOW, PAWEL 35
Oxford, Ashmolean Museum 179, 186, 194; *59, 60, 66, 67, 69, 248*

Padua, Antonius-Basilika 14
Papageienkäfig 69, 83, 111, 118; *68, 71, 136, 137, 140*
Paris 13, 15, 24, 25; *11, 12*
— Musée Carnavalet 20; *7*
Parr, Robert 174
Paukenschlägerfigur 18
PAUW, LAURENS DE 137
Pearce, Molly 197
PERCHIN, MICHAEL 35; *34*
Pfanne 155
Pfeife 84; *215*
Pfeifenhalter 84
Pfeifenwärmer 53, 54, 69, 70, 72; *141*
Pferdefigur 17, 19, 56, 111, 114, 118, 131; *65, 158*
Philadelphia 36
— Museum of Arts 148, 170, 172
Philipp der Schöne, Herzog von Burgund 42, 76, 97
PICKERING, MATTHEW 148
Piemont, Nicolaas 97
PIERRE LE FLAMAND 13; *3*
PIERSON, WYBRANDUS 81; *95*
PIETER THE DUTCHMAN 51
PIETERSEN, PETER 96
pijpencomfoor 53, 69, 98, 99, 132; *141, 142, 160*
Pilgerflasche *235*
Platte 173; *215, 219, 221*
PLEYT, WILLEM DE 117
Plymouth 198; *264*
Poissy, Musée du Jouet 26
Pokal 76, 93, 126; *261*
Ponsioen, S. 117
PONT, JAN DIEDERIK 48, 62; *75*

poppengoed 8
porringer 81, 148, 155, 199; *187*
POSTMUS, J. 74
POTTIER, JACOB 97
PRENGER, LEENDERT 134; *164*
PREYER, H. 111, 122; *136, 137*
Proviantkorb 92
Punschkelle 171
Punschschale 56, 156
Puppenhaus 23, 24, 36, 37, 41, 42, 46, 81, 147, 156, 173, 188; *1, 2, 27, 49, 70*
Puppengeschirr 15; *85–87*

Queen-Anne-Stil 148, 150, 155, 156, 158, 164; *193, 205, 221, 224*

racing cups 206
RADIJS, CHRISTOFFEL 100
RADIJS, NICOLAAS 100
Räucherpfanne 101
Rahmtöpfchen 163, 164
Rasierteller 24
RAWLINGS, CHARLES 179; *248*
Rechaud 16
Reims, Kathedrale 13
RETHMEYER, DIEDERIK WILLEM 48, 62
REVERE, PAUL 36
REYNALDA, RIJNER 137
REYNOLDS, WILLIAM 205; *268*
Rhodos 37
RICHARDSON, RICHARD (Chester) 36
RICHARDSON, RICHARD (Philadelphia) 36
Riechsalzfläschchen 148
RIETVELD, C. 122
RIJNHART (oder RIJNHOUT), BOELE 45, 47, 62, 121, 170
RIVOIRE, APOLLO 36
ROBINSON, JOHN II. 173
RODBARD, A. J. 102
Römerglas 45
Rogier, Corneille 16
Rogier, Nicolas 16, 19, 24
ROND, C. L. 118; *139, 140*
ROSE, JOHN 188; *251, 257*
ROSTANG, JEAN 97, 98; *120*
Rotterdam 73, 82, 93, 94, 113
— Historisch Museum *1, 2*
— Museum Boymans-van Beuningen 93
Rousseau, Pierre 13
Ruhebank, -bett 56, 156; *68*
RUITER, A. J. DE 122
Ruyter, Margaretha de 41

Saaltink, H. W. 106
Sänfte 35
Sahnetopf *66, 248*
Salem 37
Salzfaß 13, 46, 53, 56, 100, 137, 169; *198, 215*
Salznapf 47, 54, 70, 71, 134, 155; *25, 26, 40, 210, 230*
Samowar 35, 46, 62, 69, 194

Sanduhr 73; *90*
Sankt Petersburg 35; *35–37*
Santiago de Chile *38*
Sauciere 100, 163; *75, 269, 274–275*
SAUNDERS & SHEPHERD 188; *258*
Schachspiel 15
Schale 10, 16, 29, 35, 36, 46, 47, 48, 62, 71, 73, 91, 99, 100, 121, 137, 148, 155, 156, 164, 171, 172, 200, 206; *17, 24, 39, 42, 62, 111, 124, 166, 169, 187, 198, 215, 253, 268, 270*
Schatulle 53
Schaufel 134, 137, 156; *164*
Schaukel 84; *65*
Schaumkelle, -löffel 56, 64, 155, 179; *249*
Scherenetui *13*
Scherenschleifer 84
SCHERMIJN, JACOB 96
Schiffer 55; *133*
Schirmständer 74, 118; *139*
Schlangenpokal 45, 48, 72, 91, 92, 121, 147; *46, 47*
Schlitten 30, 56, 61, 114
Schlottheim, Hans 18
Schmied 111
Schnecke 20
SCHNEIDER, LUDWIG 29
Schnupftabakdose 35, 126, 131, 141
SCHOON, JAN 61
Schoonhoven 37, 38, 48, 111, 113–118, 121–123, 126; *139–155*
— Nederlands Goud-, Zilver- en Klokkenmuseum 62, 74, 137, 138
SCHOOR, ANDRIES VAN DER 64
Schoppen 206
SCHOUTEN, WILLEM I. 61, 62, 63, 64
Schrank 81
Schreibpult 35
Schreibzeug *189–191*
Schüreisen, -haken 156, 163, 164; *227*
Schüssel 29, 53, 69; *221*
Schuhschnalle 194
SCHUMAN, C. W. 73
SCHUYT, JACOB DIRKSZ 106
Schwammschachtel 24
SCOTT, JAMES 205
Seeleute 10–14
Seerpert, Elyas 132
Segelschiff 26, 111, 112, 118, 121
Seifen- und Sandbecken 54
Seifendose 24
Seiltänzer 72, 133; *65*
Sessel 20
SHEILDS, CALEB 37; *38*
Sheffield 185, 186, 193–197, 198; *248, 263*
— Museum 194
Sheffield plate 193, 194
Shrimpton, Bethiah 39
SHRUDER, JAMES 170
SICCAMA, IPEUS 87; *109, 110*
Sieb 137; *196*
Sieb-Teller 92; *117*
Silberschiff 10–14, 16, 41; *3, 4*

Silberschläger *123*
silver toy 8, 142
SIMONS, FRANÇOIS MARCUS 101
SIMONS, WILLIAM 237
SLATER, JAMES 169; *230, 231*
SLEUMAN, FREDERIK 61, 64
SLOKKERS, BARTHEL 96
SMITH, JOSEPH 148, 149
SMITS, HENDRIK 73
SMITSKAMP, J. J. 96
Sneek 73, 75, 82–84, 87, 91, 122; *101–104, 106*
SOAME, WILLIAM 173; *263*
Sobieski, Jan, König von Polen 20
Soldatenfigur 10–14, 16–19, 62; *65*
SOMERWIL, PIETER I. VAN 53, 54, 61; *43, 44, 63–65, 68, 78, 80*
SOMERWIL, PIETER II. VAN 53, 61
SOOMER, PAULUS DE 70; *68*
Sotro, John 174
SOUTHEY, WILLIAM JAMES 173
SPANNET, G. 74
Spiegel 54; *68, 165*
Spieltisch 74
Spinett 68
Spinnrad 53, 55, 84; *65, 81, 185*
Spucknapf 132; *58, 161*
Standuhr 118
STAPELE, FRANÇOIS VAN 99; *118*
STAPELE, MARTINUS VAN 99, 100
STAPELE, REYNIER VAN 100
Steenwijk 53
Stetten, Paul von 29
STEWARD, JOSEPH II. 172, 173
Stockholm *28*
STOER, THOMAS, der Jüngere 29
STOKER & IRELAND 187
STRAATMAN, JAN 132, 133; *159–161*
STRANT, DANIEL VAN 48, 54
STRANT, FREDERIK I. VAN 48, 53–55, 72; *54, 56, 57, 65, 68*
STRANT, FREDERIK II. VAN 55; *58, 61, 62, 68, 75*
STRANT, WILLEM VAN 48, 54, 92; *55, 59–61, 64, 65, 68*
Straßensänger *122*
STRATEN, GEBRÜDER VAN 111
STRATEN, J. VAN 111
STRATEN, JACOB VAN 106, 111; *122, 133*
STRATEN & CO., J. VAN 111
Streuer, Streudose 99; *39, 234*
STREUN, JAN VAN 92
STRIK, SAMUEL 62, 64
Strømø, Insel *28*
Stuhl 20, 35, 81, 156; *181, 263*
Sully, Herzog von 15
SUMMERS, WILLIAM 179; *248*
Suppenkelle *249*
Suppenteller 56
SWAART, GERRIT 98
SWALUE, NICOLAAS 81; *96*
SWIERINK, HENDRIK 53, 61

Tabakdose 47, 54, 126, 132, 194; *55, 75, 159*
Tablett 26, 62, 64, 69, 70, 71, 73, 83, 98, 100, 101, 114, 117, 134, 138, 187, 206; *15, 26, 62, 63, 103, 120, 218, 250, 251, 269*
Tafelservice 15, 56, 61, 155, 171
Tasse 15, 26, 56, 83, 117, 134, 156, 158, 163, 164, 170, 187; *126, 207, 218, 232*
tastevin 199, 206; s. auch Weinprobierschale
TAYLOR & PERRY 191; *254*
Taxco, Mexiko *38*
Teedose 54, 98, 100, 126, 134, 157, 158, 169, 170; *202, 207, 241, 244–246*
Teekanne 26, 37, 54, 55, 56, 63, 69, 71, 76, 81, 83, 94, 98, 99, 100, 101, 117, 158; *15, 43, 54, 62, 69, 75, 85–87, 97, 103, 118, 119, 207, 215, 217, 224, 240, 244–246, 250, 255*
Teekessel 46, 83, 157, 163, 171; *75, 182, 220*
Teekrug 72, 155, 164
Teeschale 169; *62, 233*
Teeservice 26, 37, 61, 69, 73, 83, 84, 117, 118, 155, 158, 164, 171, 187, 188; *15, 26, 103, 250, 251*
Teetisch 170; *225*
Teeurne 55, 92; *61, 62, 67, 72, 173, 263*
Teller 15, 53, 54, 56, 155, 158, 163, 169, 173; *207, 215, 228, 229, 232, 269*
Tellerständer 163, 169; *228, 229*
theepotje 98; *128*
thistle cup 206
Thyrion, Jean 97
Ticher, K. 199, 200
Tintenfaß 25, 35, 155; *12, 16*
Tisch 20, 35, 53, 56, 126, 134, 158, 163
Tischbesen 54, 56, 62
Tischglocke 62, 69
Toastständer 179; *248*
TOOKEY, JAMES 173
TOORN, GREGORIUS VAN DER 99
TOORN, JOHANNES VAN DER 100
Topf, Töpfchen 13, 15, 16, 24, 56, 98, 101, 171; *56*
TREELING, FRANSISCUS 84
TREELING, JACOBUS GERARDUS 84; *102*
trekpotje 98, 117; *118, 266*
Trichter 169; *205, 215*
Trommler 62; *65*
Trompetenleuchter 194
TUILLIER, JACQUES 97, 98

Ugolino di Vieri 10
Uhr 15
Untersatz *230*
Untertasse, -teller 26, 56, 71, 73, 83, 117, 134, 156, 158, 163, 164, 170, 187; *126, 207, 208, 218, 224, 232*
Urne 55
Utrecht 113, 132, 133, 137, 187; *159, 160, 161*
— Central Museum 53, 54, 56, 61, 62, 64, 69, 70, 71, 73, 74, 83, 84, 87, 118, 122, 132, 133; *51, 54, 55, 57, 58, 77, 78, 79, 81, 82, 84, 90, 92, 102, 104, 106, 107, 129, 130, 132, 134, 139, 140, 159–161, 165–172, 174–175, 177, 180–185, 250*

Vase 37
VELTMAN, J. J. 137
VERHOOGT, B. 111; *138*
VERHOOGT, J. 111–112; *130–132, 134*
Verier, Jacques 25; *9*
Versailles 19
VERSCHUUR, A. D. 74
VERSCHUYL, ADOLF 53, 64
Vianen, Christian van 132
Vianen, Paulus van 132
VILELLE, ABRAHAM 61, 63, 70, 133; *63*
VINCK, GERARDUS 94
VOGEL, P. H. & CO. 188
Vogelkäfig 35, 84; *33*
Voorhout, Jan 42
VORST, JACOBUS VAN 96
VORSTERMAN, ARNOUT 46, 47
VRIES, DE, Familie 82
VRIES, JOHANNES DE 70, 82
VRIES, REYNDER DE 82; *98–100*

Waage 16
Wäschemangel *91*
Waffeleisen 53, 56, 92, 118; *184*
Waffeleisenfabrikant 84
Wagen 61, 131; *7, 65, 157*
Wandleuchter 155; *162, 201*
WARD, WILLIAM 268
WARENBERG, CHRISTIAN 46
WARNEKE, ARNOLDUS 69

WARNEKE, WIJNAND 53, 62, 64, 69
Waschbecken 71
Wasserkanne 25; *9*
Wasserkessel 24, 53, 54, 56, 62, 71, 87, 101, 155, 158, 170, 199, 206; *26, 52, 69, 89, 106, 107, 163, 168, 172, 207, 216, 224, 232, 266, 272*
Wasserkrug 273
WEGLEY, JOSEPH 96
Weihrauchgefäß 30; *29*
Weinbecher 149, 158
Weinglaskühler *269*
Weinkühler 56, 64, 126; *77*
Weinprobierschale 81, 87, 117, 147, 199; *40, 171, 187, 197, 198*
Weinschale *188, 263*
WENDELS, JAN DIRK 122
Werner, Caspar 17
WESTERWAAL, A. F. 74; *92*
WETHERELL & JANAWAY 142
Wetterbecher 113
WHITFORD, SAMUEL *248*
Wiege 53, 56, 134; *53, 68, 125*
Wien, Kunsthistorisches Museum 93
WIJNGAERDE, ALLAERT 81; *97*
wijnkoeler 64
Wilhelm von Oranien 147, 148
Wilhelm III., König von England (Stil) *192*
William-and-Mary-Stil 155; *187, 269*
WILLMORE, JOSEPH 186, 187; *255*
Windmühle 111, 112; *129–132*

Windmühlen-Becher 76
Windmühlen-Pokal 113
Windschutzplatte 156
WINKEL, HENDRIKA VAN 96
WINTER, PETER 29
Winterthur, Delaware, The Henry Francis du Pont Winterthur Museum *80, 237, 244–246, 273*
WOLRAB, JOHANN JACOB 18, 19
Würzburg 46

YOUNG, WILLIAM 171
YSSELDIJK, GODERT VAN 100

ZIELDORFF, H., SR. 118
ZIELDORFF, J., JR. 118
ZIELDORFF, Witwe 118
zilverspeelgoed 8, 94
Zoon, Hugo Aerent 97
Zoutman, Cornelis 134
Zuckerdose 26, 64, 83, 117, 164
Zuckerschale 158, 163, 169, 170, 187; *85–87, 207, 232*
Zuckerzange 171, 187; *263*
ZWANENBURG, JAN 83, 84
ZWANENBURG, JAN & ZOON 83, 84, 122; *103, 104, 106*
ZWANENBURG, JAN SALOMON 83
ZWANENBURG, SIJBRAND 83
Zweispänner 61; *104*
Zwolle 53, 137